문화가 부동산을 살린다

하 권 찬

교육과학사

서 문

이 책을 쓰게 된 데에는 하나의 계기가 있었다. 필자는 오랫동안 대학과 대학원에서 "부동산개발론"을 강의를 하고 있다. 그런데 강의를 하던 어느 날 수업시간에, 한 학생의 질문이 있었다. 질문의 요지는 "부동산개발론에서는 새로 개발하는 것만 다루는데, 왜 기존에 개발된 부동산들이 공실로 놓여 있거나 문이 닫혀있는 상황들에 대해서는 다루지 않느냐"는 것이었다. 그리고 우리 주변에 쇠퇴하여 방치되어 있는 부동산들이 많음을 사례로 들면서 오히려 시급한 것이 그 부동산을 살리는 것이 아니냐는 것이다. 그 질문 이후 생각해보니 부동산, 특히 부동산개발론이 "땅을 사서부터, 타당성 분석을 하고, 사업계획을 수립하고, 건축을 하고, 분양을 하고, 그리고 준공을 하기"까지를 위주로 접근하고 있다는 사실을 부인할 수 없었다. 물론 '리모델링'이라는 이름으로 준공 이후에도 부동산을 관리하는 행위는 있지만, 실질적으로 기존에 있는 부동산의 가치를 올리고, 비어 있는 부동산에 다시 이용자가 오게 하는 방법에 대한 시도는 거의 없는 것이 국내의 현실이었다. 그럼에도 불구하고 이에 대한 요구수요는 적지 않음도 알게 되었다. 그러던 중 '문화와 부동산의 접합'에 대한 특강을 접하게 되어 이후 '문화(文化)를 통한 부동산살리기'라는 주제와 관련된 사례들에 관심을 갖게 되었다. 이후 준비작업에 들어갔으나, 국내에서의 부동산과 문화의 접합사례는 많지 않았고, 관련 저서와 연구논문도 찾기 힘들었다. 인터넷에서 검색을 해보아도 간신히 몇몇 언론의 관심기사정도였다. 그러나 오히려 이러한 점 때문에 더욱 더 이 책의 필요성은 가중되었고, 따라서 책의 집필에 박차를 가하게 되었다. 그리고 책의 구성은 상대적으로 많은 외국의 사례를 다루면서도 최대한 그 내용은 국내에 적용할 수 있는 관점에서 집필하였다.

이 책에서 말하고자 하는 바는 크게 두 가지이다. 그 하나는 사회 전반에 불고 있는 "융합과 전환(Conversion)"트렌드를 반영하여 단순히 "1+1=2가 아니고, 그 합(合)을 3이나 4로 만드는 것도 넘어 새로운 개념의 상품을 만들자는 것"이다. 그리고 그를 위한 부동산과 접목대상으로 "문화(文化)"를 이용하자는 것이다. 이를 위해 구체화사례로서 문화의 개념을 단순히 정신적 차원만의 문화를 넘어서 문화시설, 문화마케팅, 문화이벤트 등으로 확대한 결과, 다양한 부동산살리기 사례가 있음을 살펴보았다. 이를 통해 문화(文化)라는 매개체로 얼마든지 부동산의 가치, 지역의 가치, 심지어 국가의 가치도 올릴 수 있음도 확인할 수 있었다. 따라서 이처럼 문화(文化)를 이용한 부동산 살리기 사례를 통해서 부동산의 가치를 올리거나 죽어 있는 부동산을 살리는 기회로 이용해 보자는 것이다.

또 하나는 어떠한 좋은 방법이나 새로운 상품들이 나타나서 유행이 되더라도, 결국은 기본에 충실해야 한다는 것이다. 본문에서 다룬 것처럼 "문화(文化)"로 부동산을 살리고 가치를 올린 여러 가지 다양한 사례들이 있다. 그러나 "문화(文化)"가 부동산살리기에 도움은 될 수 있으나 만병통치약이 될 수는 없다는 것이다. 즉, 기본을 지키는 상태에서 새로운 것이 추가되어야 한다는 것이다. 주택이 아무리 새로운 개념으로 바뀌어가도 결국은 사람이 살기에 적합해야 한다는 것이다. 또한 문화테마를 이용하거나 새로운 건축기법 도입과 눈에 띄는 모양으로 지어진 상업시설이라 해도, 결국은 사람들이 건물을 이용하기에 편리하고, 건물내의 편안한 분위기가 우선되어야한다는 것이다. 이 점은 혹시라도 독자들이 문화(文化)로 모든 부동산의 가치를 올릴 수 있다는 의식을 갖게 됨을 경계하기 위함이다. 다시 말해 부동산의 가치를 올리고, 살리는 행위와 노력을 하자는 것이 우선이고, 그 매개체로는 "문화"만에 국한할 필요가 없이 어떤 다양한 가치라도 도입할 수 있다는 것이다.

다시 한번 정리하면, 이 책의 목적은 부동산 투자자에게는 투자한 부동산의 가치를 올리는 노력을 하자는 것이다. 즉, 그러기 위한 매개체로는 문화(文化)만을 대상으로 한정하자는 것이 아니고, 얼마든지 독자들이 이 책의 내용을 참고로 하여 또 다른 개념과 접합을 통해서 더 나은 시도들(사례와 연구, 자료 등)이 있기를 바란다. 많이 다듬어질 필요가 있음에도 이 같은 주제가 우선적으로 요구된다는 점에서 '필요성' 만으로 이 책을 출간하게 되었다. 따라서 추가적인 개선작업은 당연히 요구된다. 저자의 바램은 먼저, 이 책으로 하여금 더 많은 연구와 관련 자료들이 나오는 계기가 되었으면 한다. 그리고 향후 부동산가치를 올리고, 우리 주변의 많은 쇠퇴된 부동산과, 지역개발에 하나의 힘이 되었으면 하는 바램도 갖고 있다.

이 책의 독자층은 부동산관련업계 종사자나 부동산을 배우는 학생에 한정하지 않고, 부동산보유자나 투자자, 그리고 부동산투자에 관심이 있는 일반인까지 모두를 대상으로 한다. 내용적으로 본다면, 책의 본문에 다뤄진 사례들은 부동산과 관련 없는 일반인들도 편안하게 볼 수 있을 것이다. 다만, 중간에 부동산이론 부분이 있어서 낯설다는 점은 있으나 이것도 '부동산' 현대사회의 대표적인 자산이자, 투자의 대상이라는 점에서 일반 독자들도 관심을 가지고 정독한다면, 이해가 어렵지는 않을 것이다.

이 책의 제작에는 많은 분들의 도움이 있었다. 그 분들의 도움이 없었다면, 이 책의 출간은 아마도 어려웠을 것이다. 먼저, 이 책의 출간에 많은 노력과 정성을 다해준 교육과학사의 김동규 사장님과 직원 여러분에게 감사드린다. 또한 저서의 완성도를 위해서도 많은 분들이 도움을 주셨다. 한국산업단지공단의 김태중, 강혜정, 김경환 씨, 그리고 강남대학교의 신현석, 강병노 씨, 한양대학교의 정인준, 지종원 씨, 건국대학교 부동산학과에 재학중인 양수임, 삼성물산의 김정배 과장, 웰캄의 최미경 이사님, 막내동생인 하권종까지도 개발사례의 사진을 직접 찍어서 도움을 주었다. 이 분들에 대한 저자의 압박은 사실 대단하였기에 이 책은 저자 개인만의 노력이 아닌 여기 언급되거나 언급되지 않은 많은 분들의 노력이 함께 한 것이라는 점에서 다시한번 진심으로 감사를 드린다.

2011년 6월 5일

차 례

서문 3

제1장 ... 문화와 부동산의 만남 9
1. 도심 속에서 스케이트를 탄다! 10
2. 부동산에 가치를 부여하다. 22
3. 부동산의 가치와 가격이해 48

제2장 ... 문화마케팅과 장소마케팅 65
1. 문화와 문화마케팅 66
2. 장소마케팅 76
3. 장소성과 장소자본 86

제3장 ... 예술공간과 아트경영 91
1. 창작예술공간 92
2. 아트레지던시 95
3. 창작공간과 아트레지던시의 변화 98
4. 경기도 양주 장흥의 변신 103
5. 아트경영의 도입 사례 109

제4장 ... 부동산에 문화를 입혀 개발한 사례 127
1. 문화를 입힌 신규 개발 사례 129

제5장 ... 문화를 이용한 재생 사례 161
1. 시장을 바꾸다. - 영국 버밍엄시 셀프리지백화점 162
2. 공장/창고를 바꾸다. 168
3. 발전소를 바꾸다. - 테이트 모던 갤러리(영국 런던) 175
4. 산업시설/산업단지를 바꾸다. 181
5. 노후시설을 활용하다. - 독일 루르탄광지대 193
6. 채석장/광산을 바꾸다. 205
7. 섬을 바꾸다. - 나오시마 프로젝트(섬전체를 아트센터로) 213
8. 철로를 공원으로 - 뉴욕의 하이라인 218
9. 기타 문화시설 개발 사례 220
10. 사례분석을 통한 문화로 부동산가치 올리기 245

제6장 ... 부동산의 환경변화와 대응 251
1. 주택을 파는 것이 아니라 문화를 판다. 252
2. 산업단지도 문화가 필요하다. 285
3. 새로운 Green 비즈니스와 Regreening 296
4. 문화는 앞으로 부동산에 있어서 필수적 요소이다. 305
5. 문화로 부동산가치를 올리고 살리기 위해 해야 할 일 308

참고 자료 315

제 1장. 문화와 부동산의 만남

최근 '문화부동산'이나 '문화와 부동산' 또는 '부동산에 문화 입히기' 그리고 '컬쳐노믹스'까지 다양한 용어로 이루어진 문화와 부동산이 관련된 주제가 우리의 입에 오르내리고 있다. 이에 대한 처음의 반응은 부동산에 웬 문화인가? 또는 부동산을 살리기 위한 약간의 억지행위, 고육책 등으로 받아들이는 경우가 많았다. 즉, 마지못해서 깊은 생각없이 '문화'를 포장한 것으로 받아들였다. 그러나 언제부터인가 주변에서 문화를 통한 부동산의 가치를 올리는 사례들이 서서히 나타나고 있어서 그 반응들은 달라지고 있다. 해외에서는 이미 성공사례들이 심심치 않게 나타나서 자리를 잡고 있고, 국내에서도 나름대로 성공이라고 평가받을 수 있는 수준의 사례들이 등장하고 있다. 이에 따라 부동산 관련자나 개발업자, 시공사, 금융사, 그리고 자산관리자나 부동산투자자, 심지어 일반인들도 '부동산에 문화라는 옷을 입히기'에 관심을 갖기 시작하였다. 요즘에는 부동산학을 가르치는 각 학교의 부동산학과에서도 이러한 주제를 가지고 수업을 시도하고 있다.

제1장 문화와 부동산의 만남에서는 글을 시작하게 된 이유에서 시작하여, 부동산에 문화가치를 부여한 사례의 의미를 살펴볼 것이다. 그리고 이어서는 본 책의 주제인 부동산의 가치를 올리고, 살려낸다는 차원에서 이해가 필요한 '가치와 가격'을 이론적으로 소개하는 장을 마련할 것이다. 여기에서는 부동산의 가치가 오르고 내리는 요인들을 살펴봄으로써, 앞으로 우리가 봐야 할 부동산가치올리기의 방향을 이해할 수 있을 것이다.

이처럼 제1장에서는 문화를 부동산에 입힌다는 차원에서 관련 이론과 변화의 실태를 살펴보는 공간으로 "문화와 접목된 부동산의 세계"에 집중해보도록 하자.

〈그림 1〉 록펠러센터 앞 아이스링크

1. 도심 속에서 스케이트를 탄다!

1) 건물 앞에 있는 아이스링크

고층빌딩이 즐비한 곳에서 사람들이 스케이트를 타고 있는 모습! 〈그림 1〉은 뉴욕의 명물인 록펠러센터 앞에 있는 "로어플라자Lower Plaza"의 아이스링크 모습이다. 우리는 이 장면을 보고, 우선은 얼음 위에서 스케이트를 타는 사람들을 떠올리거나 또는 서울시청 앞 광장에 겨울마다 펼쳐지는 아이스링크를 떠올리는 사람들이 많을 것이다.

그러나 이 장면을 자산관리 차원에서 보면, 의미있는 변화를 찾을 수 있다. 원래 록펠러센터는 지하부분과 저층부분이 임대가 안 되어 비어 있는 상태였다. 이를 선큰처럼 아래로 가라 앉아 있는 광장부분에 매년 겨울마다 아이스링크를 오픈하여 군중들로 하여금 이용케 하여 사람들이 몰려오고, 그에 따라 주변이 활성화되고, 뒤를 이어 건물의 저층부와 지하상가 등은 활황을 맞게 한 것이다. 즉, '아이스링크'라는 매개체를 통해 부동산의 가치를 올린 사례라 할 수 있다. 록펠러센터 앞 아이스링크는 1936년에 오픈한 이래 오늘날 뉴욕, 특히 겨울의 뉴욕을 떠올리면, 대표적인 '랜드마크'가 되어 매년 뉴욕방문자 중 25만 명 이상이 필수적으로 방문하는 겨울철 명소가 된 것이다.

이처럼 록펠러 재단이 자본을 대고 R. 후드, W. 해리슨 등의 건축가에 의해 세워진 미국의 록펠러센터[1)]는 기업의 외부 공간을 통합적으로 활용하여 건물의 가치를 높이고 시민들이 즐겨 찾는 장소로 발현시킨 대표적인 사례이다. 그리하여 록펠러센터는 현재까지 뉴욕의 대표적인 장소로서 자리매김하고 있다.

록펠러센터에 '아이스링크'가 생기기까지의 과정을 살펴보자. 미국의 실업가인 존 록펠러John. D. Rockefeller가 1909년부터 준비하여 1913년 뉴욕주 소재 법인으로 설립된 재단이 록펠러 재단이다. 인류복지 증진을 목적으로 하는 이 재단은 카네기 재단 · 포드 재단과 더불어 미국의 대표적 재단으로 손꼽히는 곳이다. 록펠러 재단은 처음에는 오페라 하우스로 건립하려 했으나, 경제 공황으로 인해 최종적으로 오피스 건물로 용도가 변경되어 건설되었다. 이후 록펠러 재단은 록펠러센터의 활성화를 위한 다양한 노력을 전개해나갔다. 그 첫 번째로 1931년 록펠러센터의 중심 건물인 GE빌딩 전면에 높이 22미터에 이르는 나무를 세우고 크리스마스 시즌이 오면 전구 3만 개를 점등시켜 이벤트의 장으로서 활용하였다. 다음으로 1936년에는 지하 쇼핑몰로 연결되는 로어 플라자Lower Plaza를 활성화하기 위해 화단으로 채워진 광장을 앞의 〈그림 1〉처

1) 김도년, 한국문화예술위원회, 해외사례중 미국 록펠러센터, http://www.publicart.or.kr/HTML/case/foreign_case_view.jsp? case_seq=29&pagenum=3&&search_title=&search_group=&view_count=5

럼 아이스링크로 리노베이션한 것이다. 록펠러 재단에서는 초기 아이스링크를 설치하는 데 드는 비용 부담 때문에 계획을 취소하려 했으나 전문가의 제언을 통해 자신감을 얻고 추진했던 것이다. 면적은 약 7,000m²(기존의 평수로는 2,100여 평 정도임)로 다소 좁게 느껴지는 면적이지만, 동시에 150명 정도가 스케이트를 즐길 수 있는 곳이다. '아이스링크'라는 장소 제공 외에도, 주변에는 황금빛의 프로메테우스 동상〈그림 1〉과 초대형 크리스마스 트리, 나팔 부는 천사들이 줄지어 서 있는 '채널 가든의 할리데이 장식' 도 대단한 볼거리로 제공되고 있다. 이로써 로어 플라자는 뉴욕을 방문하는 관광객이 꼭 한 번 찾게 되는 명소로 다시 태어날 수 있었다. 결국 '아이스링크'를 설치하기 어려운 환경에서 부동산살리기 차원의 접근이 이루어진 것이다.

이상에서와 같은 콘셉트를 중심으로 진행된 록펠러센터 사례를 정리해보자. 중앙에 자리 잡은 로어 플라자는 보통 때는 옥외 가든식의 휴게장소 개념으로 존재했다. 그러다가 여름에는 옥외 레스토랑이 들어서고, 겨울에는 스케이트장이 되는 등의 변화를 통해 시민들에게 록펠러센터 주변으로 올 수밖에 없는 이유를 제공해 준 것이다.

2) 가로변의 카페!

경기도의 성남시 분당구 정자동에 가면 〈그림 2〉처럼, 가로변 양쪽 저층상가에 늘어선 카페에 많은 손님들이 담소하는 여유로운 모습을 볼 수 있다. 근무시간임에도 많은 사람들이 카페에서 대담을 나누고 있는 것이다. 심지어는 자녀들의 학교나 학원에 관한 정보들도 이 곳에서 나누어진다고 한다. 이 같은 모습은 정자동과는 모습이 다르지만, 서울 종로구의 삼청동 역시 골목 · 가로변의 '카페촌'은 도시의 또 다른 모습을 연출하고 있다. 그리고 이를 바라보는 사람 입장에서는 '나도 저 곳의 의자에 앉았으면' 하는 동참하고자 하는 마음이 생기는 것은 어쩔 수 없을 것이다. 이 점은 이탈리아 베니스의 산마르코광장, 프랑스 파리의 몽마르뜨언덕 주변 카페촌, 도쿄 신주쿠에 있는 카페촌, 뉴욕의 가로변에 있는 카페촌 등 전 세계 여러 곳에서 어렵잖게 볼

〈그림 2〉 분당 정자동 카페거리

수 있는 모습이다. 이렇게 가로변에 형성된 카페촌은 하나의 '트렌드' 겸 '문화' 가 되어 우리에게 접근하고 있는 것이다.

이같은 가로변의 카페촌 사례를 정리해보면, 다음과 같다. 가로변의 까페에 사람들이 모임으로써 그 결과 이용자는 많아지고, 그 곳이 만남의 장소가 되었던 것이다. 그러다가 결국은 더 많은 카페와 관련 종사자를 위한 시설들이 필요하게 되고, 그 결과로 주변의 건물들의 가치는 올라가게 되는 것이다. 이러한 이유로 최근에는 일반 아파트 단지(경기 용인 동천의 삼성래미안 이스트팰리스 등) 내에도 가로변 카페 등이 활성화되고 있는 것이다.

물론 이처럼 건물 전면공간을 활용하는 것은 불법논란이 있는 등 문제점도 존재한다. 성남 분당의 백궁로 주상복합 상가일대는 점포들이 보도옆 공지를 이용해 높이 20cm, 넓이 7~30m의 대규모 테라스를 설치해 영업을 하고 있으며, 이런 업소만 50여 개가 넘는다. 바로 이점 때문에 불법논란[2]이 있는 것이다.

보행편의와 도시미관을 위해 조성된 전면공지는 건물 터의 일부로 사유지에 해당되지만 주차장, 담장 등의 시설을 설치할 수 없게 되어 있다. 실제 보도옆 공지는 개방감을 위한 용도로 건축물을 만들면 불법이라는 입장으로 한차례의 고발이 있었으나 상가들의 테라스가 건축물의 요건인 대문, 지붕이 없다는 이유로 위법이 아니라는 판결을 받은 바 있다. 이 점은 관련 부서인 건축관련부서와 환경위생부서의 입장 차이도 있는 등 아직도 완전한 해결은 이루어지지 않고 있다. 또한 많은 상업시설로 인해 불법 주정차 문제도 발생하고 있다.

이처럼 가로변의 테라스형 카페는 이용자들에게는 편의성을 주지만, 일반 보행자들에게는 시민 보행권을 침해하여 다른 곳으로 돌아갈 수밖에 없는 불편을 초래하고 있어서 편익에 있어 서로 상충된다고 볼 수 있다.

이같은 논란에도 건물 이외의 여유지분에 대한 활용도를 적극 유도하는 일명 '카페거리' 같은 스트리트형 상가가 시장에서 새로운 트렌드로 자리 잡고 있다. 스트리트 상가는 도로 인접지역에 테이블을 두고 영업을 할 수 있도록 만들어진 상가로 유동인구의 흡인력이 뛰어나 상권 형성에 긍정적인 역할을 하는 것으로 알려져 있다. 즉, 가로에서 직접 들어올 수 있고, 마치 유럽에 온듯한 분위기 조성으로 문화적인 색채를 가미하여 주변 지역 활성화에 도움이 되므로 적극적인 활용이 필요할 것이다. 이러한 테라스 활용은 고층에서도 하층부와 상층부의 면적 차이를 활용한 베란다 형태로 이용되기 시작했다.

2) 불법과 무혐의 사이에는 복잡하게 얽힌 간극이 존재한다. 테라스 자체는 거리의 활력을 불어넣는 순기능이 있는 반면, 보행자의 입장에서는 보행로 축소 등 쾌적한 보행환경을 저해하는 역기능이 있다. 또한 애초에 허가나 신고사항이 아니었던 테라스의 철거는 점포 주인들의 재산권의 침해로 이어질 수 있으며, 그렇다고 관리 · 감독의 의무가 있는 행정기관이 불법을 방치시 불법이 확산될 수 있어 제도 자체가 유명무실해 질 수 있는 우려도 간과할 수 없다. 따라서 이의 적절한 조정과 사회공감대 형성이 필요하다.

이와 같이 가로변의 활용은 좋은 도시의 대표적인 장소로 활용가능하다. 가로는 대표적인 공공공간으로 모든 사람들이 이용할 수 있다는 점에서 보다 다양한 사람들의 삶을 담아낼 수 있는 장소로서의 잠재력을 지니고 있다. 하지만, 가로 공간을 제대로 활용하기 위해서는 가로 자체뿐 아니라 가로를 이루는 요소들의 질을 향상시키기 위한 통합적인 노력이 뒷받침되어야 한다.

이러한 이유로 최근에 계획되는 신도시나 도시재생, 그리고 대형복합개발의 경우 가로변과 저층 상가부를 활용하려는 경향이 강하다. 그러나 이같은 가로변 활용을 인위적으로 만들 수는 있지만, 이런 환경을 유지하기 위해서는 남다른 노력이 뒤따라야 한다. 이를 위해서는 '가로를 걷는 사람'들뿐 아니라 가로의 주인이라 할 수 있는 '지역주민'들과 가로를 이루는 '건물 주인'들의 역할이 중요하다. 장소를 가꾸어나가려는 이들의 참여는 사람과 사람으로, 건물과 건물로 이어지고 마침내 가로에서 지역으로 확산되어 장소 안에 문화의 씨앗을 틔우는 원동력이 된다. 장소에 대한 지역 주민의 애착은 그곳을 찾는 사람들로 하여금 다양한 활동을 가능하게 할 것이다. 그리고 이는 가로 전체의 이미지로 이어져 좋은 도시를 만드는 데 기여하게 된다.

구체적으로 "건물의 전면공간" 이란 건물의 외부공간뿐 아니라 가로를 걷는 사람의 활동에 영향을 줄 수 있는 건물 저층부의 용도와 건물 전면 부분까지를 포함한다. 가로와 함께 건물의 전면공간은 도시나 해당 지역의 이미지를 결정한다. 또 건물의 전면공간은 보도와 면해 있어 시민의 보행 환경과 직결되기 때문에 건물 전면공간의 특성에 따라 가로 환경의 질이 결정된다. 특히 이 공간은 사적으로 소유되지만 공적 역할이 큰 만큼 민간의 참여를 통한 도시문화 창출을 유도할 수 있는 잠재력을 지니고 있는 부분이다. 건물 전면공간은 가로뿐 아니라 가로와 접한 건물 1층의 용도도 함께 포함한다. 이 부분은 앞에 예시한 분당 정자동의 카페촌이나 레스토랑의 야외 테이블도 한 예가 될 수 있다. 오늘날 각국의 도시들은 좋은 도시를 만들기 위해 관련 주체들의 참여를 통해 기존 가로를 보다 공익적으로 활용하고자 노력하고 있다. 특히 대규모 건축물이 다수 존재하는 도심 지역이나 중심업무 지구에서 가로와 함께 건물 전면을 활용한 공간은 기업과 행정이 이를 함께 가꿈으로써 보다 품격 높고 풍성한 장소로 만들어지고 있다. 이를 통해 향상된 가로와 건물 전면공간은 도시 환경의 질적 향상과 도시문화 창출에 기여하고 있으며, 기업 역시 이를 통해 이미지 제고와 건물 가치 향상 등 적지 않은 이익을 누리고 있는 것이다.

3) 리조트에 있는 갤러리!

〈그림 3〉 리솜리조트 제천의 컬쳐아트센터 조감도(ⓒ리솜리조트)

접근성이 무엇보다 중요하여 주로 도심권에 위치하고 있는 '갤러리'가 접근하기가 쉽지 않은 주로 외곽에 위치한 리조트에 위치한다.

이와 같이 최근 서로 어울리지 않은 조합으로 생각할 수 있는 "문화시설이나 문화마케팅"을 부동산개발에 도입하는 경우[3]가 늘고 있다. 2011년에 충북 제천에 문을 연 리솜포레스트에서는 독특하게 컬쳐아트센터로 명명한 박달문화원을 운영중이다. 그런데 여기에는 소극장인 '라온홀'[4]과 야외명상, 단전호흡이 가능한 옥상갤러리와

3) 한국경제신문 2010. 10. 26일자 "문화입혀 개발가치 높인다" 성선화 기자.
4) '언제나 즐겁다' 라는 뜻의 순우리말인 '라온홀' 은 소규모 음악회를 비롯해 시낭송회, 작가와의 만남 등 다양한 문화이벤트가 열리는 다목적 문화공간이다.

바앤갤러리, 그리고 마트 등이 운영되고 있다. 또한 2차로는 대규모 공연장으로 음악회와 뮤지컬 등 전문공연을 할 수 있는 '창고극장'과 사계절 천문프로그램이 있는 '천문대', '도예관' 등이 운영될 예정이다. 즉, 수익성 저조로 일반적인 리조트에서는 꺼리는 시설들을 설치하고, 이를 통해 회원들의 '문화'와의 접촉을 늘려 리조트의 가치를 올리려고 하는 것이다.

또한, 2008년 12월 경기도 광주의 곤지암에 문을 연 곤지암 리조트는 데스티네이션 스파, 동굴와인 카브 레스토랑, 갤러리 등을 갖추고 있다. '스파 라 스파'의 국내 최초 데스티네이션 스파(체류형 스파) 프로그램인 '웰니스 스파'는 체질 측정을 통해 개개인의 건강상태를 확인한 후 이에 맞는 프로그램을 제공하고 있다. 여기에서는 뮤직 & 사운드테라피, 컬러테라피, 요가테라피, 아쿠아 엑서사이즈 & 플루핑 테라피 등 다양한 종류의 테라피가 제공되고 있다. 동굴와인카브 레스토랑 '라그로타'는 인공적으로 조성된 동굴 안에 10만 여 병의 와인이 저장된 와인저장고와 이탈리안 레스토랑이 갖춰져 있어서 투숙객들의 발길을 끌어들이고 있다.

리조트 내 갤러리 중 유일하게 큐레이터가 상주하며 운영되고 있는 아트갤러리

〈그림 4〉 갤러리 다르의 입구와 전시장 모습(ⓒ곤지암리조트)

'다르' 〈그림 4〉는 정기적으로 기획전과 작가전이 진행되는 등 1년 내내 다양한 문화행사를 벌이고 있다. 이 외에도 곤지암 리조트에서는 일정 기간 동안 매주 토요일마다 가족영화나 최신영화를 무료로 상영하는 토요시네마를 운영하고 있다. 특히 '갤러리 다르' 는 복합 문화공간으로 전문작가의 작품전 및 회원들이 그림이나 사진, 서예, 조각작품들을 전시할 수도 있고, 투숙객 대상으로 다양한 체험프로그램까지 운영하고 있어 회원들의 호평을 받고 있다. 이 같은 시설과 서비스를 통해 곤지암리조트의 투숙객들은 건강과 문화를 향유할 수 있는 기회를 제공받고 있다.

국내 최초 복합 문화예술 단지를 기치로 내걸고 강원 춘천시 남산면에 2012년 오픈 예정으로 진행중인 다암예술원〈그림 5〉도 예술을 체험하고 배우고, 창조까지 한 장소에서 이루어질 수 있도록 개발되고 있다. 이 곳은 2009년 6월 춘천 전력IT문화복합 일반산업단지가 승인된 이후 2010년 6월 다암예술원의 건축허가가 취득되어 진행되고 있다. 여기에는 호텔·공방·공연장·갤러리·연회장 등을 갖춘 복합문화시설을 조성된다. 또한 이 곳은 최고수준의 친환경 공법이 적용되며, 총 15.5만 여 ㎡ 부지에 연면적 23만 여 ㎡ 규모의 지하 6층·지상 10층 및 지하 7층·지상 7층 등 2개의 건물이 신축된다. 세부 시설로는 호텔 562실·거주형 공방 500여 실·거주형 창작스튜디오 500실·2500석 규모 콘서트홀·갤러리 및 뮤지엄 100개소가 조성된다. 운동과 위락시설로는 카누 경기장 2개소·운동시설 및 찜질방도 들어선다. 그리고 지원시설로는 도서관·연회장 등 주요 시설과 레스토랑·휘트니스클럽·테라피 시설 등 각종 편의·휴게시설이 각각 들어선다고 한다. 또 시행사인 (주)다암예술원의 발표에 따르면, 건물 실내에는 4km의 시냇물이 각층 마다 연결돼 내부온도를 조절하고, 땅 속의 온풍·냉풍을 냉난방에 이용하는 등 건물 자체를 자연순환형의 생태도시로 시공한다고 한다. 이상의 문화관련 시설 외에도 구경과 관람-체험-학습-작업-직업까지 5단계로 연결되는 예술가 양성프로그램까지도 운영한다는 차별성을 가지고 있다. 그런 차원에서 본 사례의 준공후 운영모습을 기대하게 한다.

더 나아가서는 수요층의 문제로 운영이 되지 않거나 비어 있는 건물에 "문화시

〈그림 5〉 다암예술원 조감도 (ⓒ춘천시)

설", 예를 들면, 미술작가들에게 최소한의 관리비만 받고, 빌려주는 '아트레지던시' 등을 도입하여 건물을 살려내는 경우도 늘어나고 있다. 부동산에 대한 이러한 시도는 단순히 해당 부동산의 수요층에 더하여 문화·예술적 관점까지 확대시켜 수요층을 더 넓게, 폭 깊게 하려는 시도로 볼 수 있다. 그리고 그 결과, 단순히 개발이익을 추구한 개발보다 더 많은 부가가치를 창출할 수 있게 해준다.

4) 부동산시장의 변화와 문화개념 도입 필요성

최근 부동산시장은 세계적인 경기불황과 외환위기 등을 거치면서, 바닥신세를 면치 못하고 있다. 그 변화모습의 대표적인 결과로 부동산 투자에서 얻을 수 있는 대표적인 투자수익인 부동산 가치상승으로 인한 수익, 흔히 '캐피탈 게인' 이라 하는 수익을 바랄 수 없는 상황에 이르렀다. 따라서 예를 들어 아파트를 5억에 사서 7억에 팔아 2억의 이득을 얻는 방식의 투자공식에 문제가 생긴 것이다. 이와 연계해 우리나라 주거문화를 대표할 수 있는 "전세를 끼고, 적은 돈으로 아파트를 매입해서 (기타 수익은 바랄 수 없지만), 아파트의 가치상승을 통해 수익을 실현하는 방식" 의 투자공식이 깨지기 시작한 것이다. 상대적으로 임대나 운영을 통해 수익을 올릴 수 있는, 흔히 인컴 게인이라 하는 수익을 바랄 수 있는 수익형 부동산, 즉 오피스나 오피스텔, 상가, 지식산업센터아파트형공장 등은 각광을 받고 있지만, 시장상황으로 인해 정도의 차이는 있지만, 어려운 상황에 마주치기는 마찬가지라 볼 수 있다.

따라서 과거와 같이 단순히 부동산을 매입 후 임대를 주거나 운영하다가 가격이 오르면 되파는 방식의 부동산투자방식에 변화가 필요하게 되었다. 이와 관련된 변화의 하나로 부동산을 개발 시부터 "문화"를 이용하여 문화마케팅을 하거나, 또는 "문화시설"을 도입하여 가치를 상승시키고, 아예 문화시설 자체를 가지고, 수익을 창출하고, 부동산 상품으로의 변모를 꾀하는 경우가 늘고 있다. 즉, 문화로 부동산가치를 상승시키고 아예 죽어있는 공간을 살려내는 시도들이 늘어나고, 필요하게 된 것이다.

여기에서 "문화와 부동산의 상관관계"에 대해 살펴보자. "문화와 부동산"이라는 문구를 만나면, '문화가 부동산과 무슨 연관이 있어?'라고 반문할 분도 있을 것이다. 그러나 이제는 여기에 분명한 답을 할 수 있게 되었다. 현재는 무형의 자산이 돈이 되는 시대이며, 각 기업체들이 앞 다투어 실시하고 있는 상상력, 창조 등 문화적 코드 도입이 대표적인 투자자산인 부동산에서도 성공으로 이끄는 주요한 변수가 되고 있는 것이다. 즉, 문화의 도입여부 · 수준 등 그 변화에 따라 사람들이 선호하는 지역도 달라진다. 그 결과 부동산 가격도 달라지고, 그 결과를 알게 된 부동산 공급자인 개발회사들에 의해서 부동산 개발 방향도 달라지고 있는 것이다.

그렇다면, 정말로 부동산에 문화코드를 적용하여 가치를 올릴 수 있을까? 실제로 영향력이 있는지, 있다면 얼마나 있는지가 궁금하게 된다. 이에 대해 실제 입증된 사례는 부족하지만, 다음의 글에서 그 정도를 파악할 수 있게 해준다.

헤럴드경제신문의 "문화의 향기, 부동산 가치 높이네"라는 제목의 2010년 4월 21일자 기사(김수한 기자)에 따르면, 서울의 대표적인 문화의 거리인 삼청동과 신사동 가로수길, 홍대앞의 변화에 대해 다음과 같이 표현하고 있다.

삼청동에 대해서는 "4~5년 전, 삼청동 땅값이 3.3m² 당 600만~700만 원이었다가 요즘은 8000만~1억 원까지 간다면서, 낙후돼서 언제 재개발되려나 하던 곳이라 이렇게 변할 줄은 꿈에도 몰랐다"는 종로구청 관계자의 인터뷰 내용이 있다. 그리고 신사동 가로수길에 대해서는 지역의 부동산업소의 대표가 "3~4년 전 가로수길이 형성되던 당시와 비교하면 2~3배나 뛰어서 현재 신사동 가로수길의 대로변 땅값은 3.3m²당 1억 5,000만 원 정도라면서 결국 '문화 테마' 의 가로수길이 땅값을 끌어올린 호재로 작용했다" 고 하고 있다. 마찬가지로 홍대앞의 경우도 4~5년 전 홍대 클럽문화가 전성기 이후부터 활성화되어 일대 땅값이 3.3m²당 3,000만~4,000만 원 선에서 현재는 1억 원을 호가한다고 한다.

여기에서 보듯이 삼청동길, 신사동 가로수길, 홍대앞 등 세 곳은 지역 고유의 독특한 문화 프리미엄이 주변 부동산의 가치를 끌어올렸다는 한 가지의 공통점이 있는 것이다. 과거에는 개발 호재가 있는 곳에서 부동산투자가 이루어지던 상황에서 벗어나 이같은 문화 프리미엄을 누릴 수 있는 지역의 부동산이 투자자들의 관심을 끌고 있다. 실제 위 3지역은 오랜동안 독특한 지역 문화권을 형성해 오다 뭔가 색다른 '문화 지대'를 찾는 대중들의 욕구와 맞아 떨어져 부동산 가치가 급등했다는 것이다. 그리고 이에 그치지 않고, 영역이 확장되어 부동산 가격이 오르는 현상까지 보이고 있다는 것이다. 인사동이 포화 상태가 되면서 방문객들이 길건너인 삼청동 일대와 북촌 한옥마을을 지나서 경복궁을 사이에 두고 반대편에 있는 흔히 서촌이라 불리우는 종로구 옥인동, 통인동, 누상동, 누하동, 필운동 일대까지 영역이 넓어졌으며, 이제는 부암동까지도 방문의 발걸음을 넓히고 있는 것이다. 신사동이나 홍대 앞도 마찬가지여서 신사동 가로수길도 이면도로를 따라 가로수길의 영역이 점점 넓어지고 있으며, 홍대앞의 경우 과거에는 "주차장길" 주변 위주에서 이제는 인근의 합정동, 상수동까지 영역이 확장되고 있다고 한다. 이에 따라 확장된 지역의 부동산 가치가 동반 상승함은 물론이다.

따라서 본 책에서 다룰 내용은 먼저, 부동산에 문화코드를 도입하여 그 가치를 올리고, 활성화시킬 수 있는 방안에 대해서 살펴보고, 다음으로 이같은 흐름으로 국내외에 도입된 사례들이다. 이를 통해 부동산종사자나 부동산학도, 부동산투자자들이 문화코드의 도입이 부동산의 가치를 올릴 수 있다는 확신을 가지고, 이를 미리 반영할 수 있다면, 투자상품으로써 한계에 다다랐다고 평가되는 부동산분야에서 제2의 시장을 열어나갈 수 있을 것이다. 그러한 관점에서 문화의 변화를 알면 부동산 투자의 기준을 정하는 데도 큰 도움이 될 수 있다는 확신을 가지고 진행하고자 한다.

2. 부동산에 문화가치를 부여하다.

부동산에 문화이미지를 더하던, 또는 문화이벤트를 하던, 아니면, 문화시설을 설치하던 간에 문화적 가치를 더한다는 것은 그 건물이나 부동산에 방문할 이유를 만들어준다고 볼 수 있다. 주거용 부동산에는 살아야 할 이유를, 업무용 건물에는 근무해야 할 이유를, 상업용 건물에는 방문할 이유를 만들어 주는 것으로 해석이 가능하다. 결국 근본적으로 이용자나 소유자가 있는 자산으로서의 부동산상품에 있어서 이용자가 어떤 계기로 인해 늘어나면, 더욱 많은 사람들이 방문하게 되고, 그로 인해 공간이 더 필요하게 될 것이다. 당연히 수요가 늘어나면, 임대료를 더 받을 수 있을 것이며, 이로써 그 부동산에서 벌어들이는 '인컴게인Income gain이 늘어나고, 결국은 '캐피탈게인Capital gain이라는 자산가치까지 상승하게 되는 것이다.

현재의 부동산 개발 시장은 획일적, 동일한 콘텐츠 등으로 인해 색다른 상품이 절대적으로 요구된다 할 수 있다. 이를 위해서는 그동안 계속되었던 부동산 개발의 패러다임 자체의 '변화'가 필요한 실정이다. 그 변화중 하나로써 우리가 친근하게 받아들일 수 있는 '문화'를 기반으로 한 '문화 부동산' 개발을 주 패러다임으로 접근해 볼 필요가 있다.

〈그림 6〉 구겐하임 빌바오의 전경(ⓒ:www.guggenheim.org/bilbao)

1) '문화'의 영향력

'문화'가 실제 지역의 가치에 미치는 영향에 대해서 구체적인 자료는 그리 많지 않다. 그러나 드러난 몇 가지 사례를 통해서 문화의 영향[5]을 알아보면 다음과 같다. 여기에서는 문화시설의 영향과 예술의 효과라는 차원에서 살펴보도록 하자.

(1) 스페인 빌바오 구겐하임의 성과

예술이 창출한 경제효과를 말할 때 빼놓을 수 없는 사례가 〈그림 6〉의 스페인 빌바오에 있는 구겐하임 미술관이다. 유명 건축가인 프랭크 개리Frank Gehry가 설계한 빌바오의 구겐하임 미술관은 예술이 더 이상 경제적 지원의 대상이 아닌 경제의 성장 동력이 될 수 있다는 사실을 증명해낸 사례이다. 이 같은 성공을 계기로 전 세계 대부분의 도시가 빌바오 구겐하임을 벤치마킹하고 있으며, 이후 문화를 통해 경제적 부가가치를 창출하자는 '컬처노믹스'라는 패러다임이 새롭게 등장했을 정도다.[6]

〈표 1〉에서는 구겐하임 미술관의 개관전후 관광객 추이를 보여준다. 구체적 수치로는 전체 방문객이 개관 전과 후의 차이가 34.6%가 증가하였고, 외국인 관광객이

---

5) 라도삼(2006), 서울문화재단 생생목요토론회, #5. 문화를 통한 도시가치 창출 전략중 "문화와 지역가치".
6) 김우정(2008), 돈과 예술의 경제학, P.39

44.6% 증가하였음을 보여준다. 결국 이를 통해 구겐하임 미술관이라는 시설이 직접적인 방문객 증가에 영향을 미쳤음을 입증한다고 볼 수 있겠다.

〈표 1〉 구겐하임 미술관 개관 전후 관광객 추이

구분	개관 이전(a)[7] (한달 평균)	개관 이후(b) (한달 평균)	미술관 개관 전후 차이	
			증감 수	증감률
전체방문객(명)	83,893	112,887	28,989	34.6
외국인방문객(명)	22,175	32,058	9,883	44.6
평균 체류일수(일)	1.87	1.83	-0.04	-2.1
1박 이상 숙박(체류)(일)	159,009	207,909	48,900	30.8
호텔 점유율(%)	37.8	45.4	8	20.0
구겐하임 방문객(명)	-	97,953	97,953	-

실제 구겐하임 미술관의 설립효과로는 경제적 효과로 관광객 증가와 총 4,136개의 일자리가 창출되어 고용효과가 있었다. 금액으로는 8억 1천 6백만 유로의 효과로 지역경제의 활성화를 가져왔다고 한다. 이러한 수치적인 효과도 의미가 있으나 가장 큰 효과로는 '구겐하임' 지역이 널리 알려진 바스크 분리주의자의 테러가 빈발하는 혼란의 도시에서 문화도시로 도시 이미지가 개선된 점을 들고 있다. 그 결과 방문객도 늘지만, 도시 내 타 산업의 투자도 늘어나는 효과를 보았던 것이다. 이를 통해 주변 부동산의 가치가 올랐음은 당연한 결과일 것이다.

(2) 〈영국예술위원회〉에서 바라 본 예술의 효과 - (예술을 위한 1%, 1991)

- 장소를 더욱 흥미롭고 매력적으로 보이게 한다.
- 일반대중이 현대미술과 공예에 더욱 가까이 접근할 수 있게 한다.
- 하나의 건물이나 공동체의 서로 다른 부분을 통합하고 아이덴티티를 강화한다.

7) a:1994년 1월 ~ 1997년 9월 / b:1997년 10월 ~ 1999년 7월, 자료 : Beatriz Plaza(2000a)

- 도시, 국가, 회사의 미술투자를 증대시킨다.
- 시각환경을 풍요롭게 함으로써 경제적 재건의 여건을 개선한다.
- 미술가, 공예가, 조직자, 재료공급자 및 제작자, 운송업자 등의 취업영역을 넓힌다.
- 건축, 조경, 디자인과 엔지니어링 등 환경을 조성하는 전문가와 미술가들의 유대를 강화한다.

(3) 〈캐나다 창의도시 네트워크〉에서 보는 예술의 효과

아래의 〈표 2〉와 같이 예술의 효과를 경제적 효과, 도시재생 효과, 공동체 강화 및 긍지부여 효과, 공동체의 긍정적 변화 효과, 삶의 질과 장소의 질 개발 효과, 개인과 청소년의 사회적 개발 효과 등으로 나누어 지적하고 있다. 부문별 세부 효과에 대해서도 알 수 있다.

〈표 2〉 캐나다 창조도시 네트워크가 지적하는 문화예술의 가치

부문	효과
경제의 엔진으로써 문화	- 직접적인 경제적 이익 창출 - 문화부문 및 전체 부문에서 일자리 확장 - 전문가 유입을 통한 도시 중심능력 강화 - 문화관광의 '목적도시' destination city화 - 독창성에 바탕을 둔 기업적 파급효과 - 도시재활성화를 통한 지속적인 경제적 재생산
도시재생과 활성화	- 도심 재생 조력 - 스테레오타입화된 공동체에 새로운 아이덴티티 부여 - 전통과 지역역사의 재활성화 - 예술가와 문화활동가를 통한 도시공간 재활성화 - 문화예술적인 도시하부구조 형성 - 도시미학과 매력의 증진

공동체의 정체성과 긍지 강화	- 사회적 결속력 강화 - 공동체 브랜드 개발 및 타공동체와의 차별화 - 공동체에 대한 소속감과 긍지 육성 - 과거와의 대화를 통한 공동체 기억 보존
공동체의 긍정적 변화	- 공적 대화 강화 - 창의성에 바탕을 둔 공동체 육성 - 건강한 공동체 행위 개발 - 공동체의 동기화 및 활동을 위한 강력한 동기 부여
삶의 질과 장소의 질	- 삶의 질을 강화시키는 공동체의 형성과 문화적 결속 강화 - 문화·예술에 바탕을 둔 건강한 라이프스타일과 외부활동 견인 - 평생학습을 통한 삶의 질 증진 - 저소득계층과 취약계층에 대한 예술소비 기회 제공 - 시민유대와 접근성 강화
개인과 청소년의 사회적 개발	- 청소년을 포용하는 효과적인 복지수단 제공 - 일반적 학문영역의 학습역량 제고 - 청소년의 회복력과 자기존중력 형성 - 청소년들의 건강과 청소년을 위한 공동체 창출 기여 - 성인으로서 성공적 전환을 기여하고 직업능력 개발 - 청소년들의 리더십 개발 및 공동체 내에서 긍정적 변화 기여

〈표 2〉의 부문별 세부 효과에 대해서도 살펴보면, 다음과 같다. 먼저, 경제적 차원에서는 직접적인 경제적 이익 창출 외에도 이에 파생되는 인적 구성과 기업들의 참여로 다양한 경제적 이익이 있음을 알 수 있다. 다음으로는 도시의 재생과 활성화의 시발점으로 문화예술을 활용할 수 있음을 알 수 있고, 이를 통해서 소속 공동체의 전체성을 강화하거나 창출할 수 있어서 이를 통해 구성원들이 소속감과 긍지를 키워나

갈 수 있으며, 결국 그 결과로는 공동체 자체가 긍정적으로 변할 수 있음을 알 수 있다. 추가해서는 소속 시민들에게 예술 소비의 기회가 주어짐으로서 삶의 질도 향상시킬 수 있는 매개체로 활용되는데, 이 점은 특히 향후 미래를 이끌어 나갈 청소년입장에서 보면, 학습 역량과 자질을 개발하는 기회를 줄 수 있음을 알 수 있다.

2) 마이클 포터의 기업 전략관점에서의 문화 부동산 개발[8)]

현재 부동산 개발 사업은 계속적인 개발환경의 어려움 속에 최근 계속되고 있는 '복합개발'이라는 획일적인 개발 방식과 '편리성'을 기반으로 한 콘텐츠의 동일성으로 인해 위기에 처한 상태로써 색다른 상품의 부재를 절실히 느끼고 있는 실정이다. 많은 프로젝트들이 한 자리에서 '영화도 보고, 쇼핑도 하고, 휴식도 취할 수 있다.'라는 몰링malling 기법을 모토로 하여 하나의 라이프스타일을 콘텐츠로 제시하고 있다. 그러나 이것은 현재 경영과 경제 분야에서 가장 많이 인용되는 영향력 있는 저술가이자 기업 경영 전략과 국가 경쟁력 연구의 최고 권위자로 인정받고 있는 마이클 포터가 제시한 최상의 대응 "베스트 프렉티스best practise" 중 하나로 볼 수 있을 뿐, 이 자체가 현재 위기에 처한 부동산 문제를 해결하는 데 최상의 전략이 되진 못한다. 따라서 단순한 '베스트 프렉티스' 를 넘어선 시장에서 활용이 가능한 차별화된 전략이 필요하다는 가정에서 출발해 문화부동산 개발을 하나의 대안으로 제시가능하다.

「마이클 포터」는 경영학과 경제학을 주로 연구하는 미국의 학자로서 현재 하버드 경영대학원의 Bishop William Lawrence University Professor로 재직중이다. 「마이클 포터」의 전문 분야는 경쟁과 기업 전략이다. 현대 경영 전략 분야의 창시자로 인정받는 그의 사상은 사실상 세계 모든 경영 대학원에서 핵심적인 교과목으로 다루고 있다. 그의 아이디어와 작업들은 또한 경쟁력과 경제 성장, 도시 내 공동체의 경제적 추

8) 문아라모, "문화와 부동산 개발" 에서 발췌, 건국대 부동산학과.

략, 환경 정책, 그리고 기업의 사회적 책임 등에 대한 정의를 다시 내리게 했다. 여기에서는 「마이클 포터」가 제시한 기업 전략의 요소인 "독창성, 포지티브섬[9] 경쟁, 색다른 포지셔닝 필요"의 3가지를 통해서 부동산개발의 대안을 찾아보고자 시도한다. 「마이클 포터」가 제시한 기업 전략의 3가지 요소는 각각 유기적으로 대응할 때 우리는 충분한 효과를 기대할 수 있을 것이다.

「마이클 포터」의 기업전략 요소의 개념들은 경영학에서 주로 사용되고 경영학으로부터 도출된 개념이지만, 현재 전체적으로 위기에 빠진 부동산 침체 상황을 타개할 수 있는 대안을 찾을 수 있는 논리적 틀로 사용할 수 있다고 생각한다. 이를 통해 '문화부동산 개발' 개념을 정의하고 활용할 수 있는 틀로 사용하면 다음과 같다.

첫 번째 요소는 '독창성'이다. 어떠한 산업이든지 산업이 성장할 때는 '독창성'이라는 개념이 크게 중요하지 않다. 경제학적으로 볼 때, 신생 산업은 공급보다는 수요가 많은 상황이 지속되기 때문에 독창성이 중시되지 않아도 물건은 팔려나가고 사업은 확장될 수 있는 여지가 많다. 그렇지만 우리가 product cycle 개념에서 보듯이 어느 정도 성숙기에 들어선 산업이나 제품의 경우 '레드오션'의 경쟁에 들어서게 된다. 이때쯤 되면 이미 가장 최선의 행동양식best practise이 성립된 이후기 때문에 새로 시장에 진입하는 기업마저도 순식간에 일정한 수준을 갖춘 경쟁자로 등장하게 된다.

이를 현재의 '주택분양' 혹은 '상업용 부동산 분양'에 적용해 본다면, 다음과 같다. 과거에 부동산 공급이 부족할 때에는 디벨로퍼들은 지어서 팔면 무조건 팔리는, 심지어 짓기도 전에 '선분양'으로 팔아도 잘 팔리는 행복한 상황을 살아왔다. 하지만 현재는 상황이 완전히 달라졌다. 시장의 수준을 product cycle로 치면, 이미 성숙기를 넘어 서고 있는 상황인 것이다. 「마이클 포터」가 말한 best practise도 이미 정립된 상태라서 신생 디벨로퍼들도 별다른 진입장벽 없이 쉽게 생겨날 수 있고, 어렵지 않게 일정한 개발을 시도할 수 있는 수준에 도달할 수 있는 상황이다. 이러한 상황에서 '독

9) Positive-Sum : 개인 또는 조직을 둘러싼 이해관계자들과의 협력을 통한 상생전략을 말한다. 상대를 죽이고 내가 이겨 가치의 총합을 줄이는 제로섬 전략과는 대비되는 용어로써 시장의 가치를 증대시켜 구성원들이 서로 이득을 볼 수 있다는 장점이 있다. (네이버용어사전)

창성' 없는 부동산 개발은 쉽게 시장의 외면을 받을 수 있고, 사업 실패의 주요 요인으로 작용할 수 있다. 다시 표현하면, 이미 시장에는 일반적인 조건을 지닌 건물은 넘쳐나고 있는 상황이고, 공급자 위주에서 수요자 위주로 바뀐 지 오래인 것이다. 따라서 이러한 상황 속에서 「문화를 접목시킨 부동산 개발」은 독창성을 가미한 새로운 대안이 될 수 있는 것이다.

그렇다면, 두 번째 조건인 '포지티브섬 경쟁'은 문화 부동산에 어떻게 대응할 수 있을까? 일단 '포지티브섬 경쟁'이라 함은 하나를 얻으면 하나를 잃는 '제로섬 경쟁'과는 완전히 다른 개념이다. '포지티브 섬 경쟁'은 서로 다른 두 분야가 서로 융합되면서 두 분야의 활동 영역이 넓어지는 것을 뜻한다. 이를 "문화 부동산 개발"이라는 개념에 도입해보면, 문화 영역과 부동산이 서로 다른 가치를 지닌 상태에서 합쳐지는 것을 의미한다. '문화'는 '부동산' 영역에 진입하게 되고 '부동산'은 '문화'에 영향을 줌으로써 '시너지 개념'과는 다른 새로운 영역을 만들어 내는 개념인 셈이다. 예를 들어, 일반 부동산의 외관에 문화적 요소를 도입해서 문화유산으로 남을 만한 건축물을 짓는 것, 그래서 건물 자체만으로도 도시의 랜드마크가 되는 동시에 부동산 자체만으로 예술작품이 될 수 있는 상황을 보자. 이렇게 되면 부동산 자체는 문화 예술의 영역까지 진출해 단순한 '자본재'에서 '예술품'으로의 전이 효과를 누릴 수 있다. 반면, 문화예술에서도 예술로 표현할 수 있는 영역이 자본재의 대표격이라고 할 수 있는 부동산에까지 접근하면서 예술품의 경계를 확장시켜서 새로운 '포지티브섬 경쟁'이 등장한다고 볼 수 있다. 물론 여기에서 문화와 부동산이 처음부터 경쟁관계였다고는 볼 수 없기 때문에 마이클 포터의 포지티브 섬 경쟁의 개념을 도입하는 데 어느 정도 한계점은 있지만, 두 가지 영역이 서로 융합하면서 새로운 영역을 개척하는 데는 마이클 포터의 포지티브 섬 개념과 일맥상통한다고 볼 수 있다.

세 번째 요소인 '색다른 포지셔닝의 필요성'에서는 무엇을 얻을 수 있을까? 「마이클 포터」는 세계적인 가구 업체 이케아IKEA 사례를 들어 색다른 포지셔닝의 의미를 설명했다. 일반적으로 우리가 알고 있는 포지셔닝은 시장에 진입할 때 어떠한 고객을 타겟으로 삼아야 하는지부터 고민하고 결정하는 과정이다. 그렇지만 새롭게 시장에 진입할 때는 기존에 진입해 있던 경쟁자들의 포지셔닝을 확인하고, 이를 벤치마킹하여 시장에 진입하는 것이 대부분이다. 문제는 이런 식으로 시장에 진입했을 때 결과는 뻔하다는 것이다. 이미 시장 점유율을 놓고 서로 치열한 경쟁을 하고 있는 상황에서, 목표시장이 같은 또 하나의 경쟁자의 출현은 단지 기업의 과다 출혈을 요하는 레드오션의 심화만을 가져올 뿐이다. 이런 맥락을 현재 국내의 부동산 개발시장에 대입시켜보면, 지금까지 계속되었던, 여러 종류의 수요자를 총망라한 두루뭉술한 수요자 계층을 대상으로 일률적인 개발을 진행하였다는 것이다. 바로 이점이 오늘날 미분양과 공실 증가로 인해 많은 금전적 손실을 보게 한 이유라 할 수 있다. 따라서 이 시점에 부동산 개발분야에서 필요한 것은 경쟁사의 포지셔닝을 벤치마킹 하는 것보다는 오히려 다른 고객 수요층을 찾아 그들을 대상으로 획기적인 포지셔닝을 해야 할 필요성이 있다. 앞서 「마이클 포터」가 예를 든 가구 업체 이케아도 그 당시 가구 수요의 일반적인 타겟이었던 '중장년 층'을 제외한 새로운 타겟층인 '젊은 층'을 대상으로 DIY[DO IT YOURSELF] 방식의 마케팅을 벌인 결과, 큰 성공을 거둘 수 있었던 것이다. 마찬가지로 부동산 개발도 이제 모든 소비자의 기호를 충족시켜주는 데는 한계가 있다는 것을 깨달아야 한다. 따라서 새로운 타겟층을 찾아 집중적으로 그들의 기호를 맞추는 색다른 포지셔닝 마케팅을 진행해야 한다.

여기에서 우리의 관심사인 '문화 부동산'도 마찬가지다. 하나의 문화적 테마를 정해 이에 맞는 수요층을 물색하고, 그들의 니즈를 충족시켜서, 하나의 트렌드인 문화와 부동산을 융합시키는 시도가 필요하다. 일단, 문화와 부동산의 컨셉이 서로 연결되었다면, 그 다음으로는 이와 같이 접목된 문화의 마케팅이다. '문화마케팅'에 대해서는 뒷 부분에서 자세히 다루겠지만, 우선은 '문화'와 '마케팅'이라는 용어를 자세히 볼 필요가 있다. 우선 사전상의 문화의 뜻 중에서 우리가 인식하는 '문화[文化]'는 '행동양식이나 생활양식의 과정 및 그 과정에서 이룩하여 낸 물질적, 정신적 소득을 통틀어 이르는 말'이라고 볼 수 있다. 좁게는 '문화예술'에서부터 넓게 봐서는 '사람들의 생활 양식'까지 모두 '문화'라는 것이다. 한편 '마케팅'은 다양한 정의가 있지만, 간략히 설명하면, "시장에서 일어나는 일로써 소비자의 선택에 영향을 주는 모든 활동"이라고 할 수 있다. 따라서 '문화 마케팅'이란 문화를 토대로 하여 마케팅을 하거나, 문화를 마케팅하는 것이라고 설명할 수 있다. 또한 여기서 문화를 마케팅한다는 것은 마케팅을 위한 문화와 문화를 위한 마케팅으로 나누어 말할 수 있다. 여기서 우리가 살펴볼 것은 마케팅을 위한 문화이다.

이미 최근 대기업뿐 아니라 중소기업들까지 '문화' 를 토대로 마케팅에 열중하고 있다. 그렇다면 이들은 왜 문화마케팅에 열중하였는가? 이 질문에 대해서 「필립 코틀러」의 '마켓 3.0시대' 를 이용하여 설명하면, 과거의 마켓1.0시대는 산업화가 시작되고 본격적으로 시장이 형성된 때를 말하며, 기업은 단순히 제품을 만들고, 소비자는 그 제품을 사기만 하였다. 한층 진화된 형태인 마켓2.0시대는 기업들이 소비자의 필요와 욕구를 존중하기 시작하면서 제품의 품질에 열중하던 시대이다. 한편, 현재 혹은 미래의 시기에 적용되는 마켓 3.0시대는 소비자의 필요와 욕구를 넘어 소비자들의 '영혼' 을 울릴 수 있어야 하는 시대인 것이다. 여기에서 소비자들의 영혼을 울리기 위해서는 당연히 '문화' 만한 컨텐츠가 없을 것이다. 따라서 문화가 가진 힘과 가치를 활용하여 제품, 서비스 및 기업을 차별화하는 것이 바로 '문화마케팅' 인 것이다.

이에 따라 '문화 부동산' 을 정의해보면, 수많은 건물이 우후죽순 격으로 들어선 가운데 건물의 기능 수준은 이제 평등하다는 측면에서, 특정 건물을 어필하기 위해선 다른 건물과는 차별화된 건물이 필요함에 따라 설계단계에서부터 독특한 외관, 스토리가 있는 건물, 그리고 주변 유동인구를 흡입할 수 있는 문화 시설을 갖춘 부동산을 개발한다는 것을 뜻하는 것이다. 그리고 이에 더하여 '문화' 적 요소를 첨가하고, 문화 마케팅까지를 포함한다고 할 수 있다. 다음 〈그림 7〉은 쉽게 접할 수는 없지만, 문화 부동산으로서 적용시킬 수 있는 사례로 생각해볼 수 있다.

〈그림 7〉 문화부동산의 사례 도해

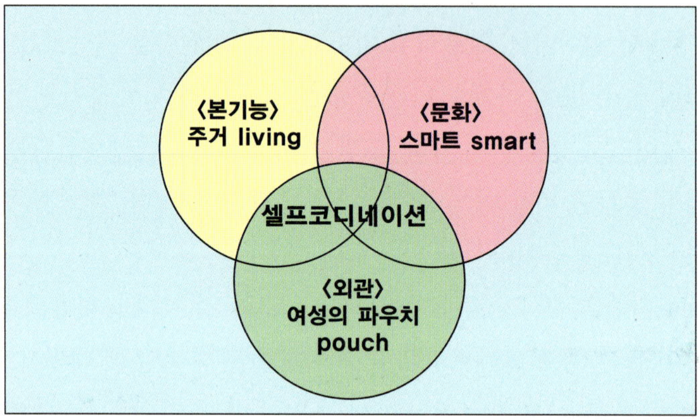

위 그림 사례를 보면, 실제 본 기능은 '주거 기능'이지만, 국내 아파트의 대표적인 형태인 대량 공급되는 길쭉한 형태의 판상형 건물이 아닌 여성들이 사용하는 작은 주머니처럼 액세서리로 달고 다니는 작은 백을 의미하는 '파우치'를 형상화한 외관을 가진다면, 주거용 부동산도 충분히 랜드마크적 건물이 될 수 있다는 것을 보여준다. 뿐만 아니라 여기에 최근의 대표적 트랜드 중에 하나이자 지속될 것으로 예상할 수 있는 '스마트smart문화'를 주거용 부동산에 적용한다면, 거주민들이 편한 생활을 영위하면서도 'SMART 혁신'에도 부합하도록 할 수 있다는 것이다.

위에 언급한 세 가지 요소로써 우리가 도출할 수 있는 이 부동산의 최상의 가치는 대표적 트랜드인 '셀프 코디네이션self cordination'이다. 즉, '자신이 원하는 것을 이룰 수 있다는 것'을 의미한다. 감성적인 부분은 스마트 시스템을 이용하여 내가 원하는 조건으로 내 주거를 새롭게 설정할 수 있다는 것이다. 구체적으로 표현하면, 어플리케이션을 다운받아 스마트 폰을 꾸며 활용하는 것처럼 '주택'에서도 집주인이 원하는 어플리케이션을 다운 받아 집안에 설정함으로써 전前주인의 집이 아닌 나만의 집을 꾸밈으로서 충분히 나에게 맞는, 나를 위한 희소성을 만들어 낼 수 있을 것이다. 이것은 SMART 시스템을 통해 스마트한 문화 트렌드에 부합하면서도 개인의 감성적 취향까지 맞춰갈 수 있다는 것을 보여준다. 외관 디자인이 여성의 파우치를 형상화한 것도 의미가 있다. 여성들이 항상 가지고 다니는 파우치 안에 여성에게 필요한 모든 것이 들어 있는 것에 착안해서 이곳에서는 당신의 거주에 필요한 모든 것이 준비되어 있다는 스토리를 가지면서도 아직 시도되지 않은 독특한 건축물 외관으로 인해 랜드마크적인 건축물로 자리 잡을 수 있는 조건을 갖추게 되는 것이다.

이 개발의 포지셔닝을 설정할 때도, 기존의 오피스텔이 직장인을 주 수요층으로 하고 있다는 것과는 달리 현재 사회에서 점점 많은 비중을 차지해 나가고 있는 골드미스들을 대상으로 개발을 진행할 수 있을 것이다. 이미 사회적 지위와 경제적 능력을 갖춘 골드미스들을 대상으로 사업을 진행한다면 이케아와 같이 경쟁사와는 다른 포지셔닝으로 성공을 거둘 수도 있을 것이다.

문화를 접목한 부동산개발은 이제 우리가 섣불리 지나칠 수 있는 패러다임이 아니다. 동일한 형태의 개발은 더 이상 수요자 중심의 시장으로 변화하고 있는 부동산시장에서 외면받기 쉽게 되었다. 따라서 부동산 개발은 현재의 '편리한 주거 환경을 표방한 복합개발'인 단순히 건물내를 돌아다니게 하는 '몰링'의 형태에서 벗어나 새로운 개발 양상으로 변화해갈 필요가 있다. '몰링'의 편리성을 강조한 복합개발은 이미 수요를 초과해서 많이 개발되었고 또 많은 다른 개발 계획이 준비되어 있다. 따라서 이와 같은 복합개발도 이제 곧 레드오션 시장으로 될 여지가 다분하다. 그렇기 때문에 우리는 마이클 포터의 기업 전략 요소라는 논리적 틀을 기본으로 새로운 개발 개념을 유추했고 이에 대응되는 결과물 중 하나로 '문화부동산'을 채택할수 있는 것이다. 물론 문화 부동산 개발이라는 패러다임 외에 변화의 방향은 무수히 많겠지만 앞에서 계속 언급해왔던 문화 부동산 개발이 하나의 주主 해결책이 될 가능성이 크다고 조심스레 예상한다. 우리 주변에 항상 존재하고, 인간이 가장 보편적으로 인식할 수 있고, 쉽게 접근해서 감수성을 자극할 수 있는 것은 우리 주변에 있는 문화life style, design, 의식주이기 때문이다. 따라서 지금 당장 이와 같은 문화부동산 개발에 치중하지 않더라도 하나의 개발 패러다임으로 그 제반 사항을 충분히 고려해야 할 필요성은 있다고 본다.

〈그림 8〉 뉴욕 소호의 Saturdays(©www.saturdaysnyc.com)

3) 즐거운 경험을 제공한다.

다음은 *The Wall Street Journal* Online(2010.05.04)에 실린 "Can Shopping be Fun Again?"이라는 기사의 내용[10]이다. 미국 뉴욕 맨해튼의 '로어 이스트 사이드Lower East Side'에 위치한 드레싱룸Dressing Room이라는 점포는 2층 건물인데 2층에는 부티크가, 1층에는 빈티지 의류 판매점과 바가 위치해 있다. 2007년에 문을 연 이 점포는 바와 의류점이 혼합된 매장이 확실한 판매 모델로서 점포의 전체 수익 중 약 40%는 음료 판매에서 비롯된다고 한다. 결국 드레싱 룸 매장은 사람들이 앉아서 한잔할 수 있는 장소를 제공하며, 그러한 공간의 제공은 이들이 매장에 좀 더 오래 머무를 수 있도록 해주는 차원에서 접근한다. 드레싱 룸은 소매업체들이 고객들을 유치하기 위해서 창의력을 발휘하는 사례들 중 하나인 것이다. 또한, 뉴욕 이스트빌리지의 엘사Elsa 매장은 낮에는 양복점, 밤에는 바로 변신하고, 〈그림 8〉 소호의 세터데이즈Saturday's는 서핑용품 상점인데, 뒤뜰에서는 커피와 맥주를 제공하고 있다.

10) The Wall Street journal online. 고객을 유혹하는 엔터테인먼트 매장.

한편, 유명 의류브랜드인 캐더린 말란드리노Catherine Malandrino는 로스앤젤레스의 새로운 매장의 정면에 카페를 설치하였으며, 프랑스의 아네스 베agnes b는 홍콩에 매장을 오픈하면서 꽃가게, 레스토랑, 초콜릿 판매대 등으로 구성된 컨셉 매장을 오픈하기에 이르렀다.

이러한 시설들의 변화를 정리하면, 과거에는 상점자체가 중심이 되어 판매가 이루어졌으나, 이제는 상점이 소비자들에게 다가가야 하며, 그리고 고객을 확보하기 위해서는 경험을 제공해야 한다는 차원의 접근인 것이다. 결국 소매업체들은 안목이 높고 점점 더 많은 것을 요구하는 소비자들을 끌어들이기 위해서 더욱더 치열한 경쟁을 벌여야 하는 것이다.

한편, 전자상거래의 성장도 상점들로 하여금 전통적인 쇼핑 경험들을 개선하도록 압박하는 요인들 중 하나이다. 패션그룹 '인터내셔널' 의 사장인 「마가렛 헤이스」는 "현재 전체 소매 환경이 진화하고 있어서, 차별화에 성공하는 상점만이 최고가 될 것" 이라고 밝혔다. 영국의 패션 브랜드인 탑샵Top shop은 2009년 뉴욕에서 첫 번째 미국 매장을 오픈했다. 탑샵은 이때, 브랜드 인지도 구축을 위해서 일반적으로 실시하는 인쇄 매체를 통한 광고보다는 DJ 세트, 무료 차와 케이크, 롤러스케이트 파티와 같은 매장 내의 이벤트에 더 힘을 쏟고 있다. 이러한 이벤트들이 평균거래가격을 높이는 역할을 한다고 판단해서이다.

이같이 소비자의 경험을 중시하는 대표적인 사례로는 미국의 백화점인 삭스 핍스 애비뉴Saks Fifth Avenue이다. 이들은 매장 내의 경험을 향상시키기 위해서 마케팅 책임자 25명을 추가로 고용하였다. 이들을 통해 많은 고객들이 내 집처럼 편안하게 느끼게 하고, 고객들이 매장을 방문할만한 이유를 제시해야 한다는 입장이다.

남성의류 업체인 존 바바토스John Varvatos는 사람들을 매장으로 끌어들이는 것에 그치지 않고, 고객들이 신나고 행복하며 다시 방문하고 싶은 느낌이 들 수 있어야 한다는 입장이다. 원래 '바바토스' 의 뉴욕 매장은 지금은 문을 닫은 유명 펑크록 클럽인 CBGB 자리에 위치해 있다. 그는 이 점을 이용하여 매달 첫 번째 목요일에 이 매장을

〈그림 9〉 뮤직클럽 CBGB당시의 모습과 존 바바토스 양복점으로 변한 현재의 모습(ⓒ: commons.wikimedia.org, Sbazzon)

다시 예전의 CBGB 클럽으로 변모시켜 무료 콘서트와 음료 등을 제공한다. 이러한 이벤트는 CBGB를 기억하는 펑크록 팬, 패션리더, 호기심을 보이는 행인들을 끌어들이는 역할을 한다. 한밤중의 이러한 이벤트들로 인해 「바바토스」 씨는 자신의 브랜드가 불황을 잘 견뎌냈으며 1/4분기 매출이 30% 늘었다고 밝혔다.

이같은 상업시설의 변화는 "바BAR를 제공하고, 영화를 상영하고, 운동을 할 수 있게 하고, 심지어는 록콘서트의 개최를 통해" 고객을 유혹하고 있는 것이다. 이를 통해 '고객' 들은 쇼핑에 새로운 의미를 가질 수 있게 되고, 과거에는 이용객이 아니었던 '비고객'들이 고객화될 수 있는 것이다. 이같은 변화가 향후 부동산 개발에 시사하는 바는 매우 강력하다고 할 수 있다.

4) '문화코드'가 부동산 · 도시를 바꾼다[11)]

영국의 그래피티 아트 작가인 뱅크시Banksy는 허름한 주택가 벽에 그림을 그리기 시작했다. 뱅크시의 벽화는 그의 천재적인 창의성 덕분에 인정을 받기 시작한다. 벽에 그림 그리는 것을 불법으로 간주했던 런던 시청은 결국 뱅크시 관광지도까지 따로 제작하게 되었다. 건물주와 동네 주민들은 그가 남긴 흔적이 훼손되지 않게 플라스틱

11) 이군호 기자. 머니투데이. 2010년 5월 9일자 기사.

〈그림 10〉 영국 그래피티 작가 뱅크시가 그린 벽화(ⓒBanksy)

관으로 보존하고 있다. 유명 여배우인 「안젤리나 졸리」가 21억원을 주고 그림을 구입할 정도로 그의 작품은 새로운 문화코드로 자리잡았다. 특히 그가 런던 슬램가 핵크니에 남긴 벽화작품으로 집값이 상승하는 현상이 일어나기도 한다. 〈그림 10〉은 이러한 뱅크시의 벽화작품 중 하나이다.

또 하나의 사례로는 정열의 대표적 나라인 스페인에서 가장 오래되고 보수적인 리하오 지방의 작은 와인농장 마을인 마르케스 데 리스칼이다. 1858년 이후 오직 와인만을 생산하며 대중에게 공개되지 않았던 곳이다. 세간의 관심에서 멀어져 있던 이 마을은 2006년 사고의 전환을 시도하며 유명 건축 디자이너인 「프랑크 게리」를 만나면서 변신한다. 다음의 〈그림 11〉은 앞서 다룬 빌바오의 구겐하임미술관을 설계한 「프랑크 게리」가 2006년 9월에 만든 호텔건물이다. 스페인 최대의 '와인 루트' 인 리오하 알라베사의 중심부인 '엘시에고 마을' 에 5성급 와인 호텔 겸 와이너리인 호텔 마르케스 데 리스칼이 들어선 것이다. 12개의 스위트룸을 포함, 총 43개의 객실을 갖춘 이 작은 호텔을 짓는 데 단위면적당 건축비용으로는 세계 최고인 무려 1억달러가 들었다고 한다. 이 혁신적인 건축물이 들어선 이후 관광객이 모이자 호텔, 테라피, 컨퍼런스, 박물관으로 사업영역이 확장되었다.

건물의 외관은 플라밍고 댄서의 드레스 형상을, 색상은 Marques de Riscal의 와인을 나타내는 Reddish pink 와인의 색, Gold와인병 장식, Silver와인 뚜껑의 삼색을 조화시켜 기하학적인 형상을 표현했다. 포도 열매 및 줄기를 컨셉으로 세계적인 건축가 「프랭크

〈그림 11〉 건축 디자이너 프랭크 게리의 스페인의 시걸 와인 농장 마르케스 데 리스칼 전경(ⓒ위키피디아)

게리Frank. O. Gehry」가 디자인한 이 호텔의 개관식에는 스페인 국왕 「카를로스」가 직접 참석해 주목을 받기도 했다.

마르케스 데 리스칼Marques de Risca 호텔에는 '건축가 「프랑크 게리」', '독특한 건물 외관'이라는 상품 외에 꼬달리 비노테라피 스파가 있다. 프랑스 보르도에서 탄생한 포도스파인 '꼬달리 비노테라피'를 제대로 즐길 수 있는 꼬달리 스파는 1,400m^2 규모로 오픈 했다. 그 결과 독특하고 품격 있는 호텔 서비스와 꼬달리만의 비노테라피를 함께 즐길 수 있는 명소로 자리잡았다.

또한, 스페인 와인의 선구자로 불리는 마르케스 데 리스칼사의 와이너리에 위치하여 숙박하는 모든 이들은 와인 제조 과정을 구경할 수 있고, 와인 시음까지 할 수 있다. 그 이유로 와인마니아들에게도 '머스트 고 플레이스'로 각광받고 있다고 한다. 더욱이 꼬달리 스파는 이 호텔 내부에 위치한 스페인을 연상시키는 짙은 붉은 색의 인테리어 소품과 검은 돌계단으로 구성되어 있어서 휴식 공간에 앉아서 창문 밖으로 수백 년 된 포도나무를 볼 수 있다는 점만으로도 숙박객에게는 인상적이다. 무엇보다도 이곳 꼬달리 스파의 장점은 와인도시라는 지역의 특색을 이용하였다는 점이다. 와인농장 안에 덩그러니 호텔이 자리잡은 것이 아니라 주변과의 연계성을 택한 것이다. 즉, 포도를 이용한 테라피비노테라피를 경험할 수 있다는 점에서 부동산개발시 전혀 새로운, 색다른 독특성을 추구한 것이 아니라 주변환경과의 자연스런 연계를 통해서 하나의 맥락을 이루었다는 점은 국내에서도 향후 개발시 반영해야 할 부분이다.

위에서 사례로 다룬 영국 그래피티 작가인 뱅크시와 스페인의 작은 마을 마르케스 데 리스칼의 변신은 21세기를 넘어 부동산과 부동산개발업에 문화코드가 적용돼 낳은 경제적 가치를 창출한 대표적인 사례로 꼽히고 있다. 마르케스 데 리스칼의 변신은 마치 스페인 「빌바오」가 문화를 내세운 도시정책을 수립하고 혁신적인 디자인의 구겐하임미술관을 건설하면서 관광객을 끌어모아 도시경쟁력을 높인 것을 연상케 한다.

이처럼 벽화 하나에 집값이 오르고, 혁신적인 디자인을 한 건물에 관광객이 몰리고 도시가 번창하는 '문화코드Culture Code' 시대가 도래한 것이다. 부동산업계에서는 이와 같이 혁신적인 발상의 전환과 문화코드를 활용해 무궁무진한 부동산 가치를 창출할 수 있다는 점을 받아들이고 있는 중이다.

5) 문화코드 부동산개발 시작단계이다.

문화부동산을 개별적인 차원이 아닌 마을이나 집단으로 확대하면, 우리나라에서 대표적인 문화코드가 접목된 마을 건축사례인 경기도 파주의 헤이리마을이 꼽힌다. 부지 45만 여 m^2에 미술인, 음악가, 작가, 건축가 등 380여 명의 예술인들이 회원으로 참여해 헤이리위원회를 통해 별도로 마련된 건축규정에 의해서 집과 작업실, 미술관, 박물관, 갤러리, 공연장 등 문화예술공간을 지금도 짓고 있다. 헤이리는 국내외 문화예술 콘텐츠가 생산되고 모이는 새로운 메카로서 파주나 고양 일산, 서울의 북서부지역에서 즐겨 찾는 명소가 되어 있다.

또한 자생적으로 60여 개 이상의 카페가 모여 있는 〈그림 12〉의 경기도 용인시 보정동 카페골목도 예술가들이 모여 형성된 문화거리이다. 이 지역의 건물과 카페 주

〈그림 12〉 보정동 카페거리 모습

인들로 구성된 '보정동 문화의 거리 추진위원회'와 '단국대 죽전캠퍼스'는 이곳을 '문화와 예술이 있는 거리용인판 대학로' 로 조성하기 위해 2009년 12월 11일 교류협약을 체결한 바 있다. 이에 따라 '단국대'와 '문화의 거리 추진위'는 탄천 인근에 무대를 설치해 학생들이 수시로 음악회와 무용, 연극 등 공연을 선보일 수 있는 문화의 공간으로 조성중이다. 이를 위해 단국대 교수들은 문화의 거리 점포 간판과 조명, 가로등 등이 주변 경관과 어우러지도록 디자인을 자문중이라 한다. 아울러 보정동 상가와 건물주들로 구성된 추진위는 단국대 우수학생 및 저소득 학생들에게 장학금을 지급하는 후원 프로그램에 참여하는 한편, 학생들이 점포를 이용할 때 할인 혜택을 주기로 했다. 단국대와 죽전역이 인접한 보정동은 탄천을 끼고 카페와 레스토랑, 전통찻집 등 47개 점포가 영업하고 있으며, 72개 점포가 개장을 준비하고 있다.

---【헤이리마을(경기 파주) 소개】---

예술인들이 꿈꾸는 지상에서 가장 아름다운 마을을 모토로 가진 곳으로 1998년 창립총회를 시작으로 헤이리는 15만평에 미술인, 음악가, 작가, 건축가 등 380여 명의 예술인들이 회원으로 참여해 집과 작업실, 미술관, 박물관, 갤러리, 공연장 등 문화예술공간을 짓고 있다. 마을 이름은 경기 파주 지역에 전해져 내려오는 전래농요 '헤이리 소리'에서 따왔다 한다.

1) 무엇을 하는 곳인가?

헤이리는 창작공간과 전시공간, 공연공간, 문화예술의 축제공간 · 교육공간 · 토론공간 · 판매공간 · 국제교류공간 · 창작주거공간 등으로 구성되어 있다. 여기에서는 미술 · 음악 · 연극 · 영상 · 사진 · 조각 · 공예 · 문학 · 출판 · 학술에 종사하는 작가 300여 명이 모여 살게 되며, 국내외 활동 작가들의 작품이 기획 또는 상설 전시된다. 또한 음악 · 연극 · 무용, 전통예술 등의 무대예술을 위한 전용공연장과 다목적 공연장, 야외 공연장이 곳곳에 들어서서 연중 다양한 레퍼토리의 공연을 계절별 축제별로 감상가능하다. 국제적인 '축제'에서부터 계절이벤트, 주말이벤트에 이르기까지 풍성한 볼거리가 연출된다. 헤이리는 하나의 큰 문화예술학교로서 미술, 영화, 음악 등 각종 창작교육기관이 만들어 질 것이며, 견학과 탐방교육의 공간으로도 운영되고 있다. 헤이리 작가들의 직접 만든 문화예술품뿐만 아니라, 좋은 기획력을 통한 수준 높은 작품들이 판매되는 고급 문화예술시장이 형성되어 경쟁력 있는 작품들이 합리적인 가격으로 공급된다. 헤이리는 세계로 열려 있는 국제교류 문화예술의 창으로 세계의 문화예술 애호가들이 헤이리를 방문하고, 경쟁력 있는 우리 예술가들이 세계적 시장에 진출할 수 있도록 한다는 사명을 갖고 있다. 또한, 헤이리의 주요기능 가운데 하나는 문화예술인들을 위한 생태적 환경의 주거지의 역할을 하고 있다.

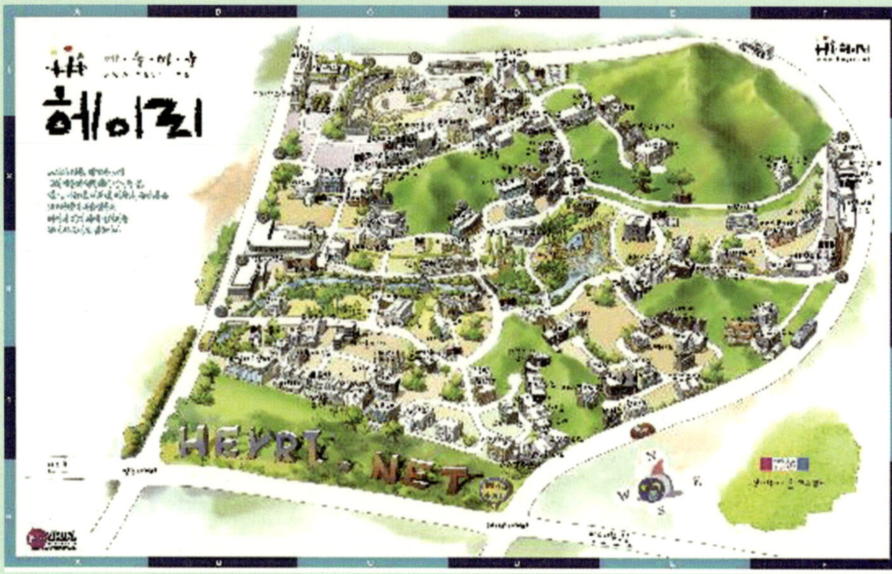

〈그림. 13〉 자료 : 헤이리홈페이지 www.heyri.net

2) 헤이리만의 특색

① 자연이 살아 숨쉬는 생태마을

② 그린네트워크로 디자인된 마스터플랜

③ 최고의 건축가들의 설계실명제를 통한 건축전시장과 건축지침 운영

④ 광장과 길 등 모든 설치물이 예술작품으로 조성

⑤ 예술성 높은 교량을 위해 현상설계 실시

⑥ 모든 건축은 3층 이하로써 휴먼스케일을 살린 스카이라인

⑦ 원형 그대로의 생태늪 보존과 자연친화적인 수경공간 조성

⑧ 우리 꽃, 우리 나무로 덮인 마을

⑨ 최첨단 정보 네트워크 구축

3) 헤이리의 발생론적 의미

헤이리는 다양한 장르의 문화예술인들이 문화예술에 관한 담론(談論)과 창작(創作) 활동을 하기 위해 이룬 공동체마을이다. 또한, 회원들의 순수한 정신(精神)과 이념(理念)을 합일하여 만들어진 실험적 공동체로서의 의미가 있다. 마을의 지향점은 헤이리 구성원들의 창조적 작업을 통해 국내외 문화예술 콘텐츠의 생산(生産)과 집산(集散)의 새로운 메카의 조성이다. 그리고 창조적인 문화공간 헤이리를 보다 발전적으로 성장시키기 위해 조직된 헤이리위원회를 통해서 자치적으로 운영되고 있다.

4) 헤이리 건축

헤이리의 단지계획은 새로운 시대의 패러다임(환경친화, 생태)을 수용하고, 한국 및 세계 단지설계사의 한 페이지를 장식하는 대안을 제시, 창의적이며 마켓 가치를 인정받는 단지설계, 그리고 도시적 관점에서 현 단지를 재정립하고, 접근성의 장점을 최대한 살린 토지이용계획과 자연의 지형, 지세를 최대한 보존 개발(절토, 성토 최소화)하며, 4계절에 대비한 계획을 수립하였다. 문화예술의 특성에 따른 공간입지배분이 상호 시너지 효과를 유발하고, 기존 도시의 한계를 극복하고 휴먼 스케일 내에서 설계하였다.

5) 조성경과

가. 헤이리아트밸리건설위원회 창립총회 : 1998년 2월

나. 한국토지공사와 부지계약체결 : 1999년 12월

다. 마스터플랜 완성 : 2000년 1월

라. 실시계획 승인 : 2001년 2월(승인기관 : 파주시)

마. 토목공사 : 2001년 6월 30일 착공 2002년 12월 완공

바. 건축착공 : 2002년 6 월 ~ (350여 건물)

6) 부동산에 문화 가치 부여 방법

흔히 문화라 함은 음악, 미술, 공연, 의식주, 그 밖의 생활양식 등등을 의미하고 있다. 부동산에 가미할 수 있는 '문화' 요소는 드러난 내용만을 의미하는 것이 아니라 정신적인 측면, 즉 소프트웨어적 측면의 내용도 포함하는 내용이 될 것이다.

(1) 부동산에 문화시설을 설치하는 방법

아파트에 있는 갤러리! 오피스 시설에 있는 음악공연장! 이와 같이 상업시설이나 업무시설, 또는 주거시설 안에 문화시설을 설치하여, 이를 집객요소로 이용하거나 시설의 이미지를 특징지어 이미지를 개선시키는 경우가 있을 수 있다. 즉, 문화공간의 복합화를 의미한다. 이는 '문화'의 개념적 속성상 산업이나 교육, 관광, 체육 등의 기능과 결합하기 쉬우며, 이는 자연스럽게 시설의 복합화로 이어진다.[12] 주로 기존의 건물이나 부동산을 재생하고자할 때, 새롭게 문화시설을 설치하여 이미지를 변화시키거나 창출할 때 많이 사용된다. 그러나 최근에는 처음부터 개발시부터 문화시설을 설치하여 집객력을 높이는 등의 방법을 사용하기도 한다.

(2) 부동산에 문화요소를 가미시켜 차별화하는 방법

부동산을 만들어서 공급할 때, 물리적인 건물 외에 문화적 요소를 가미하여 공급함으로써 해당 건물의 가치를 올리는 것을 말한다. 이는 건물 자체의 건축적 측면을 강조하거나, 유명 건축가의 작품이라는 점을 강조하거나, 또는 주변 지역에 특별한 경관이나 역사적 '문화' 특성을 추가하는 방법 등을 의미한다. 또한 부동산에 공원이나 광장, 교육과 여가 등의 문화요소들을 가미하는 등 주변에 어메니티적 성격을 띤 시설이나 장치들을 통해서 다른 부동산과 차별화를 이룰 수 있다. 구체적으로는 한옥과 같은 전통성, 지방의 특색이 있는 특산물을 배치하거나 특산물을 만드는 체험을 할 수

12) 삼성경제연구소 Issue Paper. '문화자원 개발과 지역활성화전략' 2004. 2. 16.

있게 하거나 또는 역사적인 인물과 관련된 내용의 장치, 유명만화나 연예인 등의 캐릭터로 건물이 꾸며지거나 "축구선수 베컴이 잤던 방" 같은 특징적인 방의 배치 등으로 차별화할 수 있을 것이다.

(3) 문화시설 자체를 부동산 상품으로 정착시키는 방법

우리 주변에는 많은 문화시설이 있다. 문화시설을 문화예술진흥법 시행령 제1조의2의 구분에 한정한다면, 미술관 · 공연장 · 음악당 · 도서관 · 지역문화복지시설 · 문화보급시설 등이 있다. 그 밖에도 문화를 "사회구성원인 인간에 의해 습득된 무형의 총합체로서 지식, 신념, 기술, 도구, 도덕, 법, 관습 및 관련 능력을 포함" 하는 의미까지 확장한다면, 정말 다양한 종류의 문화와 관련된 시설이 있을 것이다. 그러나 우리가 가지고 있는 인식으로는 '문화시설'이란 정부나 기업의 지원 등이 없이는 그 자체로서 수익창출에는 한계가 있는 시설로 인식되어 있다. 실제로 이러한 지원이 없이 자체적으로 수익을 내는 사례는 보기 드물다. 그러나 최근 들어 시설 자체만으로 수익을 내는 사례들이 생기고 있어서 차츰 그 사례가 늘어나고 있다. 한남동에 들어서는 대중음악 전문 공연장[13] 은 민자 사업 방식으로 민간사업시행자가 공연장을 건립해 시에 기부채납하고, 관리운영권(20년)을 부여받아 운영하는 방식이다. 즉, 민간사업자 입장에서 공연장으로서 수익을 올릴 수 있다는 확신이 반영된 결과일 것이다. 뒤를 이어 서울의 창동과 대구 등지에서도 비슷한 방식의 공연장이 들어설 예정이다.

(4) 문화마케팅과 함께 부동산 상품을 판매하는 방법

축제나 이벤트, 공연, 전시회 등의 개최를 통해 부동산 상품의 판촉으로 연계하는 것으로 예를 들어, 오피스텔을 사면, 계약자들에게 공연티켓을 주거나 더 확대하면, 계약자들만을 대상으로 공연 등을 개최하는 경우가 해당된다. 실제 과거의 타워호텔을 리모델링한 프로젝트인 반얀트리 리조트앤스파의 경우, 계약자에 대해 '문화마케

13) 서울시가 발주하고, (주) 쇼파크가 진행하는 지하 4층, 지상 4층, 연면적 2만 9,492㎡ 규모의 전문 공연장

팅'을 실시하여 별도의 모델하우스에서 계약자인 회원들에 대해 요리강습을 실시하고, 유명 성악가인 '안드레아 보첼리'를 초빙하여 회원들만을 대상으로 공연을 실시한 바 있다.

이상과 같이 문화시설의 설치로 복합화하거나 문화적 요소를 가미하고, 문화시설 자체로, 문화마케팅 등을 통해서 부동산의 가치를 올리거나 궁극적으로는 죽어 있는 부동산을 살릴 수 있을 것이다.

---【공연장의 부동산개발 상품화】---

서울특별시에서는 도봉구 창동 1-6번지 열린극장 창동부지 11,488㎡에 대중음악 및 뮤지컬, 어린이 공연장 등 복합공연장을 건립하기 위하여 2009년 11월 (주)창동공연문화센터(옐로우나인,씨쓰리엔터테인먼트 컨소시엄)을 사업시행자로 선정하고 2010년 1월 15일 사업추진을 위한 구체적인 협약을 체결하여 2013년 공연장 개관을 위해 준비중이다. 공연장은 대지 11,488㎡에 지하 1층부터 지상 4층, 연면적 24,150㎡ 규모로 대중음악공연장 1500석(입석 3000석), 뮤지컬공연장 700석과 어린이공연장 300석, 창작스튜디오, 부대시설 등을 갖춘 서울동북부 문화소외지역에 새로운 문화예술의 구심점 역할을 담당할 복합공연장인 것이다.

'창동복합공연장'은 '한남동공연장'에 이어서 민간자본으로 전문공연장을 건립하는 사업이다. 동북권은 공연시설 비중이 서울시에서 최하위인 문화소외지역으로서 창동복합공연장 건립은 문화소외지역에 대한 문화적 갈등을 해소하여 서울 북부권의 새로운 문화향유 거점으로서의 역할이 기대된다고 한다. 지역문화활성화와 예술문화기반 형성에 기여할 수 있는 생활 속의 문화공간으로서 특히, 주변의 입지적 특성을 고려하여 20~30대 젊은 가족 층을 대상으로 한 차별화된 어린이 전용시설을 갖추어 타 공연장에 비해 지역밀착형, 가족 중심형 공연장으로 기획되고 있다.

한편 대구 공연문화도시 조성의 핵심적 인프라 시설인 대구 뮤지컬전용극장이 민자로 건립예정이다. 대구뮤지컬센터는 대주주인 씨쓰리엔터테인먼트(35%)와 하나대투증권(15%)·코오롱 건설(15%)·대구문화방송(10%) 등 6개 사로 구성된 컨소시엄이 사업자로 결정되었다. 대구 뮤지컬전용극장은 수성구 황금동 범어공원 주차장 부지 일대 1만 278㎡에 민간투자사업(BTO방식)으로 건립되며, 공연장은 지하 2층 지상 3층, 연면적 2만7013㎡의 규모로 대공연장 1500석과 소공연장 450석 및 부속시설 등을 갖추어 공연문화도시 조성의 핵심적 인프라로 활용될 예정이다.

3. 부동산의 가치와 가격 이해

1) 부동산의 가치

부동산투자는 우리 주변에서 흔히 돈을 벌어들이는 대표적인 행위로 받아들여진다. 평상시의 투자행위는 제쳐두고라도, 계속적인 전 국토 대상의 클러스터, 기업도시, 혁신도시같은 개발호재가 발표되고, 개발 정책이나 규제완화 정책이 발표되면, 이는 투자자에게 수익을 더 빠르게 낼 수 있는 절호의 기회로 활용하기도 한다. 바로 이러한 기회 속에 많은 투자자들이 일명 '투기'라고까지 불리우면서도 투자행위를 행하게 된다. 이 때, 부동산 투자는 흔히 대부분 매입 후 가치상승에 따라 매입가보다 비싸게 되파는 것으로 받아들여진다. 그러나 이처럼 단지 싸게 사서 비싸게 팔 수 있다는 것은 일정 기간 보유를 통해서 자산의 매각가치가 상승했을 때, 적용되는 이야기이다. 따라서 "캐피탈 게인"이라 불리우는 자산가치 상승을 노리는 이런 투자방식에는 가격이 원하는 만큼 오르기 어려운 요즘같은 시장에서는 한계가 있을 수밖에 없다. 따라서 최근에는 "캐피탈 게인"에 더하여 "인컴 게인"이라는 수익창출분야가 강조되고 있는 것이다.

이제 부동산 시장도 아파트, 토지, 상가를 구분해서 각 투자의 대상을 개별적으로 차별화, 세분화, 복합화해서 구체적으로 접근해야 한다. 흔히 부동산 투자는 '가치투자'라고 한다. 그만큼 가치가 있어야만 수익이 된다는 이야기인데, 부동산의 가치는 보통 '내재가치', '미래가치', '희소가치'로 구별가능하다. '내재가치'란 단독주택, 아파트, 토지, 상가의 현재가치를 이야기한다. 이는 지금 살기가 좋은 곳이면, 현재가격이 그대로 반영이 되어 있는 그 자체의 가치를 뜻한다. '미래가치'는 실질적으로 평가된 현재가치가 아니라 미래에 이루어질 수 있는 가치를 이야기한다. '희소가치'란 토지가 늘어나지 않고 공급이 제한돼 있기 때문에 발생하는 가치를 말한다. 예를 들면 서울·경기의 경우 12%의 땅 위에 전체 인구의 48%가 산다. 이때 적용되는 서울·경기지역 부동산의 희소성이 희소가치인 것이다.

우리는 종종 가치 있는 부동산을 찾기 위해 노력한다. 그런데 부동산 투자는 부동산이 가지는 토지와 건물의 가치를 각각 분리해 지금 내재된 저평가된 가치를 찾고 미래의 가치를 점치고 읽는 일이다. 하지만 일반인들이 투자가치를 찾기는 쉽지 않다. 이 때문에 일반적으로 알려진 일반인들이 쉽게 할 수 있는 부동산투자란 싸게 사서 비싸게 파는 시세차익만을 보는 경우가 대부분인 것이다. 그래서 객관적이고 분석적인 안목을 가질 필요가 있는 것이다. 부동산은 수요와 공급, 실수요와 가수요의 비율에 의해 가격이 떨어지기도 하고 상승하기도 한다. 이를 파악하기 위한 방법은 부동산만이 가진 내재가치, 미래가치, 희소가치 등을 평가하는 것이다. 투자처를 찾거나 자신이 투자한 보유 물건을 팔아야 할지 장기 보유해야 할지 가치 분석을 할 수 있다면, 성공적인 투자결과를 얻을 수 있을 것이다.

(1) 부동산가격과 가치

많은 연구에서 부동산의 가치와 가격을 구별해야 한다고 주장[14)] 하고 있다. 이래영2004은 부동산이 내구재로서 장래 기대되는 효용의 가치를 정확히 반영하지 못하기 때문에 부동산에서는 가치와 가격을 구별해야 한다고 주장하였다. 또한 그는 부동산 시장이 다수가 참여하는 공개시장이 아니기 때문에 효율적 시장이 존재하지 못하고, 가격은 시장에서 형성된 객관적 교환비율이지만, 가치는 주관적 교환비율이라는 점, 가격은 대상 부동산에 대해 실제 지불한 과거의 값이지만 가치는 미래에 기대하는 편익을 평가한 현재의 값이라는 점, 그리고 주어진 시점에서 대상 부동산에 대한 가격은 하나밖에 없지만, 가치는 시장가치 · 보험가치 · 저당가치 · 보상가치 · 장부가치 등 무수히 많다는 점에서 가치가 정확히 반영되기 어렵다고 보았다. 또한 이우영2002은 가격이 재화의 가치를 구체적으로 표현한 것으로 비내구재의 경우에 적합하지만, 부동산의 경우는 적합하지 않다고 하였다. 그 이유로는 이래영과 마찬가지로 주어진 시점

14) 정영진, 부동산가치평가 모형의 적용실태와 문제점에 관한 연구, 충남대 석사학위논문, 2006.

에 대상 부동산의 가격은 하나이지만, 가치는 무수히 많다는 점을 들었다. 즉, 가격은 시장에서 실제 지불된 과거의 값이기 때문에 특정 시점에서 가격은 하나이지만, 가치는 현재의 값이기 때문에 보는 관점에 따라 무수히 많을 수 있어서 부동산에서 가격과 가치는 구분되어야 할 필요가 있다고 하였다.

(2) 부동산가치의 종류

'부동산가치'에 대해서 흔히 학계에서는 부동산의 소유에서 비롯되는 장래이익 future benefits을 현재의 가치present value로 표시한 것으로 보고 있다. 방경식1997은 소유하고 있는 부동산은 장래 일정기간까지 이용가능하다는 전제 때문에 가치가 있는 것이며, 그것을 이용함으로써 얻는 이익이 바로 부동산가치의 원천이 된다고 하였다. 즉, 이용함으로써 얻을 수 있는 이익, 임대의 경우는 임대료, 또는 소유주가 거주하는 경우 그 거주의 이익, 상점 임차의 경우 상가 및 점포에서 영업을 통해 얻을 수 있는 수익 등은 장래 일정기간 동안 계속해서 발생할 것이고, 그러한 장래 발생할 이익을 현재 시점으로 환산해 보면, 그 부동산의 현재가치를 도출할 수 있을 것이다.

부동산의 가치는 동일한 부동산일지라도 주어진 시점에서 보는 관점이 다르기 때문에 시장가치, 사용가치, 투자가치, 계속기업가치, 보상가치, 담보가치, 과세가치, 저당가치, 안정가치, 공정가치, 장부가치, 진성가치, 교환가치, 청산가치, 정상가치, 공익가치 등 다양한 가치가 존재하고 있다.

(3) 기업가치와 부동산가치의 비교

기업가치평가와 부동산가치평가의 가장 근본적인 차이점[15] 은 평가대상의 차이에서 올 수밖에 없다. '기업가치평가'에서는 평가과정을 거쳐 궁극적으로 구하고자 하는 값은 기업가치 혹은 주식가치였다. 이 때 평가대상이 되는 어떤 부동산을 기업이 보유하고 있는 경우에는, 그 부동산의 가치는 전체 기업가치의 일부분이라 할 수 있다.

15) 김찬일, 기업과 가치평가, 경문사, 2005.4 p.371.

따라서 기업 가치평가에서 다루는 평가대상은 기업전체나 기업에 대한 소유권인 주식의 가치인 반면, 부동산의 가치평가에서는 특정 부동산에 대한 가치평가인 것이다.

이러한 평가대상의 특성에서 발생하는 차이점은 여러 가지가 있을 수가 있다. 우선, 부동산의 경우 소유권, 저당권, 전세권, 지역권, 지상권, 임차권 등의 법적 권리와 관련된 계약사항이 대부분 등기가 되어 있어 평가업무를 수행하기가 용이한 부분이 있다. 반면, 기업가치평가는 각종 영업 및 재무활동과 관련된 매우 다양한 계약이 존재하고, 이로 인해 가치평가시에 상당히 복잡한 형태로 직간접적 영향을 미치고 있다. 예를 들어 기업가치 평가의 경우 '영업권'이 항상 고려되어 이를 기업가치의 일부로 포함시켜야 하는 문제가 있는데, 부동산의 경우에는 이러한 문제와는 관련이 없이 진행되었다. 또한 기업가치의 경우 동일산업내의 주식이라 하더라도 소득 흐름과 위험이 다르게 나타날 수 있으나 부동산의 경우에는 동일 지역내에 위치한 유사한 부동산일 경우 비교적 소득 흐름과 위험의 정도가 비슷하다고 볼 수 있을 것이다. 시장가치의 변화 역시 주식의 가치가 부동산 가치보다 심하게 나타나는 것이 일반적이다.

(4) 부동산가치의 상승요인과 하락요인

부동산의 가치는 어떻게 하여 발생하는가? 부동산의 가치는 아래와 같은 네 가지 요인의 상관결합으로 발생한다. 이들을 부동산가치의 발생요인factors that create value이라 부른다.AIREA, 1985 부동산가치의 발생요인은 다음과 같다.

첫째, 유용성utility이다. 유용성이란 부동산의 용도적 이용가치를 말하는 것으로 주거용 부동산은 쾌적성, 상업용 부동산은 수익성, 농업용 부동산은 생산성을 각각 의미하는 것이다. 부동산은 개인의 주관적인 만족이나 수요와는 상관없이 고유한 부증성, 개별성, 적재성의 특성을 갖기 때문에 효용과는 달리 유용성 또는 사용가치가 중시되는 것이다.

둘째, 상대적 희소성scarcity이다. 본래 부동산은 일반 경제재보다 희소성의 가치가 더 발휘된다. 이러한 가장 큰 원인은 부동산의 부증성, 부동성, 개별성이라는 특성과 인간의 기본욕구 충족의 대상이기 때문이다. 희소성은 토지의 물리적 절대량의 부족 때문에 나타나는데, 이와 달리 용도적 부족이라는 현상이 희소성을 가중시키는 요인이 된다. 또 어떤 특정용도에 필요한 부동산은 특정 위치와 특정한 개별적 상태를 요구하는 경우도 있어, 이러한 것도 희소성으로 작용한다.

셋째, 욕망desire이다. 어떤 욕구를 충족시키기 위한 부동산을 향한 욕망은 부동산 가치의 창조에 기여한다. 욕망은 유용성, 희소성과 더불어 구매력과 관련을 가지고 있다.

넷째, 유효 구매력effective purchasing power이다. 부동산의 가치가 발생되기 위해서는 위에 말한 세 가지 외에 부동산의 구매력이 존재하여야 한다. 이 때의 구매력은 경제개념이며, 때와 장소에 따라 변하는 것이 통례이다. 이를 '유효 수요'라고도 한다. 부동산은 자연 및 인문적 특성이 있기 때문에 그 가격도 일반 재화와는 다르며 가격과 임료, 권리 및 경제이익의 대가, 장래를 고려한 가격, 그리고 개별 사정에 따라 현실거래가격은 개별적으로 형성되고 있다. 최근에는 여기에 더하여 '브랜드'의 중요성까지 추가되어 중시되고 있다.

이처럼 부동산 가치와 가격은 고정적이지 않고 항상 변한다. 이러한 점에서 부동산 투자시 부동산 가치가 상승하는 이유를 알게 되거나 하락하는 이유[16]를 알아 볼 필요가 있게 된다. 이를 통해서 부동산 자산가치를 관리할 수 있다면, 많은 투자자들이 환영할 만한 일일 것이다.

① 부동산 자산가치의 상승 이유 6가지

부동산 자산가치의 상승은 아래에 나타난 바와 같이 다양한 이유로 예측이 가능하다. 이러한 이유는 단독으로 영향을 미칠 수도 있고, 아니면, 복합적으로 영향을 미칠 수 있을 것이다. 대부분은 어느 하나의 이유가 아닌 하나 이상의 요소가 결합하여 지역부동산 시장을 형성하게 된다. 이 때, 부동산의 가치는 근본적으로 지역적인 특성

16) Jack Cummings 저, 세종부동산컨설팅연구회 역, 36-Hour Real Estate Investing Course,

을 띤다는 차원에서 그 가치를 결정하는 대부분의 요소들은 대개 지역내에서 움직인다는 것이다. 즉, 국제적으로또는 나라 전체적으로 상승이나 하락을 하고 있어도, 지역에 따라 정반대의 양상을 보이는 것이 부동산시장의 특성으로 볼 수 있다. 아래에서 부동산 가치를 상승시키는 6가지 요인을 살펴보도록 하자.

가. 인플레이션

인플레이션은 대체 품목의 상승된 가격 때문에 해당 물건의 가치가 상승하는 현상을 말한다. 예를 들어, 실질적으로 주거용으로 사용되는 오피스텔의 가치는 주거용인 아파트나 빌라의 가치가 올랐을 때, 상승할 수밖에 없는 것이다.

나. 사회기반시설의 향상

지역사회의 인프라 변화는 부동산가치 상승에 영향을 주게 된다. 도로나 공공시설, 교량, 고속도로 진입램프, 공원, 학교, 관공서, 병원, 공장 등의 취업기회 등이 부동산 가치에 긍정적인 영향을 미치는 요소이다.

다. 용도변경

용도변경은 토지와 건물의 이용 용도의 변경을 말한다. 정부정책의 변화나, 건물소유자의 합법적 범위 내에서의 용도변경행위는 대표적인 용도변경인 것이다. 이 때, 용도변경이 부동산소유자에게 막대한 수입을 창출하게 해준다면, 그 용도변경은 긍정적인 용도변경이다. 과거에 서울 강남구의 압구정동 로데오거리에 있는 일반주택들이 카페나 매장으로 변경된 사례나, 소형아파트를 오피스로 변경하여 수익이 증가하여 그 결과 자산가치가 증가하여 가격이 오른다면, 용도변경으로 인한 가치상승의 결과라고 볼 수 있을 것이다.

라. 최저소득수준의 증가

소득이 증가하면, 소득자산가치가 증가한다. 이 때 현금 흐름의 최저선을 상향조정할 수 있는 투자자는 다른 조건들이 일정하다면, 부동산의 판매가를 높일 수 있게 되는 것이다.

마. 자본 증가

증개축을 하였을 때, 일반적으로 부동산의 자산가치는 상승할 것이다. 그러나 이 때에 자산가치 증가분보다 증개축의 비용이 상회한다면, 아무 의미없는 행위가 되고 만다.

바. 수요와 공급

수요가 일정하다면, 공급이 감소함에 따라 가치가 증가하거나 수요하락폭보다 공급감소가 더 빠를 경우 가치는 상승하게 된다. 즉, 공급분이 수요분보다 적으면, 당연히 자산의 가치는 상승하게 될 것이다. 주변에 있는 건물에 문화시설이나 문화적 요소가 도입되어 방문하는 사람이 늘어나면 또 다른 시설에 대한 수요가 생기고, 그에 따라 신규공급이 따라야 하는데, 그렇지 못하다면 기존 건물들은 그 가치가 상승할 수 밖에 없을 것이다.

② 부동산가치가 하락하는 이유 7가지

가. 주변지역의 쇠퇴

모든 부동산은 주변의 환경에 지배받는다. 그리고 항상 변화하고 있는 지역내에 위치하고 있다. 한 지역이 경제적 쇠퇴기에 접어들면, 건물주들은 임대수입의 감소를 초래하는 '공실률증가'라는 아픔을 겪게 된다. 이에 따라 수입이 감소하므로 건물주는 관리비용을 감축하게 된다. 그 결과, 관리상태는 부실하게 되어 주변지역은 한번 더 침체에 빠지게 되는 것이다.

나. 인프라 변화의 역작용

일반적으로 인프라가 건설되면, 주변의 부동산가치에는 긍정적 영향을 주게 된다. 반면 인프라가 생김으로써 인프라에 멀리 떨어져 있는 기존에 개발되어 있는 지역은 오히려 기존의 지위를 잃을 수도 있게 된다. 예를 들어, 기존 국도주변의 중심지가 우회도로가 생김으로서 쇠퇴해가는 것을 말한다. 또한 공항의 개발은 해당 지역에는 긍정적 영향이 있는 반면, 활주로 주변은 오히려 소음으로 인해 가치가 하락할 수 있는 것이다.

다. 정부규제와 규정 변경

정부의 규제는 사실상 부동산 산업의 모든 면을 통제하게 된다. 건축규정이나 지구관련 규정, 건강위생관련 규정, 소방규정, 환경 규제 등과 관련해서 규정들이 변화하면, 부동산가치에 심각한 영향을 미치게 되는 것이다.

라. 경제적 쇠퇴

빌딩에도 라이프사이클이 있다. 신축된 건물도 시간이 흐르면 낡게 되고, 결국 경제적 내구성이 다하게 되면, 다시 지을 수밖에 없다. 중간에 몇 번의 리모델링으로 그 시기를 연장하겠지만 말이다. 구성요소 중에도 냉난방 등 공조기와 전기배선, 엘리베이터, 조명, 배관 등의 상태는 건물의 경제성을 결정하는 중요한 요소가 된다.

마. 수요와 공급

수요와 공급은 앞에서 부동산가치 상승 이유에서도 보았듯이, 그 불균형 정도에 따라 가격의 상승과 하락을 가져오게 하는 주요 원인 중의 하나이다. 과다공급과 긴축재정은 잘 되면, 현상유지 수준이지만, 조금만 잘못되어도 부동산 가치를 하락시키게 된다. 즉 수요와 공급은 여차하면 부동산가치를 하락시키는 이유가 된다.

바. 유지기능의 결여

건물의 라이프사이클상 유지기능이 결여될 경우에도 부동산 자산의 가치는 하락하게 된다. 평상시에 관리가 잘 되어 있는 건물과 관리자의 부재 등 어떤 이유로 관리가 잘 되지 않는 건물은 가격 자체가 달리 형성될 수밖에 없는 것이다.

사. 급매 현상

부동산은 일시에 매각할 수 있는 자산이 아니다. 매수자입장에서는 매도자가 급박하게 팔아야 할 시기가 가장 싸게 매입할 수 있는 기회가 되는 것이다. 급매는 팔고자 하는 사람이 팔아야만 하는 이유가 생길 때 발생한다.

이와 같은 맥락에서 위에 나열된 부동산 자산 가치의 상승이 가능한 요소들과 하락요소들을 적절히 통제할 수 있다면, 부동산을 자산으로 보유한 사람에게는 바람직한 결과를 가져올 수 있을 것이다. 따라서 우리가 앞에서 다루었던 많은 사례들과 뒤에서 살펴 볼 많은 사례들 역시, 문화라는 요소를 활용하여 이와 같은 요소들을 통제한 사례로써 이를 적절히 활용할 수 있을 것이다.

2) 부동산의 가격

(1) 부동산가격의 특성[17)]

첫째, 단기시장에서의 거래가격은 매수자가 기꺼이 지불하려는 가격에 의해 좌우되는 경향이 있다. 즉, 단기에서의 공급은 상대적으로 고정되어 있어 수요가 가격을 결정하는 중요한 요인으로 작용하여 수요의 함수이지만, 반면, 장기에서는 비용과 가치가 일치하는 경향이 있어 결국 부동산이 가치가 장기적으로는 공급의 함수가 된다.

17) 이래영, 부동산투자론, 삼영사, pp 74-76

둘째, 부동산가격은 토지의 자연적, 인문적 특성이 많이 반영된다.

셋째, 재화의 가격을 전용수입과 임료로 구분할 때, 부동산가격은 거의 임료로 구성된다. 즉, 부동산가격은 교환의 대가인 '가격'과 용익의 대가인 '임료'로 구성되며, 가격과 임료는 원본과 과실의 관계에 놓여지는 것이다.

넷째, 부동산가격은 부동산에 관한 소유권 기타 권리, 이익의 가격으로 물리적인 외형상의 부동산가격이 아니라 부동산재산권에 대한 가격이다.

다섯째, 토지는 영속성과 용도의 다양성이 있고, 그 부동산에 속해있는 지역의 상태가 항상 유동적이고, 지속적으로 확대 · 축소 · 집중 · 확산 · 발전 · 쇠퇴하므로 이 점들의 장기적인 배려가 필요하다는 점이다.

여섯째, 부동산가격은 자연적 특성으로 국지적 불완전한 시장에서 가격이 형성되므로 현실적으로 거래당사자의 개인적 동기나 특수한 사정이 개입되기 쉬워 합리적인 시장이 될 수 없고, 또한 모든 사람이 부동산에 대한 전문적인 지식과 정보가 불완전하기 때문에 효율적인 시장이 되기 어렵다.

(2) 부동산가격의 형성요인

이와 같은 특성을 지닌 부동산가격은 부동산의 유용성, 상대적 희소성, 유효구매력 등 가격 발생요인의 상호작용에 의하여 형성되거나 또는 파괴된다. 이처럼 부동산의 가격발생요인에 영향을 주는 요인을 부동산 가격 형성요인이라고 한다. 부동산 가격 형성요인에는 크게 일반 요인과 지역요인, 개별요인으로 구분할 수 있다.

① 일반요인

일반요인은 부동산 전반에 영향을 주는 요인으로 자연 요인과 사회요인, 경제요인, 행정요인으로 구분된다. 자연요인은 지질이나 지반 등의 상태, 토양 및 토층, 지세, 지리적 위치관계를 말하며, 사회요인은 인구의 상태, 가족 및 가구 분리 상태, 도시와 공공시설 형성, 생활양식, 건축양식 등을 말한다. 그리고 경제요인은 저축 · 소비 ·

투자의 수준 및 국제수지, 저축 및 금융의 상태, 물가 · 임금 · 고용의 수준 등을 의미한다. 한편, 경제요인은 부동산가격이 경제활동의 영향을 받는다는 점에서 그 중요성을 더한다. 행정요인은 토지이용규제나 토지정책, 주택정책, 그리고 부동산관련 세제의 상태 등을 말한다. 특히 우리나라의 경우 부동산정책의 변화에 따른 투자여건변화로 부동산가격 형성에 중요한 요인이라 할 수 있다.

② 지역요인

지역요인이란 어떤 지역의 가격에 영향을 미치는 요인으로 일반요인과 자연조건의 상관결합으로 구성되며, 지역특성을 형성하고, 지역의 가격수준을 형성하는 요인이다. 특히 부동산은 '부동성'이라는 특성으로 그 가격이 지역요인으로부터 영향을 받는다는 점에서 매우 중요한 부분이다. 주거지역과 상업지역, 공업지역, 농업지역, 임지지역 등 토지용도에 따라 각기 적용되는 요인들이 존재한다.

③ 개별요인

개별요인은 대상 부동산의 구체적인 가격과 개별가격을 결정해주는 요인으로 해당 부동산의 개별적 위치와 요인으로 볼 수 있다. 지역요인으로 가격수준을 파악한 후 개별요인의 분석을 통해서 개별가격을 산정할 수 있을 것이다.

3) 부동산의 기업가치[18)]

다음 글은, Geroge R. Karvel과 Peter J. Patchin이 쓴 글인 "광역쇼핑센터와 쇼핑몰의 기업가치(The Business Value of Super-Regional Shopping Centers and Malls)" 의 내용이다. 이 글은 흔히 우리가 알고 있는 부동산가치평가에 더하여 실무적으로는 거

18) 광역쇼핑센터와 쇼핑몰의 기업가치(The Business Value of Super-Regional Shopping Centers and Malls), Geroge R. Karvel* and Peter J. Patchin, (번역 : 박형국)

의 활용되고 있지 않는 상가나 쇼핑몰 등 상업시설의 "계속기업가치"의 중요성을 환기하는 차원에서 바라볼 필요가 있다. 이는 본 책에서 말하고자하는 부동산에 '문화'의 가치를 더한다는 점에서 계속적인 기업가치로 '문화'를 활용해야 한다는 차원에서 연계하면, 이해하기가 쉬울 것이다.

(1) 부동산의 감정평가방식과 계속기업가치

일반적으로 부동산감정평가방식에는 아래의 〈표 3〉과 같이 원가방식, 비교방식, 수익방식 등 3가지가 있다.

〈표 3〉 부동산 감정평가의 3방식 6방법

감정평가의 '3방식 6방법'			
방식	방법	기준	특징
원가방식 (비용접근법)	복성식평가법	가격	- 아파트 분양가 산정 등에 많이 적용. 특성상 토지보다는 주택 등에 주택에 주로적용.
	적산법	임대료	
비교방식 (시장접근법)	거래사례비교법	가격	- 해당부동산의 거래가격 등을 기준으로 산정.
	임대사례비교법	임대료	- 시세에 가장 근접한 가격 산출 가능
수익방식 (소득접근법)	수익환원법	가격	- 해당 부동산이 향후 일정기간 동안 얼마만큼의 수익을 낼 수 있느냐로 가격 기준.

'원가방식'은 해당 건물을 짓는 데 어느 정도의 비용(원가)을 들여야 하는가의 관점에서 가격을 산출하는 것이다.

이 방법은 원가, 즉 비용측면에서 접근하기 때문에 비용접근법이라고도 한다. '비교방식'은 해당 부동산의 가격을 시장성, 즉 해당부동산과 비슷한 거래 사례(시세)와 임대차사례 등을 비교해서 가격이나 임대료 등을 구하는 방식이다. '비교방식'은 시장접근법이라고도 하며, 시세뿐만 아니라 해당부동산이 위치한 지역의 요건, 해당부동산의 개별적 요건 등을 모두 비교해 가격 등을 산정하므로 가장 광범위하게 사용되는 방법이다. 한편, '수익방식'은 해당 부동산이 향후 일정기간까지 얼마만큼의 수익을 올릴 수 있을까 하는 관점에서 부동산가격 등을 평가하는 방식이다. 즉, 해당 부동산의 향후 수익을 산출해 부동산의 가격 또는 임대료를 구하는 것이다. 수익방식은 결국 해당 부동산에서 올릴 수 있는 소득을 찾는다는 점에서 '소득접근법'이라 불리운다.

그런데 이와 같이 부동산분야의 감정평가시에 특히 운영되는 수익형부동산의 경우에 해당되는 '계속기업가치'에 대한 논란이 있다. 즉, 대표적인 수익형부동산인 '상가용 부동산'은 부동산으로서 존재하지만, 계속적인 운영이 되고 있다는 점에서 고객들이 그 곳을 방문하고, 이용하게되는 것이다. 이 때, 해당 상가용 부동산은 계속적인 기업으로서 가치가 있는 것이다. The Appraisal of Real Estate 9판에 따르면, '계속기업가치'는 특정 자산의 운영에서 발생된 가치이다. 따라서 이 가치는 부동산만의 가치와 구분되어야 하며, 계속기업가치에는 토지와 건물, 노동력, 설비 및 마케팅 활동이 결합하는 과정에서 창출된 운영중인 기업체의 가치를 증진시키는 무형의 요소라고 한다. 따라서 부동산을 평가하는 감정평가사는 기업 또는 계속기업가치가 존재하는 한, 부동산 가치와는 별개의 것으로 인식하여야 한다. 과세 당국도 대부분의 과세구역에서 재산세 산정 시 무형자산가치, 기업가치 및 설비가치를 제외하고 있다. 따라서 쇼핑센터와 상가를 평가함에 있어서 다른 모든 재원의 가치와 부동산의 가치를 구별하는 것이 무엇보다 중요하다.

(2) 상가용 부동산의 기업가치Business Value

상가와 쇼핑센터에 기업가치가 존재한다는 것에 대한 근거는 다양하며 여기에는 다음과 같은 논의가 있다 :

* 평가보고서에 따르면, 호텔과 모텔에는 기업가치 혹은 계속기업가치가 있다고 인식 되어 왔다.
* 토지와 노동력 및 자본에 대한 수익을 고려하는 경우, 생산물의 잔여부분은 토

지가 아니라 관리 또는 기업활동에 대한 것이다.

* 상가 임차인은 부동산에 대한 임대료 이상을 지불하는데, 이러한 임대료에는 상가 또는 쇼핑센터의 기업활동 및 관리에 대한 것이 포함된다.
* 임대를 갱신할 때 기존보다 기본임대료 및 비율임대료가 보다 높다는 것은 기업가치가 있음을 의미한다.
* 시장임대료 이상의 계약 임대료에서 발생하는 임대 프리미엄이 기업가치의 재원이다.

Jeffrey Fisher와 Willian Kinnard는 "운영자산에서의 기업가치 요소The Business Enterprise Value Component of Operating Properties"에서 임대 프리미엄(예를 들어, 시장의 전형적인 비율 이상의 추징임대료 또는 임대차갱신에 기인한, 시장임대료를 초과하는 지불액)은 초과임대료로서 임차인 혼합과 임차인 기업활동이 성공적으로 이루어질 수 있도록 하는 전문관리기술상가 및 쇼핑센터의 관리 및 마케팅에서 야기된 기업가치의 증거라고 했다. 상가 소유자는 비율임대료 및 임대차갱신에 따른 추징금을 통해 임차인의 영업력 향상에 관여하게 된다.[19] 시장임대료와 임대료 프리미엄에서 나타나는 임차인에 대한 기업가치의 재원에는 다음과 같은 것이 포함된다. :

* 전문 관리기술
* 균형잡힌 임대업종 혼합
* 효율적으로 활동하는 소유자조합
* 상가소유자와 백화점의 광고 및 판매촉진 활동
* 상가의 이미지
* 백화점과 관련된 상호 관계

---

19) Jeffrey D. Fisher and William N. Kinnard, "The Enterprise Value Component of Operating Properties: The Example of Shopping Malls," Proceedings of the International Association of Assessing Officers, Fort Worth, Texas, September 20, 1989, 225, 230-231.

* 전국적인 상가 체인과 관련된 상호 관계
* 백화점과의 운영 협약
* 상가 임차인과의 계약 협약
* 허가 협약(예를 들어 카트 등)에서 비롯되는 소득
* 임차인에 대한 편의설비 공급에서 비롯되는 소득
* 상가 내 상점의 카탈로그를 통한 상품판매[20)]

(3) 전체Total entity의 가치평가

규모가 큰 초지역적 쇼핑센터Super regional shopping center[21)] 의 가치에 대한 혼란은 완성된 사업체에 대한 고려 없이 쇼핑센터에 입점한 하나의 상점 가치만을 평가할 때 야기된다. 초지역적 쇼핑센터에 대해 정확하게 가치를 평가하기 위해서는 그 전체적인 측면에서 고찰되어야 한다는 것이다. 자산의 특정 부분들은 다른 부분을 지원함으로써 전체가 경제적으로 제 구실을 하도록 하기 때문이다. 따라서 상가와 중요임차공간은 이를 다른 개인이나 협력체partnership 또는 법인이 소유하고 있더라도 반드시 평가하여야 한다.

상가 임차인의 편익을 위해 중요임차인에 공간을 제공함으로써 상가의 장래 이익과 무관하게 전형적으로 장기 운영 및 특정 영업시간을 계약조건으로 한다. 따라서 중요임차인이 이익을 크게 내지 못하더라도 그로 인해 다른 상가공간에서 더 많은 가치를 창출해야 한다.

우리나라에서 비슷한 예를 찾아보면 서울 삼성동에 있는 코엑스 mall의 경우, 중요임차인으로 '메가박스 영화관'이 있고 그 주변에는 여러 업종의 상가들이 입점되어 있다. 비교적 넓은 공간을 차지하고 있으면서 장기임대를 하고 있는 메가박스 영화관의 평당 임대료는 주변 상가들에 비해 낮게 책정이 되어 있지만 '영화를 보러 오는 사람들'로 인해 그 주변 상가들의 수입은 증가하게 된다. 따라서 주변 상가들의 임대료

20) Fisher & Kinnard(1989). 전게논문. P.225-P.226.
21) 국제쇼핑센터협회의 쇼핑센터 규모별 분류 중 하나.

는 높게 책정되는 것이다. 따라서 코엑스 mall의 가치는 주변상가들의 가치와 중요임차인의 가치가 합쳐져 코엑스 mall 기업가치로 측정될 수 있는 것이다.

(4) 임차인 혼합Tenant Mix

상가 공간이 반드시 중요임차인 공간을 보조해야 한다는 점에서 상가의 특정 공간은 동일 상가 내의 다른 공간 역시 보조할 수 있도록 도와주어야 할 것이다. 상가 내에서 이러한 상호지원은 반드시 필요하기 때문에 적정한 임차인 혼합이 필요하게 된다. 이러한 현상에 대한 고전적인 예로서 이발소와 과자점을 비교하는 것이 있다. 이들의 점유면적은 유사하며, 이발소는 단위면적당 $12의 순임대료를 지불하는 반면, 과자점은 단위면적당 $40의 순임대료를 지불한다. 상가 소유자는 모든 임차인에게 단위면적당 $40의 순임대료를 징수하고 싶어 하겠지만 그는 낮은 임대료를 지불하는 임차인을 혼합하는 것이 모든 임차인의 편익을 극대화 하는데 중요하다는 것을 인지하게 된다. 따라서 단위면적당 $12의 순임대료를 시장임대료 및 부동산만의 수익으로 보는 것은 합당하지 않고, 단위면적당 $40에서 $12를 차감한 $28가 임대 프리미엄의 형태로 기업활동에 대한 수익으로 볼 수 있을 것이다.

부동산 감정평가 기준에서는 평가에 있어 동산, 설비, 무형자산 및 기업가치에 대해 반드시 고려하도록 하고 있다. 쇼핑센터와 상가는 복잡하기 때문에 부동산의 가치에 기업가치가 부주의하게 포함되지 않도록 하기 위해 소득과 비용, 시장접근법에 있어 세심한 분석이 필요하다. '소득접근법' 또는 '시장접근법'을 이용하여 가치를 추계하는 데 있어 관리, 소매 운영에 대한 가치가 배제되지 않는 경우에는 기업가치가 포함되는 과실을 범할 수도 있다. '비용접근법'을 적용하여 가치를 평가하는 경우, 개발이익에 대해 충분한 고려 없이는 과소평가될 가능성이 있다. 한편 '토지잔여법'은 토지와 건물로 구성된 복합부동산에서 건물에 귀속하는 순이익을 공제하여 토지의 순이익을 구하는 방법으로 공지를 가정한 토지에 대한 이용방법 중 지역의 장단점에 대한 충분한 양식을 가진 자에 의한 최고최선의 이용에 따른 토지가치를 산정하는 데 적합하다. '비용접근법'과 '시장접근법'에 의한 가치 지표와 무관하게 최종적으로 가치를 좌우하는 것은 '소득접근법' 이다. 적정 시장가치는 대체원가와 잔재가치salvage value 사이의 범위에서 현재소득과 장래예상소득의 현재가치로 결정된다. 기업가치와 관련하여, 이 개념을 지지할만한 체계적인 이론적 또는 조사에 따른 증거가 아직 존재하지는 않는다. 이에 대한 논의는 많지만 운영협약, 교차지역권, 전문관리기술, 기타 기업가치의 원천에서 야기되는 편익은 부동산 가치로 전환될 수 있거나, 그에 부가될 수 있을 것이다.

이상의 부동산 '계속기업가치' 는 지금까지는 그 중요성이 과소평가되었으며, 특히 구분소유로 분양되는 국내의 상업용 부동산에서는 거의 개발되지 못한 분야이다. 따라서 전문인력도 양성되지 않고, 기술 역시도 개발되지 못한 것이 사실이다. 그러나 이제는 그 중요성을 인식하여 부동산가치 외에 계속기업으로서의 가치 역시 많은 집중과 연구가 필요할 것이다.

이 점은 최근에야 도입되고 있는 '부동산의 브랜드 자산개념' 에서도 그 필요성을 느낄 수 있다. '브랜드 자산개념' 은 일반적으로 부동산의 가치가 부동산의 유용성, 상대적 희소성, 욕망, 유효구매력 등 가격발생요인의 상호 작용에 의하여 형성된다는 점에서 시작된다. 부동산은 기업활동과 기업경영에 있어서 매우 중요할 뿐만 아니라 기업자산을 증가시키는 데 있어서도 상품 못지않게 중요한 역할을 차지하고 있다. 그 동안 기업들은 기업활동이나 기업경영으로 얻은 이익을 부동산에 투자하여 기업자산을 증가시키는 데 많은 노력을 하였다. 그러나 대다수 기업들이 자사의 브랜드와 상품에 대한 브랜드 자산들은 다양한 방법을 통해 평가하고 관리하여 기업이익을 증대시키는 데 노력하고 있으면서도 기업들이 보유하고 있는 부동산에 대하여는 '브랜드 자산개념' 으로 연구하지 못하고 있는 것이 현실이다. 만일 기업들이 브랜드 자산 개념에서 부동산을 이해하고 새롭게 평가해 본다면, 어떠한 부동산이 유효성과 희소성이 있는지를 알게 될 것이고 그 가치의 인식은 기업이익에도 많은 도움을 줄 것으로 생각한다. 이 점은 본 책의 주제인 부동산에 접목된 문화의 개념으로 적용해도 마찬가지이다.

제2장. 문화마케팅과 장소마케팅

제2장에서는 최근 들어 여러 지방자치단체와 나라들이 앞다투어 시도하고 있는 '문화와 문화마케팅', '장소마케팅; 스페이스마케팅'이 무엇인지를 살펴볼 것이다.

'문화'를 이용하여 부동산을 살린다는 주제가 결국은 '문화'를 이용한 마케팅을 의미하므로 관련된 마케팅활동을 이해하는 것이 중요하다.

문화마케팅을 위해서는 우선 문화의 정의와 문화산업에는 어떤 것들이 있는지, 그리고 문화마케팅의 개념과 의의, 유형, 문화마케팅이 기업과 지역, 사회에 주는 혜택을 볼 필요가 있을 것이다. 그리고 문화마케팅의 실제 활용을 어떻게 하는지를 알아볼 필요가 있다. 이를 통해서 문화마케팅이 왜 많이 오르내리는지를 알 수 있을 것이다.

이어서 '장소마케팅'에 대해서는 그 의미에서부터 장소마케팅의 등장배경, 전략과 유형들을 서술하고자 한다. 이어서는 장소와 장소자본의 개념을 제시하여 최근 마찬가지로 많은 언론과 학계에서 거론되고 있는 '장소마케팅'을 이해할 수 있을 것이다.

1. 문화와 문화마케팅

'문화'는 해당 시설과 지역 전체 이미지를 고급화시키고, 사람들을 단시간에 끌어모을 수 있는 최고의 매개체이다. 따라서 문화적 이미지를 적극적으로 활용하여 산업과 연계시키면, 단기간에 효과적으로 훌륭한 결과를 이끌 수 있다. 한편, 이와는 별개로 고객들의 문화욕구 강화로 인해 이에 대응하지 않으면, 도태될 수밖에 없는 각 기업체들이 '문화마케팅' 에 더욱 적극적으로 나서게 하고 있는 것이다.

1) 문화에 대하여

(1) 문화의 정의

문화Culture는 라틴어인 Colere땅을 갈다에서 유래한 말로, 인간이 자연을 개조하는 것이나 그 과정을 말한다. 그런 점에서 저절로 형성된 자연과는 구분된다. UNESCO1980에서는 문화에 건축, 미술, 공예, 디자인, 유산, 복합문화주의, 토착 문화, 공원과 휴양, 종교, 운동 및 고시 설계를 포함시켰다. 또한, 문화는 한 사회의 구성원들 간에 찾을 수 있는 관습적 행위 및 행위로써 그 특성은 다음과 같다.

- 집단 구성원들이 공유
- 사회화 과정을 거치면서 비유전적 수단을 통해 습득
- 초유기체적 원리들에 의해 작동
- 문화적 진화 과정을 거치면서 축적
- 이를 구성하는 여러 요소들이 상호 긴밀한 관계를 유지하면서 하나의 전체를 구성한다.

(2) 문화산업

문화산업의 예로서는 소프트웨어, 인터넷, 무선통신, 컴퓨터, 콘텐츠,영화, 방송영상,

게임, 음악 생활문화, 패션, 완구, 공예, 스포츠 예술산업, 시각예술, 공간예술, 공연예술, 문화유산 및 관광산업, 의료 · 복지산업 등을 들 수 있다.

2) 문화마케팅

(1) 기업은 문화마케팅을 대폭 강화

고객의 소비패턴이 급격히 '품질중심'에서 '품격중심'으로 이행되면서 문화에 대한 고객의 욕구가 강화되고 있다. 또한 기업환경 측면에서 생산기술 고도화와 공급과잉에 따라 제품 자체의 저원가나 고품질로는 차별화에 어려움이 있게 된다. 따라서 이에 대응할 필요가 있는 기업들은 필요에 의한 선택이 아닌 생존을 위해서 문화마케팅을 대폭 강화하고 있는 현실이다. 즉, 기업은 문화욕구를 충족하는 제품 · 서비스를 제공하고, 문화를 매개로한 마케팅을 통해 차별화, 고급화하면서 신규수요를 창출하게 되었다. 제품 및 서비스 수준의 상향평준화로 인해 독특한 문화이미지를 확보하지 못하는 기업은 시장에서 도태될 수밖에 없게 된 것이다. 실제 우리에게 "친환경이나 지속가능한 경영, 전통 등 문화를 같이 파는 기업의 상품과 상품 자체만의 기능과 품질을 강조하는 기업의 상품 중 어떤 것을 고를 것인가? 를 물어본다면, 그 선택의 결과는 쉽게 예측할 수 있을 것이다.

위에서와 같이 문화마케팅의 도입이 중요하게 되었음에도 불구하고, 현실은 어떠한가? 세계 초일류기업일수록 문화마케팅에서 한 발 앞서 가고 있는 것이다. 초일류기업들은 문화적 이미지를 확립하고 이를 마케팅 활동과 연계하고 있는 것이다. 이러한 문화적 이미지 제고가 기존 브랜드의 가치와 매출, 수익 향상에 기여하고 있는 것이다. 국내에서도 대기업 위주로 문화마케팅이 일어나고 있으며, 이러한 움직임이 중소규모의 기업까지는 보편화되지는 못하고 있다. (물론 일부 강소기업들은 철저한 문화마케팅으로 시장을 이끌고 있다.) 필요성은 인지하고 있지만, 자금여력이나 환경 등 여러 가지 이유로 중소규모 기업들은 이에 동참하지 못하고 있는 것이다.

(2) 문화마케팅의 개념과 의의[22)]

'문화마케팅'은 기업이 문화를 매개로 하여 유희하는 고객Homo Ludens을 유혹lure 하는 다양한 활동을 의미한다. 이 때 문화는 "사회구성원인 인간에 의해 습득된 무형의 총합체로서 지식, 신념, 기술, 도구, 도덕, 법, 관습 및 관련 능력을 포함"한다. 한편 문화의 범주로는 크게 음악, 미술, 전시, 영화, 문학, 드라마 등으로 구분할 수 있으며, 이러한 문화의 전달방식은 콘텐트(미디어), 이벤트, 축제, 광고 디자인 등이 있을 수 있다.

문화마케팅은 고객의 행동을 결정짓는 마케팅 요소들 중 문화가 중심역할을 수행하는 것으로 마케팅의 4PProduction, Price, Place, Promotion 측면에서 보면 문화마케팅과 합리적 소비를 전제로 하는 전통적 마케팅과는 차이가 있다. 아래 〈표 4〉는 전통적 마케팅과 문화마케팅의 차이점을 비교한 것이다.

〈표 4〉 일반 마케팅과 문화마케팅의 차이

마케팅 전략의 4P	전통적 마케팅	문화마케팅
Product(제품)	편익과 기능을 강조	이미지, 환타지, 느낌 강조
Price(가격)	합리적 가격 또는 할인가 적용	문화 프리미엄 부가
Place(장소)	대형, 전문 유통	매장문화 공간 등으로 脫유통
Promotion(홍보)	미디어 광고, 입소문 등	문화이벤트, 직접체험 등

문화마케팅은 고객의 감성을 터치하고 체험하도록 해주며 은근하게 숨어서 하는 체험, 감성, 매복 마케팅 등이 전형적 기법으로 볼 수 있다. 그 내용으로 먼저, 체험마케팅은 소비를 총체적 체험으로 인식하며, 문화적 자극을 중시하며, 다음으로 감성마케팅은 고객의 감성, 정서, 낭만, 환상, 직관, 감각 등에 호소하는 기법이다. 매복마케

22) 삼성경제연구소, 문화마케팅의 부상과 성공전략, CEO Information 372호, 2002.10.30.

팅ambush marketing은 이벤트에 편승하여, 문화이미지를 제고하는 방법을 의미한다.

(3) 문화마케팅의 5가지 유형

일반적으로 사용하는 문화마케팅의 유형은 흔히 5S로 분류[23)] 된다. 기업들이 문화를 마케팅에 활용할 때 사용할 수 있는 방법으로 다음과 같이 5가지를 들 수 있는 것이다.

첫째, 문화판촉Sales으로 문화를 광고나 판촉수단으로 활용하는 것이다. 명품 이미지를 구축하거나 간접광고로써 PPL기법을 활용하기도 한다.

둘째, 문화지원Sponsorship으로 자사를 홍보하거나 이미지를 개선하는 방법으로써 문화활동을 하거나 단체를 지원하는 것이다. 우리나라에서도 많은 기업들이 이 방법을 통해서 기업이미지를 올리고 있다.

셋째, 문화연출Synthesis로 제품이나 서비스에 문화이미지를 체화해 차별화하는 것이다. '스타벅스'처럼 커피집에서 커피 이상의 분위기나 멋, 문화를 상징하거나, 스무살이라는 시각에서 출발한 SK텔레콤의 'TTL'광고 역시 문화연출의 사례로 들 수 있다.

넷째, 문화기업Style으로 새롭고 독특한 문화를 상징하는 기업으로 포지셔닝하는 것이다. 일본의 전자업체인 'SONY'가 'SONY' 다움을 전면으로 내세워 기업의 포지셔닝을 표현하는 방법 등이 그 사례이다.

다섯째, 문화후광Sprit효과로서 국가의 문화적 매력을 후광효과로 향유하는 경우를 말한다. 문화의 국가 하면, 먼저 '프랑스'가 떠오를 것이다. 이처럼 '프랑스'는 문화와 예술이라는 국가이미지가 그대로 각 기업체들이 후광을 입어 활용하게 되는 것을 말한다. 이는 최근 '한류효과' 로 인해 기업체들도 이에 힘입어 그 효과를 누리는 우리나라의 입장에서도 그 사례를 찾아볼 수 있다. 다음의 〈그림 14〉는 위에서 언급한 기업들이 활용하는 문화마케팅의 5가지 유형을 정리한 표이다.

---

23) 삼성경제연구소(2002), 전게서.P.4

〈그림 14〉 기업문화마케팅의 5가지 유형(SERI)

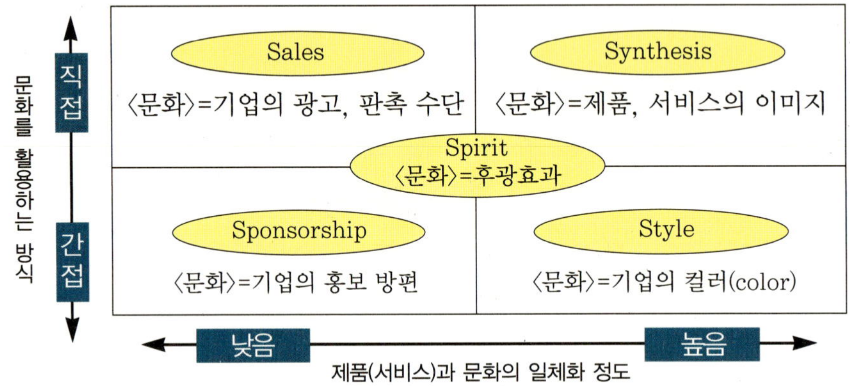

다음 〈표 5〉는 삼성경제연구소(2002)에서 서술한 문화마케팅의 '5S' 유형별로 선정한 국내외의 대표적 사례 10개를 분석한 것[24]으로 그 내용은 다음과 같다.

〈표 5〉 문화마케팅의 5S개념과 대표사례

문화마케팅 유형(5S)	유형별 개념	사례
문화판촉 (Sales)	광고, 판촉 / 문화	- 벤츠, 태평양〈코카콜라, BMW, 도요타, 동서커피, 백세주 등〉
문화지원 (Sponsorship)	기업 → 지원 → 문화	- IBM, 하나은행〈Texaco, 마이크로소프트, 삼성전자, 금호그룹 등〉
문화연출 (Synthesis)	제품 서비스 / 문화	- 스타벅스, TTL〈할리 데이빗슨, 몽블랑 만년필, 포르셰, 롤렉스 등〉
문화기업 (Style)	기업 / 문화 (상징)	- 소니, 에버랜드〈LVMH, 디즈니,맥도널드, 파타고니아(아웃도어 레저브랜드), 광주요(전통 도자기) 등
문화후광 (Spirit)	기업 A / 기업 B / 제품 서비스 / 문화	- 프랑스, 한국(韓流)〈이탈리아, 영국, 일본, 아일랜드, 스위스 등〉

보졸레 누보라는 와인이 있다. 프랑스 부르고뉴주의 '보졸레' 지방에서 매년 그 해 9월에 수확한 포도를 11월 말까지 저장했다가 숙성시킨 뒤, 11월 셋째 주 목요일부터 출시하는 포도주와인의 상품명이다. 보졸레 누보가 널리 알려지기 시작한 것은 1951년 11월 13일 처음으로 보졸레 누보 축제를 개최하면서부터이다. 보졸레 지역에서는 그 해에 갓생산된 포도주를 포도주통에서 바로 부어 마시는 전통이 있었는데, 1951년 이러한 전통을 지역 축제로 승화시키면서 프랑스 전역의 축제로 확대되었고, 1970년대 이후에는 세계적인 포도주 축제로 자리 잡았다. 이는 프랑스의 이미지와 프리미엄으로 자리 잡았으며, 특히 1985년 프랑스 정부에서 매년 11월 셋째 주 목요일 자정을 보졸레 누보 판매 개시일로 규정한 이래, 매년 이 날을 기다려 세계 각지의 수입업자들이 보졸레로 몰려든다. 6개월 이상 숙성시키는 일반 와인과 달리 보관하지 않고 빨리 마셔 버리는 와인으로, 발효 즉시 내놓은 신선한 맛이 생명이기 때문에 보통 출시된 지 2~3주 만에 바닥이 난다. 이 때문에 프랑스 정부에서는 이 와인들을 항공기 · 모터사이클 · 풍선기구 · 제트비행기 등 가리지 않고 가장 빠른 운송 수단을 이용해 세계 각지로 배송 · 판매하도록 하고 있다. 국내에서도 각 수입판매점들이 이 날을 기해 저마다 보졸레 누보라는 이름으로 출시하고 있어서 실제 이 때는 항공사에게도 특수를 불러일으키게 할 정도이다.

필자의 경우, 오랜 기간 동안 매년 11월 셋째 주 목요일을 기해 출시되는 보졸레 누보를 주변 친지들에게 선물해왔다. 요즘의 와인 유행이 있기 전부터 프랑스정부의 마케팅에 동참해서 그 해의 햇와인인 '보졸레 누보'를 이용해서 본인의 이미지를 관리하였던 것이다. 물론 이것도 하나의 유행이 되어서 요즘은 수입물량이 줄어들고[25] 있으며, 저가위주로 구성이 되고 있지만 말이다.

---

24) 삼성경제연구소 전게서. P.5

25) 해마다 수입이 늘다 보니 고가의 제품들 수입이 늘어나서 이제는 고객들의 현명한 선택으로 수입량이 계속 줄어들고 있으며, 저가위주로 구성이 되고 있다. 프랑스농식품진흥공사(SOPEXA)에 따르면 국내 보졸레 누보 수입량은 2000년 20만 5,733병(750㎖ 기준)에서 2002년 46만 2,400병으로 2배 이상 폭증했으나, 2005년 24만 2,000병, 2006년에는 11만 8,933병으로 급감했다. 2007년은 다소 늘어 약 16만 6,000병 선임.

(4) 문화마케팅이 기업, 지역, 사회에 주는 혜택

문화마케팅은 그 대상에 따라 혜택이 달리 나타나므로, 기업이나 지역 그리고 사회에 주는 혜택을 고려 할 필요가 있다.

① 기업에 주는 혜택

- 기업이 속한 지역의 삶의 질 제고
- 기업이 속한 지역경제의 발전에 기여
- 균형 있고 전략적인 사회공헌 프로그램에 기여
- 기업 이미지 제고
- 상품과 서비스를 증진
- 중요 구매자들에게 영향
- 판매 증가
- 대중매체에서 광고효과
- 종업원과의 관계 강화
- 종업원의 창의력 고양
- 종업원을 기업이 속한 지역으로 유혹

② 지역에 주는 혜택

- 예술에 투여된 자본을 통한 세수증대 효과
- 개인이 어느 지역에서 살고 일할 것인가를 결정하는 데 영향을 줌
- 기업이 신규사업을 벌일 지역을 선정하는 데 영향을 줌
- 회의, 컨벤션, 관광을 끌어들임
- 이웃 간에 새로운 활기 야기
- 부동산 가치 상승
- 지역주민의 고용 증대
- 지역에 대한 주민의 자부심 제고

③ 사회에 주는 혜택

- 삶의 질 제고
- 창조성과 혁신을 촉진
- 자신이 속한 사회와 다른 사회에 대해 개인을 교육
- 다른 배경을 갖는 개인들간 의사소통과 이해를 증진
- 미래세대를 위해 사회의 측면들을 기록하고 성과들을 보전
- 인간정신의 중요성을 재인식

3) 문화시설의 이해

우리가 볼 수 있는 문화시설의 법적 종류는 「문화예술진흥법 시행령 제2조」와 관련하여 다음과 같이 구분된다.

(1) 공연시설

① 공연장 : 「공연법」 제2조 제4호의 규정에 의한 공연장(영화상영관은 제외)

가. 종합공연장 : 시 · 도 종합문화예술회관 등 1천석 이상의 대규모 공연장

나. 일반공연장 : 시 · 군 · 구 문화예술회관 등 1천석 미만 300석 이상의 중규모 공연장

다. 소공연장 : 300석 미만의 소규모 공연장

② 영화상영관 : 「영화 및 비디오물의 진흥에 관한 법률」에 따른 영화를 상영하는 공연장

가. 「영화 및 비디오물의 진흥에 관한 법률」 제36조 제1항에 따른 영화상영관

나. 「영화 및 비디오물의 진흥에 관한 법률」 제2조 제10호 단서에 따른 비상설상영장

③ 야외음악당 등 : 연주·연극·무용 등을 할 수 있는 야외시설로써 「공연법」에 따른 공연장 외의 시설

(2) 전시시설

① 박물관 : 「박물관 및 미술관 진흥법」 제2조 제1호에 따른 박물관

② 미술관 : 「박물관 및 미술관 진흥법」 제2조 제2호에 따른 미술관

③ 화랑 : 회화·서예·사진·공예 등의 작품을 전시·매매하는 시설

④ 조각공원 : 조각 작품을 전시하는 공원

(3) 도서시설

① 도서관 : 「도서관법」 제2조 제1호에 따른 도서관

② 문고 : 「도서관법」 제2조 제4호 가목에 따른 문고

(4) 지역문화복지시설

① 문화의 집 : 지역주민이 생활권역안에서 문화예술을 이해하고 체험하며 직접 참여할 수 있도록 하기 위한 것으로서 관련프로그램과 지식 및 정보를 제공하는 복합문화공간

② 복지회관 : 지역주민의 사회참여 기회를 확대하고 복지를 향상하기 위한 것으로서 지역사회의 발전을 위한 집회 및 강연 기타 각종의 관련행사 등이 이루어지는 시설

③ 문화체육센터 : 지역주민의 문화 · 체육활동을 향상하기 위하여 건립된 시설

④ 청소년활동시설 : 「청소년기본법」 제17조에 따른 청소년 활동시설

(5) 문화보급·전수시설

① 지방문화원 : 「지방문화원진흥법」 제2조에 따른 지방문화원

② 국악원 : 전통 국악의 발전을 위하여 설치된 교육 및 전수시설

③ 전수회관 : 지방 고유의 무형문화재를 지속적으로 교육 · 전수하고 보존할 수 있는 시설

(6) 그 밖의 문화시설

앞에서 제1호 내지 제5호에 규정된 문화시설 외의 시설로써 문화예술활동에 지속적으로 이용되는 시설 중 문화체육관광부장관이 정하여 관보에 고시하는 시설

4) 문화마케팅의 활용

우리가 앞에서 살펴본 "문화마케팅"을 활용함에 있어 고려해야 할 몇 가지가 있다. 첫째, 도서관이나 미술관, 박물관, 문예회관 등 문화시설의 천편일률적인 분류는 오히려 문화마케팅의 탄력적 운영에 방해가 되므로 유연한 접근이 필요하다. 둘째, 문화하면 떠오르는 '문화공연'이나 '전시'뿐만이 아닌 공간 자체가 문화컨텐츠로 역할을 할 수 있는 다양한 문화시설의 배치가 중요하게 된다. 셋째, 눈에 띄는, 호화로운 시설로써 이용자가 돈과 시간을 내서 어렵게 찾아가는 문화시설에 집중하기 보다는 생활속에 접할 수 있는 문화공간이 더욱 효과적이다. 넷째, 또한 단순히 문화시설에 집중하기 보다는 문화시설 주변의 옥외공간이나 문화적 격을 높인 공간에 대한 이용자들의 욕구도 강하므로 이에 대한 대비도 필요하다.

많은 문화마케팅의 사례를 보면, 그 흐름은 다음과 같다. 먼저, 보여주는 행위가 진행된다. 이는 멋진 건물이나 이벤트 등으로 우선 사람들을 오게 만든다. 다음으로는 이러한 방문객들이 지속적으로 다시 오게 만드는 것으로 결국 해당 시설이나 기업을 느끼게 해주는 순서가 필요하다. 그리고 마지막으로는 이렇게 형성된 가치를 유지

해주는 단계가 필요하다. 즉, 방문객들로 하여금 해당 시설이나 분위기 등이 계속적으로 필요하게 만드는 단계가 필요하게 된다. 실제 사례에서는 많은 기업이나 시설들이 보여주거나 느끼게는 해주지만, 결국 이렇게 형성된 이미지를 유지하기 위한 기획이나 행동이 부족하여 시장에서 사라진 경우들을 우리는 너무나 많이 보아왔음을 잘 알고 있다.

2. 장소마케팅

1) 장소마케팅

여러분은 독일의 '뮌헨'하면 떠오른 것이 무엇입니까? 사람에 따라 '뮌헨의 맥주축제'를 떠올리거나 혹은 독일 분데스리가 축구의 뮌헨팀을 떠올리거나 또는 뮌헨올림픽 등을 떠올릴 수 있을 것이다. 이 때 '뮌헨의 맥주축제'가 떠오른다면, 그 사람에게는 뮌헨시市의 마케팅이 훌륭하게 먹혀들었다고 볼 수 있다. 이처럼 매년 10월에 열리는 뮌헨의 '맥주축제', 일본의 삿포로에서 해마다 겨울에 열리는 '눈축제', 또는 프랑스의 니스에서 열리는 '니스카니발', 국내로 넘어오면, 부산의 '국제영화제', 홍대앞의 클럽 등처럼 그 지역 하면, 떠오르는 이미지나 지역 이미지 제고 행위와 여가, 문화이벤트, 그리고 이를 알리는 홍보행위 등이 벌어지는 것을 '장소마케팅'이라 한다. 이 용어는 요즘 자주 들을 수 있는 경제용어중 하나이다. '장소마케팅'이란 특정장소를 하나의 상품으로 인식하도록 장소의 소비자 즉, 기업과 주민, 관광객이 선호하는 이미지를 개발해 장소의 상품가치를 높이는 전략을 말한다. 여기에 추가하여 특정 장소를 상품화하는 장소 만들기Place making와 일련의 판촉과정이 포함된다. 또한 장소마케팅은 제도(전통한옥지구, 문화특구 지정 등), 시설, 홍보, 축제 등 다양한 수단을 강구함으로써 지역이미지를 개선하는 노력을 하게 된다.

(1) 장소마케팅의 의미

장소Place마케팅은 결국 해당 장소의 자산 가치를 높임으로써 기업가, 투자자, 관광객, 거주민 등 많은 사람을 그 지역으로 유입하게 하려는 기법이다. 특정 플레이스의 이미지나 자연조건, 시설물, 그 지역 거주자들의 정서까지 포함하여 플레이스가 가진 모든 매력적인 요소들과 소통을 유도함으로써 플레이스 관련 상품이 여러 사람으로부터 선택 받게 하기 위한 적극적인 노력을 의미한다. 즉, 지리적으로 규정된 특정 장소의 이미지를 상업화하기 위한 다양한 방식의 마케팅 전략을 뜻하는 것이다. 장소마케팅의 실제 사례를 보면, 많은 나라들이, 도시들이 올림픽이나 월드컵, 엑스포 등 세계적인 행사들을 유치하기 위해 노력하고 있는 것에서 알 수 있다. 그리고 이를 위해 구체적이고 명확한 목표를 가지고 플레이스를 홍보하거나, 특정 여행상품, 투자정책, 프로그램 등을 판매하는 행위 등이 플레이스 마케팅의 대표적인 사례로 볼 수 있다. 특히 서구西歐의 경우, 장소마케팅은 주로 탈산업화 되어 낙후된 지역의 경제를 살리는 해결책으로 사용되었으며, 이를 다시 해석하면, 그 지역의 공공기관과 민간이 쇠퇴한 도시공간을 하나의 상품으로 인식하고 이를 새로운 정체성을 가진 활기찬 도시공간으로 탈바꿈 시켜나간 도시 재개발사업의 일환으로 진행되었던 것이다.

장소마케팅 전략에서 가장 중요한 마케팅의 요소는 '장소'와 '장소자산place assets'이다.「필립 코틀러」[26] 에 의하면 '장소자산'이란 한 장소가 가지고 있는 장소의 요소 중 긍정적 요소, 즉 장소의 매력으로 기능하고 있거나 혹은 잠재성을 가지고 개발하였을 때, 매력적으로 판매가 될 수 있는 유·무형의 자원이다. 이는 한 장소가 갖고 있는 유·무형의 모든 자산을 의미하며 자연환경, 문화, 사회경제, 제도로 구별된다.[27]

한편, 장소자산은 생산이 불가능하고 인위적 조성의 한계가 있으므로 장소 특수성, 입지 비 대체성이란 특성을 갖고 있다. 장소자원의 정체성 구성요소는 역사적 사

---

26) 필립 코틀러 (Philip Kotler). 미국의 경영학자. 매사추세츠 공과대학에서 박사학위를 땄으며, 노스웨스턴 대학 부속 켈로그 경영대학원의 교수. 현대 마케팅의 1 인자로 알려져 있으며, 파이낸셜 타임즈에서 뽑은 비즈니스 그루에 잭 웰치, 빌 게이츠, 피터 드러커에 이어 4 위에 선정되기도 하였다.

27) 이종수(2008) 한국 장소자산 스토리텔링 마케팅. 연구논문, 중앙대학교. http://blog.daum.net/ljsjs4329/ 16894940, 2008-12-28

실과 관련된 '역사정체성', 문학, 미술, 음악, 음식 등을 포함하는 '문화정체성', 자연미관, 도시경관 등의 '경관정체성', 관광, 수공업 등의 '산업정체성'으로 구분되며 장소자원의 특성상 각 지역마다 조건이 매우 상이하므로 각각 그 특성을 정밀하게 분석하여 개별 특성에 맞게 접근해야 한다.

(2) 일반마케팅과 장소마케팅

일반적으로 마케팅Marketing이란 제품을 판매하는 입장에서 잠재적인 소비자의 욕구를 파악하고, 이를 충족시킬 수단으로 제품을 생산하고 가격을 설정하여 판매를 촉진하는 일련의 활동을 일컫는다.

우리가 여기에서 알고싶은 '장소마케팅'이 '일반 마케팅'과 다른 점은 장소를 상품화한다는 점과 이로 인하여 상품의 이동이 아니라 소비자 즉, 경제주체의 이동을 수반한다는 점이다. '장소마케팅'은 부정적인 이미지를 탈피하고 새로운 지역이미지를 창출함으로써 지역경제를 활성화하고 지역주민의 정체성 확립을 통한 사회적 통합을 목적으로 한다. 주로 쇠퇴하는 도시와 지역의 재생을 위한 도시개발전략으로 취하기 시작했지만, 최근에는 도시와 지역의 퇴락과 관계없이 지방도시의 경쟁력을 위해 취해지고 있어 도시마케팅과 크게 차이가 없으며, 사실 도시마케팅은 장소마케팅과 연장선상에 있는 종류 중 하나라고 할 수 있다.

(3) 장소마케팅의 등장 배경

'장소마케팅'은 우리나라보다 서구에서 먼저 생성되고 발달한 만큼, 장소마케팅의 등장 배경을 알아보기 위해서는 먼저 서구 도시들의 변화를 이해해야 한다. 1970년대에 들어서면서 서구 사회유럽 및 북미의 도시정책들은, 두 가지 상황에 영향을 받았는데 하나는 경제 구조의 변화로 인한 도시 간 경쟁증가 요인이고, 다른 하나는 도시의 생산성 향상을 위한 문화적 요인이라고 할 수 있다.

1960년대 말에서 1970년대 초 사이에 대량생산과 대량소비를 근간으로 이루어지던 경제구조에 균형이 깨지면서, 서구의 도시들은 탈산업화로 인한 경제위기와 산업 재구조화 과정을 겪게 되었다. 이것은 소품종 대량생산, 기업의 수평적·수직적 통합 등이 대표되던 포디즘으로부터 다품종 소량생산, 기억의 수직적 분리 등의 포스트 포디즘으로 변화한 것이다. 또한, 단순히 생산 과정의 구조적 변화뿐 아니라 생산 활동 유지를 위한 제도와 조직 등의 조절양식의 변화를 의미하기도 한다. 따라서 이러한 생산 활동의 변화는 도시화를 통해 도시와 지역구조의 변화를 야기하였다. Ashworth와 Voogd1990는 이러한 서구 도시의 변화에 대해 크게 세 가지로 요약하고 있다.

첫째, 도시들의 탈산업화와 함께 문화와 관련된 서비스부문의 중요성이 증대하였다.

둘째, 공공부문의 역할과 사적인 생산 영역간의 명확한 경계가 희미해졌다.

셋째, 거리 마찰이라는 제약이 약해짐에 따라서 전통적 의미의 접근성보다는 새로운 의미의 지역 속성들이 기업과 노동의 입지를 좌우하는 요인으로 부각되었다.

이처럼 1970년대에 들어서면서부터 대량생산, 대량소비가 대표적이던 포드주의[28]에서 다품종 소량생산의 포스트 포디즘의 시대로 변화하였고, 생산 과정에서 생산 활동까지 관여하는 제도와 조직이 변화하였다. 또한 세계가 하나의 시장으로 새롭게 형성되면서 경제사회의 변화는 지역구조까지 변화시켰다. 서구 도시들은 이러한 도시 공간의 구조적 변동에 의해 (구)산업지역이 침체됨에 따라서 이의 해결을 위하여 도시 재생을 위한 도시 간 경쟁이 발생하게 되었다. 결과적으로 이러한 상황 속에서 지역 간 경쟁은 과열되기 시작하였다. 도시정부는 다양한 장소마케팅 전략을 통한 도시 이미지 향상과 장소차별화를 구사하여 자신의 경쟁적 지위를 향상시키기 위해 노력하였다. 다시 말해서 '장소마케팅'은 경제 구조의 변화로 인해 도시 간 경쟁이 치열해지고, 문화가 도시의 생산성을 위한 도구로 변모되는 상황 속에서 많은 도시들에서 대두되었다.

---

28) 포디즘 또는 포드주의란 조립라인 및 연속공정 기술을 이용한 표준화된 제품의 대량 생산과 대량 소비의 축적체제를 일컫는 말이다. 이것은 2차대전 후의 싸고 풍부한 석유와 에너지에 기초한 것으로써, 에너지를 많이 소모하는 속성을 지닌다.

우리나라에서 장소마케팅 전략이 본격적으로 등장하기 시작한 것은 지방자치제가 본격화되던 1995년이다. 당시 각 지방자치단체들은 중앙정부로부터 재정적 독립을 하였기 때문에 지역경제를 각 지방자치단체들의 힘으로 활성화시켜야만 했다. 한편 '문화'가 해당 지역 주민의 정체성 확보, 지역 주민의 통합뿐만 아니라 기업과 관광객을 유치하는 경제적 수단으로 인식됨에 따라서 다양한 '장소마케팅' 전략이 적극 수용되기 시작했다. 현재 한국의 '장소마케팅' 은 한국 사회의 독특한 정치, 경제, 문화적인 변화가 관련되어 지역경제를 활성화시키려는 데 목적을 두고 있다. 또한, 여가 시간활용과 삶의 질 향상에 대한 사람들의 관심이 커지면서 문화에 대한 욕구가 증폭하고, 이에 따라 문화관광이 활성화되고 있다. '문화관광'이란 지방고유의 독특한 문화와 역사를 기반으로 하여 보존, 발전시키며 이를 상품으로 활용할 수 있다. 이것은 지역 주민들에게 일거리와 소득 증가로 연결시킬 수 있다는 점에서 지역경제 활성화의 수단으로 인식되기도 한다. 이처럼 한국사회에서의 장소마케팅의 등장은 〈표 6〉과 같이 한국사회의 정치, 경제, 사회, 문화적 변화와 더불어 1995년 지방자치제의 실시, 문화정책의 변화가 배경이 되었다고 정리할 수 있다.

〈표 6〉 한국에서의 장소마케팅 등장 배경

정치적 변화	경제적 변화	사회적 변화	문화적 변화
- 지방자치제의 실시 - 지방정부의 문화행정 추진 - 도시이미지 제고 검토	- 산업도시의 재구조화 실시 - 도시 간 경쟁 심화 - 지역 경제 활성화 추진	- 지역정체성의 중요성증대 - 지역 주민의 공동체의식 향상	- 문화에 대한 관심 증대 - 문화의 경제적 기능 증대 - 문화를 하나의 상품으로 인식

자료 : 경도현(2002), 장소마케팅이 지역의식에 미치는 영향에 관한 연구 : 부천시와 고양시를 대상으로, 서울시립대학교 대학원 석사학위논문, p.16.

(4) 장소마케팅의 전략 및 유형[29)]

① 장소마케팅의 전략

장소마케팅의 궁극적인 목적은 단순히 지역이나 해당 장소 자체의 문화적 발전을 꾀한다기보다는 '고급 자본'과 '지역 경제의 활성화', 그리고 해당 장소의 '경쟁력 확보'에 있다. 그런데, 장소마케팅에서 간혹 보이는 지역문화와 관련한 도시나 혹은 지역의 이미지를 새롭게 구축하려는 경향 때문에 우리 주변에서 자주 쓰이는 '문화전략culture strategy'이라는 용어와 혼동되기도 한다. 그러나 '문화전략culture strategy'이란 도시를 경영하는 데 있어 문화와 관련된 산물의 생산과 배포를 중요시하는 정책적인 의미이기 때문에, 특정 장소나 지역을 하나의 상품으로 인식하여 투자가기업가 및 관광객을 끌어들이기 위한 모든 활동을 의미하는 장소마케팅과는 확연히 다른 개념이다.

또한 성공적인 장소마케팅 추진 전략은 장소마케팅 목표설정의 확립을 통해 이루어진다는 점이다. 이를 위해서 지역사회의 통합, 기업유치, 문화 산업화 등의 목표를 선정하여 지역의 잠재력을 개발하고, 장기적인 지역발전을 위해 노력해야 한다. 현재 세계적으로 사람들의 문화적 지향이 점점 높아짐에 따라 여러 분야에서 문화개발을 위해 노력하는 추세이다. 지역문화는 산업적, 경제적 차원에서 유용할 뿐 아니라 우수한 문화적 환경의 형성을 통해 기업과 인력유치, 지역이미지를 발전시키는 역할을 하므로, 이는 장소마케팅 차원에서의 접근이 필요하다. 지역문화에 대한 마케팅 접근이 갖는 전략은 지역의 특성을 살리는 차별화 전략, 문화적 장소 및 이미지 형성의 중시, 공공성 및 사회적 통합의 강조라고 할 수 있다. 특히 지역들은 문화적 · 사회적 · 경제적 기반에 따라 전략 선택의 방법이 다양하므로 전략 수립 시 최대한 장기적이고 성장지향적인 전략 수립을 모색하는 것이 중요하다는 점을 유의해야 한다.

장소마케팅의 전략은 크게 주체, 대상, 방법, 목적에 따라 크게 유형화할 수 있다.

첫째, 주체의 분류는 공공부문, 민간부문, 민관파트너십에 따라 분류되어진다. 그런데 주체면에서 서구의 장소마케팅은 지역경제의 활성화를 목표로 주로 '민관파트

29) 임서희, 문화지구의 장소마케팅전략에 관한 연구, 배재대학교 석사학위논문, 2008, pp.12~20.

너십' 이 주체가 되는 반면, 우리나라는 지역사회의 통합이라는 목적이 지역경제의 활성화 못지않게 강조되고, 민간의 참여에 제한이 따른다는 점에서 주로 '공공부문' 에 의해 장소마케팅이 주도되고 있다.

둘째, 대상의 분류로는 기업, 주민, 관광객으로 분류되어진다. 이때, 장소마케팅의 대상은 장소마케팅의 유형 및 방법, 그리고 성격 등에 따라서 혼합적으로도 사용될 수 있다.

셋째, 장소의 사용방법에 따른 분류로는 상업적, 문화적, 생태적 장소마케팅으로 분류될 수 있다.

넷째, 목적에 따른 분류로는 경제적 논리와 사회적 논리로 구분할 수 있다. 즉, 경제적 차원의 지역경제 활성화와 사회적 차원의 지역사회 통합으로 나뉜다.

아래의 〈표 7〉은 신윤창 · 안치순1998이 지방도시의 지역 이벤트에 관한 실증연구-장소마케팅Marketing Places개념을 중심으로-에서 발표한 장소마케팅의 세부전략 자료이다. 이는 지방도시를 주체로 하였을 때, 장소마케팅을 수행하려는 지방도시는 방문객과 전입자를 유인하고 산업기반을 조성하며 수출을 촉진하기 위해서 이미지마케팅, 매력마케팅, 간접시설 마케팅, 사람 마케팅이라는 네 가지 전략을 활용한다는 것이다. 이 때, 각각의 전략은 지방도시의 여건에 따라서 하나의 전략을 집중적으로 활용해서 다른 전략들을 순차적, 세부적으로 활용해 나갈 수도 있고, 하나하나 체계적으로 동시에 실행할 수도 있다. 이는 본 책에서 중점적으로 다루고 있는 개별부동산 차원의 장소마케팅시에도 그대로 확대 적용할 수 있을 것이다.

이를 세부적으로 들여다보면, 먼저, '이미지 마케팅전략'은 매체홍보나 홍보 전문업체를 활용한 적극적인 홍보 전략이 요구되어지는 것으로 지역만의 문화성이 확립되지 않았거나 또는 부정적인 이미지를 긍정적인 이미지로 탈바꿈하기 위해서 필요한 전략이다. 또한 지역에 현재 있는 어떤 것을 다양한 연출을 통해 외부에 있는 타인에게 알리는 것을 의미한다. 둘째, '매력 마케팅전략'은 지역 주민들뿐 아니라 외부인에게 지역만의 독특한 특성이나 매력 있는 특징물을 보여줘서 이를 통해 이미지 개선과 동시에 지역의 번영을 유도하는 전략이다. 하지만 이같이 단순한 이미지 개선이나 매력 마케팅전략만으로는 지역도시의 근본적인 핸디캡을 극복하는 데 한계가 있다. 따라서 필요한 것이 셋째, '간접시설 마케팅전략'이다. 간접시설 마케팅을 통하여 지역 내 간접시설을 확충하고 지역개발 사업에 투자하여 보다 긍정적인 마케팅전략을 수립하는 것이다. 마지막으로는 '사람 마케팅전략'으로 지역 주민 자체를 판매요소로 간주하는 마케팅전략이다. 즉, 지역 주민들의 소박함, 친절함과 기술 등을 발전시키고 판매하여 외부인을 유입시키는 장소마케팅 전략이라 할 수 있다. 또한, 서비스 질의 향상을 통해 이미지 마케팅 전략, 매력 마케팅전략과 연결시켜 효과적인 마케팅을 이끌어낼 수 있다.

〈표 7〉 장소마케팅의 세부전략

구분	장소마케팅의 세부전략 내용
이미지 마케팅 전략	- 지역에 현재 있는 것을 타인에게 커뮤니케이션 해주는 전략 - 사안별로 광고 및 홍보 전문업체를 활용한 적극적인 홍보전략 요구 - 현재의 지역 이미지 즉 긍정적 이미지, 혼합 이미지, 상반적 이미지, 과장 이미지 등에 따른 차별화된 전략요구
매력 마케팅 전략	- 지역주민의 만족과 외부인에게 매력 있는 특별한 특징물과 창출전략 - 이미지 개선전략과 동시에 지역번영을 유도하는 창출전략 - 지역특성 및 이미지와 부합되는 새로운 매력물의 창출전략
간접시설 마케팅 전략	- 지역도시의 근본 결합 내지 핸디캡을 개선하기 위한 전략 - 이미지 개선 및 매력 창출전략만으로는 근본 핸디캡을 극복하는데 한계가 있음 - 교통, 에너지 공급, 교육, 환경, 음식숙박업 등 도시의 기초시설과 기본기능의 확충전략
사람 마케팅 전략	- 지역주민 자체를 판매요소로 간주하는 전략 - 지역 주민의 친절과 순박함 - 관광객과 외부인에 대한 친절한 태도

자료 : 신윤창 · 안치순(1998), 지방도시의 지역 이벤트에 관한 실증연구 -장소마케팅(Marketing Places) 개념을 중심으로-,p.58.

따라서 '장소마케팅'을 계획하려면, 주체가 누구냐에 따른 접근과 대상에 따른 접근, 사용방법과 목적을 명확히 하고, 경우에 따라 이를 복합적으로 사용이 가능할 것이다. 그리고 이에 맞는 장소마케팅의 세부전략이 필요하게 된다.

② 장소마케팅의 유형

'장소마케팅'의 유형은 크게 목적, 주체, 수단에 따라 나눌 수 있다. 먼저 목적에 따라 문화산업모델, 통합모델, 도시 판촉 또는 소비자 중심주의 모델로 다시 나눌 수 있다.

문화학자인 Griffith1995는 문화전략cultural strategy의 유형을 위와 같이 분류하였는데, 그 기준을 정치적 상위 목표,different political priorities 문화의 개념,different conceptions of the cultural domain공간적 초점different spatial emphases으로 하였다. 또한 이 세 가지 특징들을 기준으로 장소 마케팅의 유형을 문화산업모델, 통합모델, 판촉 또는 소비자 중심주의 모델로 분류한 바 있다.

첫째, '문화산업모델cultural industries model'은 기존의 도시의 경제를 유지시켰던 기반산업이 쇠퇴하여 그 기능을 더 이상 수행하지 못하는 경우에 이전의 산업을 대체할 수 있는 새로운 문화산업을 개발하여 도시의 재생을 도모하는 경우에 사용된다. 다시 말하면 쇠퇴한 도시의 문화가 상품화되어 도시 회생의 수단이 된다. 이는 경제적으로 이익을 가져다 줄 수 있는 문화상품을 생산하고 보급하는 것이기 때문에 문화는 도시를 성장시키는 중요한 원천이 되며, 상업적 문화산업의 형태로 나타나고, 관광객을 유치하기 위해 노력하게 된다.

둘째, '주민통합모델integration model'은 도시의 가장 중요한 구성원인 주민들에게 자신이 속한 지역에 대한 정체성, 정주의식, 소속감 등을 높이는 것을 우선 목표로 한다. 즉, 지역주민에게 관심을 두는 장소마케팅 모델이다. 이는 도시의 정체성을 확립하고 주민들의 소속감을 높이며 생활에 대한 기대수준을 높이고자 한다. 이 모델에서 문화는 삶의 질을 고양시킨다는 문화의 본질적 의미를 지니게 되며, 문화를 지역사회의 특성을 만드는 의미 있는 실천도구로 생각하고, 주민들이 참여하여 지역 정체성을 확립하는 것을 중요하게 생각한다. 이 모델은 도심 재개발이나 도심에서 지역주민축제를 개최하는 방법을 사용하므로 도심이 공간적 초점이 된다.

셋째, '판촉 또는 소비자 중심주의 모델promotion or consumer model'이다. 이는 도시의 좋은 이미지를 부각시키고 도시의 수요자 중 기업과 관광객을 유치하는 것을 목표로 한다. 이때 도시는 과거에 가지고 있던 부정적 이미지를 없애고 활기차고 깨끗하다는 등의 새로운 이미지를 선전하여 수요자들을 끌어들이려고 한다. 이것은 미국의 도시 선전주의city boosterism에서 처음 나온 것이지만 이후 지속적으로 많은 유럽 도시들이 채택하였다. 이 모델은 주로 고급예술을 지향함으로써 문화지구 조성을 통하여 문화시설 등을 이용함으로 도시에 많은 이득을 줄 수 있다.

이 같은 모델의 분류는 각각의 모델들이 어떠한 요소가 가장 부각되느냐에 따라 분류한 것이며, 실제로는 각 도시들이 각자의 상황에 따라 이러한 문화전략모델들을 서로 결합하여 사용하고 있다. 목적에 따른 장소마케팅의 유형을 정리하자면 〈표 8〉과 같다.

〈표 8〉 목적에 따른 장소마케팅의 유형

모델	문화산업모델 (cultural industries model)	주민통합모델 (integration model)	판촉 또는 소비자 중심주의 모델(promotion or consumer model)
우선하는 하위목표	• 대체산업 발굴 - 수요자 중에서 기업에 중심 - 도시의 전면적 산업 재구조화 - 관광객 유치	• 주민통합 - 수요자 중에 주민에 집중 - 도시의 정체성과 주민들의 소속감 창출 - 삶의 질에 대한 기대감을 높임	• 도시선전을 통한 도시이미지 제고 - 수요자 중에 관광객에 집중 - 숙련된 노동자를 끌여 들여 기업을 유치 - 복합용도개발과 문화 거리에서 상승효과
문화의 개념	• 문화산업 - 돈벌이를 위한 중요한 형식 - 미래의 성장과 도시 매력을 위한 중요한 잠재력 - 의미의 재현에 관심	• 삶의 방식 - 인류학적 넓은 문화개념 - 공동체를 특정 짓는 의미있는 실천	• 고급예술의 좁은 개념 (예술을 도시판촉의 수단으로 봄)

공간적 초점	특정하지 않음	도심	도심
대표적 사례	1980년대 런던, 쉐필드	볼로냐, 로마	버밍엄, 글래스고우

자료 : Griffith(1995), p.254~255/ 이진희, 장소마케팅, p.63.

여기에 추가하여 장소마케팅의 유형을 마케팅의 수단으로 구분하면, 크게 '문화적 장소마케팅'과 '경제적 장소마케팅'으로 나눌 수 있다. 먼저 '문화적 장소마케팅'은 장소활성화를 위해 각종 문화, 스포츠 이벤트 개최, CI전략 구축 등 문화적 수단을 사용하는 것이다. '경제적 장소마케팅'은 기업을 위한 규제완화, 하부구조건설 등 기업의 입지환경을 조성하고, 지역에 기업투자를 유치하는 전략을 수립하는 것으로써 주로 산업 경제적 기법을 사용하는 것이다. 이러한 구분은 장소마케팅 목적과 관련해서 그 목적이 지역문화 활성화인지, 지역경제 활성화인지, 지역사회 통합인지에 따라서도 달리 적용될 수 있을 것이다.

3. 장소성과 장소자본

1) 장소와 장소성

Luckermann은 장소의 개념을 다음의 6요소로 설명하였다.

먼저, 장소는 위치를 갖는다.

둘째, 장소는 자연의 요소와 문화의 요소들을 통합하고 있다.

셋째, 모든 장소는 개별적이고 독특할지라도 공간적 접속과 교통체계에 의해 상호 연결되어 있다.

넷째, 장소는 넓은 지역의 일부인 동시에 국지화되어 있다.

다섯째, 장소들은 역사적·문화적 변화에 따라 새로운 요소들이 추가되고 낡은 요소들은 사라지면서 형성된다. 따라서 독특한 역사적 요소를 갖는다.

여섯째, 장소들은 의미를 갖기 때문에 장소의 의미를 이해할 필요가 있다. 결국 장소를 이해하기위해서는 이러한 여섯 요소를 같이 포함해서 고려할 수 있어야 한다.

또한, 장소는 물리적 국면과 활동적 국면, 상징적 국면의 세 가지로 구성되며, 시대적문화, 지역적입지맥락과 깊은 연관[31]을 갖는다. 다시 말하면, '장소'란 인간의 경험에 의해 의미가 부여된 고정된 공간으로 장소를 이루는 세 가지 구성요소가 사회 · 경제 · 문화적 차원들의 영향을 받아 생성된 산물로 본다.

모든 장소에는 저마다의 고유한 장소가 갖는 의미가 있다. 이 때, 갖는 의미를 '장소의 의미'라고 한다. 이처럼 저마다 가지고 있는 장소의 의미에다 기업이나 지자체 등 행위주체가 공간디자인이나 문화적 연출 등을 통해 사람들을 불러 모으게 될 때, 해당 장소는 새로운 가치를 창조하게 된다. 전통적인 지역가치가 외부적 환경가치로써 교통이나 환경, 행정, 입지적 여건을 의미하여 기존의 부동산가치하면, 이처럼 외부적 환경가치를 말하는 것이었다.

2) 장소자본

지금까지 살펴본 '장소마케팅'과 관련하여 '장소자본'이라는 용어가 있다. 과거에는 자본資本: Capital 하면, 재화와 용역의 생산에 사용되는 자산을 의미하여 '실물'이나 '화폐'로서의 자본을 의미해왔다. 그러나 현대에 들어와서 정보통신을 중심으로 한 소프트산업이 중심이 되면서 경제의 소프트화가 가속되고 있다. 이 같은 흐름을 바탕으로 소프트웨어적인 과거에는 자본으로 인정되지 않았던, 실제 자본화로 인정되지 않았던 부분들, 예를 들면, 인적 자원 등도 자본으로 인정받고 있는 것이다. '장소'를 예로 들면, 장소는 기존에 부동산으로써 공시지가나 감정가 등의 실물로써만 인정되

31) 백승현, 도시공간의 문화적 재생을 위한 장소마케팅 전략에 관한 연구, 홍익대학교 석사학위논문, 2008, pp.28~29

었으나 이제는 해당 장소의 가치창출로 인하여 장소 자체를 자본화한다는 개념이 도입되고 있는 상황이다. 즉, 장소 자체만으로도 가치를 창출하여 자본으로 인정받는 '장소자본'의 개념이 인정받는 시대가 도래한 것이다. 이 점은 본 책의 주제인 '문화로 부동산 가치를 올리고 부동산을 살린다는 차원'에서 보면, 문화를 통해 해당 장소의 자본가치를 증대시키는 것으로 이해할 수 있을 것이다.

엄길청 • 정영권2006은 이러한 장소자본의 가치화 전략 연구[32]에서 커피업체인 스타벅스를 사례로 하여 커피가 아니라 커피 마시는 장소문화를 제공하였다는 점, 장소의 가치를 창조하였다는 점 등, 경영전략의 장소자본적 접근을 성공요인으로 제시하였다. 그리고 향후 공간의 문화자본 창출을 통한 장소자본화 전략을 구사하여 개발의 용이성과 가치화를 증대시켜야 하는 이유를 다음과 같이 제시하였다. 즉, 기존에 부동산에 대한 논의가 전통적으로 장소적 고정성과 불변성 그리고 정형성으로 인해 고정자산성격인 시설적 가치와 지정학적 가치가 중심이었다면, 요즘 논의되고 있는 복합적인 소프트요소의 장소자본은 이른바 집객능력을 가진 '문화서비스자본' 성격으로 이해되어야 할 것이며, 특히 상업적 부동산의 가치에서는 그 장소에서만 누릴 수 있는 공간적 서비스와 공유되는 문화적 가치들을 바탕으로 사람을 불러 모을 수 있는 능력이 해당 부동산의 현대적 의미의 핵심가치라고 하였다. 이와 관련한 사례로는 '특정한 글로벌 외식업 프랜차이즈 점포가 들어오면서 상가 가격형성에서 유명 점포의 입점이 주변 상가의 부동산가격을 상승시키는 촉매가 되고 있다는 평가'와 '점차 거래의 전자화로 점포 내 방문 고객이 줄고 있는 은행의 기존 공간을 할애 받아 커피 마시는 공간을 만들어 결국 다시 은행과 커피숍에 사람을 불러 모으고 있다는 윈윈전략' 들을 들었다.

결국, 부동산 하면, 떠오르는 전통적인 입지적인 가치에서 벗어나 그렇게 지어진 건물이나 부동산에 대하여 '장소자본화' 작업이 필요하게 된다는 것이다. 단순하게

32) 엄길청 · 정영권, 장소자본 가치화 전략에 관한 연구, 대한부동산학회지, 24호, 2006년.

지어서 팔리거나 임대만 해서는 향후 해외자본들의 국내 진출과 부동산시장의 포화 상태로 인하여 경쟁력을 잃거나, 잃어가고 있는 부동산, 지역이 늘어난다는 측면에서 특히 공간의 '장소자본화'와 그 수단으로는 문화자본 전략을 통한 집적가치를 높이는 부동산 개발로써 '복합가치화'를 이루어야만이 향후 경쟁력을 가질 수 있을 것이다. 이는 단순하게 부동산의 가치를 올리자는 것이 아닌, 향후 이를 반영하지 않고서는 경쟁력 상실로 해당 부동산이 소멸될 수도 있다는 차원에서 접근해야 할 것이다.

제3장. 예술공간과 아트경영

제3장에서는 앞에서 살펴 본 부동산에 문화입히기와 마케팅으로써 문화와 장소 활용에 연계하여 최근 많이 도입되고 있는 '창작예술공간'과 '아트레지던시' 등 예술공간의 도입실태를 살펴볼 것이다.

아직까지 부동산에 예술공간의 접목이 일반적이고, 보편적인 현상은 아니지만, 현재 여러 부문에서 시도중이고 서서히 성공사례가 생기고 있다는 점에서 이에 대한 대비가 필요하게 된다. 이러한 대비 속에서 새로운 가치를 창출할 수 있고, 결국은 경쟁력을 가질 수 있다는 점에서 예술공간을 바라볼 것이다.

한편, 많은 기업들이 "아트경영"에 나서고 있다. 이는 기존에는 없었던 현상으로써 각 지자체나 기업들이 적극적으로 나서고 있는 "아트경영"에 대해서 이해가 필요하다. 이 점에는 의문을 가질 수 있다. 왜 많은 기업이나 지자체들이 "수익이 나지 않는" 아트경영에 나서고 있을까? 이의 실태를 살펴봄으로써 왜, 기업이나 지자체들이 이같은 아트경영에 나서는지를 이해할 수 있을 것이다.

1. 창작예술공간

예술가들에게 창작과 연구 활동을 지원하는 '창작예술공간' 혹은 '아트레지던시' 프로그램들이 서울 도심과 지방에서 활발히 펼쳐지고 있다. 노후 지역에 대한 재생을 다루면서 여러 지자체들이 도입하기 시작한 것이 '창작예술공간'이다. '창작예술공간'은 서울시가 '컬처노믹스' 정책에 따른 도심재생프로젝트의 일환으로 시작하여 서울시내 곳곳에 자리잡고 있는 새로운 개념의 문화예술공간이다. 이곳에서는 작가들의 작업공간에 체험프로그램, 그리고 다양한 전시를 통해서 일반시민들도 예술을 경험하게 하고 있다. 한편, 창작예술공간은 예술경험의 장소라는 점 외에도 주로 노후화되거나 공실로 비어 있는 가치가 떨어져서 거래조차 되지 않는 공간들을 사람들이 모여드는 장소로 만들어 결국은 주변 지역을 활성화시키는 매개체로서도 그 역할을 더하고 있다. '서울문화재단'의 홈페이지에 따르면, 이 같은 예술창작공간을 통해서 '창조-재생-소통'이란 새로운 가치를 만들어간다고 한다.

〈그림 15〉 신당창작아케이드의 창작공간 모습(©서울문화재단)

대표적인 사례로는 서울 중구 황학동의 신당지하상가에서 개관한 위 〈그림 15〉의 신당창작아케이드를 들 수 있다. 인적이 뜸하던 재래시장의 지하상가가 젊은 예술가들이 지역 상인과 소통하면서도 작업에 몰두하는 창작공간으로 탈바꿈한 것이다. 여기에는 공예위주로 작가 40명의 작업실 및 공동작업실과 전시실이 들어서 있고, 작가들은 '한복주단집', '횟집' 등의 40여 개 점포와 이웃한 상가 작업실에서 이웃작가 및 상인과 교류하면서, 한밤중까지 불을 밝힌 채 작업에 열중하고 있는 것이다. 그 결과 기존에는 텅 비어 있던 주로 '횟집' 위주의 상가가 밝은 배경하에, 다시 지나가는 행인이 늘어나는 곳으로 바뀐 것이다. 〈그림 15〉는 신당창작아케이드의 개별공간 모습으로, 면적은 10.35m²~30.66m²으로 높이는 약 2.3m정도이다.

〈표 9〉는 이 곳의 공간구성현황을 보여준다. 여기에서 눈여겨 볼 점은 개별적인 창작공방 외에도 공동작업장을 마련해서 작가들의 '소통의 장'까지 마련하고 있다는 점이다.

〈표 9〉 신당창작아케이드의 시설과 면적(단위: m², 괄호안은 평)

계[33]		창작공방		전시실		전시준비실		공동작업장		운영사무실		운영창고	
면적	실수	면적	실수	면적	실수	면적	실수	면적	실수	면적	실수	면적	실수
1,130.9 (342)	48	863.9 (261)	40	76.6 (23)	2	12.6 (3.8)	1	101.9 (30.5)	1	37.1 (11.2)	1	39.6 (11.9)	2

이 같은 창작예술공간은 서울시내 곳곳에 마련되어 있는데, 다음의 〈그림 16〉은 서울시에 있는 창작예술공간의 위치이다. 서울의 마포구 홍익대 앞 옛 동사무소 건물은 서교예술실험센터로, 서울시 금천구에 있던 옛 인쇄공장 자리에 금천예술공장이 개관되었고, 앞서 언급한 신당창작아케이드처럼 상권이 쇠락한 시장 지하상가에 창작공간이 들어선 곳도 있다. 경기도로 넘어가면, 안산시 선감동에는 (구)경기도립 직업전문학교 건물을 개조한 경기창작센터가 대규모로 개관하였다. 이와 같은 변화

33) 창작공방 입주 관리비 : 3.3㎡(1평)당 5,000원

는 용도 폐기된 원자폭탄 공장지대를 예술인촌으로 재탄생시킨 중국 베이징의 다산쯔798이나, 프랑스 파리의 장례식장을 리노베이션한 종합문화예술센터 르성캬트르,Le CENTQUATRE/ Le 104일본 요코하마의 뱅크아트1929와 맥락을 같이 하면서도 차별화되는 한국형 창작예술공간과 아트레지던시 프로그램으로 자리잡는 중이다.

〈그림 16〉 서울시에 있는 창작예술공간(ⓒ서울문화재단)

2. 아트레지던시

마찬가지로 예술인들을 위한 공간으로서 최근 많은 지방자치단체와 민간에 의해 진행되고 있는 것이 "아트레지던시Artist-in-Residence Program"라는 이름의 사업이다. 이는 작가의 작품 활동을 지원하기 위해 제공하는 공간과 프로그램을 통칭하는 개념이다. 현장에서는 앞에서 다룬 창작 공간, 창작 센터, 창작 스튜디오 등으로 쓰이고 있다. 엄밀한 의미에서는 창작예술공간은 작가들에게 작업장을 제공하는 것이고, 아트레지던시는 여기에 숙소라는 개념을 첨가한 것으로 볼 수 있다. 그러나 실제는 그 경계가 애매해서 복합적으로 사용되는 경우가 많다.

'아트레지던시 프로그램'의 개념은 다음과 같다. 개인 혹은 단체가 예술가들에게 창작 공간을 제공하여 일정기간 체재하는 가운데 이질적인 문화 속에서 예술가들간 소통·교류를 통해 예술가 자신의 창작 작업을 안정적이며 지속적으로 할 수 있도록 기반을 마련하는 제도를 말한다. 레지던시 프로그램은 설립·운영주체와 설립취지, 예술가들의 성향에 따른 작업공간과 시설뿐만 아니라 특성화된 프로그램을 제공하며, 이를 기획·운영하는 전문가들까지 포함하고 있는 개념의 예술 창작 지원방식으로 자리매김하고 있다.[34)]

이처럼 각 장르의 예술가들이 한 공간에서 작업하는 아트레지던시 프로그램이 국내에서 처음 시작된 것은 1995년 제1회 광주비엔날레 때 광주 중외공원 안의 국내 최초 공립창작스튜디오인 팔각정창작스튜디오〈그림 17〉이다. 이어서 본격적인 '아트레지던시'의 시작은 패션업체 '(주)쌈지'가 1998년 서울 암사동 옛 쌈지사옥을 개조하여 작가스튜디오를 운영하다가 2000년 홍대앞으로 옮겨 7층 건물에 갤러리와 공연장을 갖춘 복합문화공간 운영과 함께 본격적인 아트레지던시를 선보였다. 여기에서는 작가별 스튜디오 및 전시장, 공연장을 갖추고 국내외 작가들에게 3개월~1년간 작

34) 이명옥 "한국레지던시프로그램의 현황과 활성화방안연구 발전모델을 위한 프로그램을 중심으로", 홍익대학교미술대학원석사, 2004.

〈그림 17〉 팔각정 창작스튜디오

업실을 제공하고, 작가전까지 개최했다. 지금은 폐관[35] 했지만, 지난 10여 년간 '쌈지의 입주프로그램'은 실험적인 국내외 작가들의 산실로서 역할을 하였다. 실제 현재 활동하는 많은 유명작가들이 쌈지 레지던시 출신이라는 점은 그 역할을 짐작케 한다.

이후 국내의 예술가 입주 프로젝트가 확산되었고, 전국적으로 약 40여 개의 국공립-사립 창작스튜디오[36] 가 운영중이다. 특히 2000년을 전후로 '아트 레지던시'는 보다 활성화되었는데, 이에 주도적인 역할을 한 것은 공립기구가 아닌 사립기관으로 앞에 언급한 '쌈지스페이스와 영은창작스튜디오' 이다. 영은미술관은 경기도 광주의 야외 부지에 오랜 준비기간 끝에 2000년 9월에 영은창작스튜디오를 운영하기 시작했다. 다음 〈그림 18〉은 영은미술관의 창작스튜디오 모습이다.

서울에서는 국립현대미술관이 운영하는 난지창작스튜디오, 창동스튜디오 외에도 서울문화재단의 예술창작 공간이 늘어가고 있다. 영역을 넓혀 서울을 벗어나면, 대표적인 민간 아뜰리에인 경기 양주 가나아트센터의 장흥아뜰리에와 경기도 이천 금호미술관의 금호창작스튜디오가 있으며, 경기도 파주출판문화정보산업단지에 있는 출판사인 박영사가 운영하는 갤러리 박영의 스튜디오 박영http://gallerypakyoung.co.kr과 크

35) '쌈지스페이스'를 폐관하고, ㈜쌈지가 대신 농촌에 레지던시 및 스튜디오를 포함한 문화공간을 만드는 '쌈지 농부 프로젝트'라는 이름의 새로운 아트 프로젝트를 실시중임.
36) 자료 : http://online.arko.or.kr

〈그림 18〉 영은창작스튜디오(ⓒ영은미술관www.youngeunmuseum.org)

라운 해태제과 등 기업이 관리하는 레지던시도 등장했다. 특히 두산 연강재단이 운영하는 두산아트센터는 국내 젊은 작가들에게 미국 뉴욕에서 일정기간 작업할 수 있는 작업실과 아파트를 지원하는 두산레지던시 뉴욕 프로그램을 실시하고 있다. 이 프로그램은 두산아트센터에서 추진하는 '창작자 육성 프로그램'의 하나로 진행되며, 작가들에게 아파트와 스튜디오를 무상으로 제공해 작품 활동을 지원하고 유명 미술관 큐레이터나 비평가, 갤러리 등과의 교류를 돕는 프로그램이다.

최근에는 작업실 제공뿐 아니라 지역사회 및 해외 네트워크 추진까지 이어지고 있다. '아트레지던시'들은 작가들이 따로 또는 같이 작업하는 창작공간을 제공하는 단계에서 벗어나 근래 작가 교환 및 전시 등 해외기관과의 교류 프로그램을 적극 추진하는 추세인 것이다. 초기의 레지던시가 주류 문화공간에서 주목받지 못하던 젊은 작가들에게 작업실 및 작품 발표의 기회를 제공하는 역할이었다면, 최근에는 유휴공간을 활용하는 지자체의 창작예술공간 프로그램은 작가들과 지역사회 및 주민과 만나는 색다른 예술공간으로서의 기능이 더해진 것이다. 국제교류를 통해 해외 전문가 집단과의 네트워크도 강조되고 있다. 입주대상 역시 국내작가뿐 아니라 해외작가로까지 확대시키는 한편, 해외 선진 레지던시와 협력방안을 모색하는 심포지엄도 다양하게 진행되고 있다.

3. 창작공간과 아트레지던시의 변화

창작공간은 흐름에 따라 세대별로 구분[37] 하여 나뉠 수 있다. '1세대 창작공간'으로는 처음 도입된 형태로써 최우선 과제가 작가들의 작업공간 부족문제로 일정 기간 작업공간을 제공하고, 관련 워크숍 정도로 창작 활동을 지원한 형태이다. 이후 '2세대 창작공간'으로는 물리적인 공간 제공 외에 소프트웨어의 지원도 필요하다는 의견이 나오면서 예술적 영감을 재충전하거나 작업을 숙성시킬 수 있는 다양한 프로그램을 제공하게 되었다. 이후 3세대 창작 공간은 1, 2세대에서 물리적 측면과 내용적 측면이 어느 정도 충족되자, 소통에도 관심을 기울이게 되면서, 예술과 사회의 새로운 관계, 예술가의 공공 영역, 지역 공동체와의 관계 맺기 등으로, 새로운 차원의 공간을 만들어가고 있다. 즉, 각 세대별로 물리적 지원에서 정신적 지원으로, 그리고 관계 맺기 지원으로 나아가고 있는 것이다.

미술창작공간 지원사업으로 시작된 '아트레지던시'로는 지방의 폐교를 임차, 개조하여 우수한 젊은 미술가들에게 작품 제작 공간을 지원해주는, 1997년 시작한 논산미술창작실과 강화미술창작실이 있다. 이후 국립현대미술관이 운영하는 창동미술창작스튜디오2002년, 고양창작스튜디오2004년가 건립되면서 아트레지던시는 전성기를 구가하였다. 초기 폐교를 활용한 미술창작실이 단순 공간지원의 성격과 함께 접근성이 떨어져 많은 한계점을 지녔다면, 앞에 언급된 영은창작스튜디오나 쌈지스페이스등의 레지던시는 미술관이나 전시공간과 함께 운영되어 보다 특색 있는 창작공간지원과

37) 이광준, 작가에게 방과 장미와 이웃을 주어라, 문화나루.

다양한 프로그램으로 공간지원의 기능을 넘어 창작력 고취를 통한 작가육성 등의 다양한 역할 등을 하게 되었다.

'아트 레지던시'는 그 후 전국적으로 확산되어 거의 매해 1~2개 이상의 레지던시가 설립 운영되고 있다. 상업화랑에서 운영하는 '아트 레지던시'중에는 뒤에서 자세하게 다룰 장흥아뜰리에가 있다. 이 곳에서는 최근에 프로젝트 성격의 단기 레지던시도 운영하기도 하면서, 비교적 다양한 유형의 아트레지던시가 진행되고 있다.

여기에 더하여, 민간의 부동산시장에서 나타난 '부동산살리기 작업'으로 나타난 현상으로 공개운영 레지던시에 입소하지 못하는 작가들의 사정을 반영하여 민간건물에서도 비어있는 공간에 대해 관리비만 받거나, 또는 관리비마저 면제로 하여 작품활동 공간에 작가들을 입주하게 하여, 결국은 건물을 활성화시키는 방안도 실시되고 있다. 결국 이 점은 본 책의 목적인 문화로 부동산가치 올리기라는 차원에서 대안으로 활용할 수 있음을 의미한다.

그러나 레지던시 프로그램은 여기저기에서 앞 다투어 만들다 보니, 차별성을 발견하기 어렵다는 문제가 발생한다. 정부나 지자체, 그리고 업체들이 아무래도 가시적 성과로써 '레지던시 개관'에만 열중하고, 이후 '레지던시의 발전'에는 상대적으로 관심이 부족한 걸로 보인다. 이 점은 일반적인 부동산개발에서 벌어지는 현상과 매우 흡사하다. 우리는 주변에 있는 많은 상업용 건물들이 분양에만 치중하여 '분양'만 끝내고, 운영프로그램에 대한 고려는 없이 '입주자'들이 알아서 활성화를 시켜야 하는 점 때문에 결국은 문을 닫거나, 공실로 인해 분양당시의 가격보다 훨씬 낮은 가격에도 팔리지 않는 경우를 보았다. 따라서 아트 레지던시의 개화기, 레지던시 전성시대라고 명명될 정도로 레지던시가 활발하게 운영되는 시점에서 이를 통해 좋은 점만 찾기보다는 이제는 안정적인 운영과 안착이 필요하다는 점에서 보다 전문적인 운영에 대해 생각해야 할 때이기도 하다.

이같은 '아트레지던시' 프로그램, 특히 민간이 활성화시킨 프로그램[38]에 대해 "초

38) 최창희, 아티스트 인 레지던스 프로그램은 어떻게 진화하고 있나.

기 폐교를 활용한 레지던시가 활성화되지 못한 이유로 별도로 떨어진 고립되었다는 입지적 불리, 열악한 작업환경과 별다른 지원이 없다는 점을 들었으나, 반면, 민간영역에서 활성화시킨 아트 레지던시들은 창작공간에 적합한 시설이라는 점 외에도 미술관이나 전시공간과 함께 운영되어 문턱이 높은 미술관 등에서의 전시가 가능하고, 워크숍, 오픈스튜디오 등 다양한 프로그램으로 공간지원의 기능을 넘어 창작력을 고취시키거나, 대중과의 소통의 자리를 제공하는 등의 역할이 긍정적으로 작용" 한 것으로 분석하였다. 그 결과로 한국현대미술은 많은 발전을 하였고, 여기에 더하여 부동산의 가치 창출 차원으로 본다면, 유휴공간을 활용한 아트 레지던시는 다양한 기능과 함께 복합문화공간으로 그 역할을 하고 있는 것이다. 이처럼 낙후된 시설을 문화공간으로 탈바꿈시켜 지역의 문화 및 경제를 활성화한 예는 세계적으로도 많이 나타나고 있다. 따라서 아트 레지던시로 운영하는 것은 살아 숨 쉬는 문화공간으로 만들 수 있다는 점에서 향후 개선할 부문은 많지만, 부동산분야에서는 가치를 올릴 수 있다는 점에서 긍정적으로 활용이 가능하다고 본다.

-- 【2011 경기창작센터 레지던시 스튜디오 프로그램 입주자 공모 요강】 --

(www.gyeonggicreationcenter.org)

■ 모집분야 1 : 창작레지던시 프로그램(국내외)

◀ 장기입주 : 1년 (입주기간 : 2011.03 – 2012.02, 모집인원 : 8명)

◀ 단기입주 : 3개월 / 6개월 (입주기간 : 2011.03 – 2012.02, 모집인원 : 30명 – 40명)

1) 3개월: 3/4/5월, 6/7/8월, 9/10/11월, 12/1/2월

2) 6개월: 3–8월, 9–2011년 2월

◀ 신청자격

– 국내외 현대미술 작가 : 회화, 조각, 사진, 설치, 뉴미디어 등 현대미술 전 분야

– 매주 4일 이상 스튜디오 거주 가능자

– 국가, 연령, 성별, 매체 제한 없음

– 1인 및 팀별 지원 가능

– 입주자 외 동반1인 체류가능(사전협의 필수), 애완동물, 영유아 및 가족 체류불가

◀ 지원사항

– 스튜디오

– 작가지원비 월 500,000원

– 왕복항공비

* 왕복항공료 지원 기준: 이코노미 가격 기준, 해외 합격자 및 해외 거주 및 활동이 증명 되는 국내 합격자

* 팀 지원자의 경우에도 체재비/항공료 대표 1명만 지원

– 지역협력프로그램 참여자에 한해 소정의 프로젝트 지원금 지급

* 지역협력프로그램 별도응모 2011년 1월 공지

■ 모집분야 2 : 연구레지던시 프로그램(큐레이터)

◀ 모집인원

- 국내외 각 1-2명
- 입주기간 : 2011.03 - 2012.02 (아래 기간에서 택 1)

1) 3개월: 3/4/5월, 6/7/8월, 9/10/11월, 12/1/2월

2) 6개월: 3-8월, 9-2011년 2월

◀ 신청자격

- 독립 큐레이터, 대안공간 큐레이터로 경력1년 이상인 자
- 매주 4일 이상 스튜디오 거주 가능자(해외 지원자)
- 국가, 연령, 성별, 매체 제한 없음
- 1인 및 팀별 지원 가능
- 입주자 외 동반1인 체류가능(사전협의 필수), 애완동물, 영유아 및 가족 체류불가

◀ 지원사항

- 스튜디오(해외 지원자)
- 작가지원비 월 500,000원(국내/해외 지원자)
- 국내 연구레지던시의 경우 소정의 전시 및 출판 지원이 가능

* 세부 사항은 공모합격 후 경기창작센터 학예팀과 협의 진행

* 팀 지원자의 경우에도 체제비/항공료 대표 1명만 지원

4. 경기도 양주 장흥의 변신

서울 근교에 있는 경기 양주의 '장흥'은 교외 나들이의 대표적 장소로써, 한때 퇴폐와 향락의 대명사로 불렸던 지역[39] 이다. 먼저 카페촌이 들어섰다가 사람들이 모여들자 유흥업소들이 많이 들어서면서 러브호텔촌으로까지 오명을 얻었던 곳이다.

장흥의 대표적인 문화시설로는 장흥아트파크가 있다. 원래 1984년 최초의 사립미술관인 토탈갤러리의 「문신규 관장」이 설립한 장흥야외미술관 터이다. 장흥은 한때 잘나가는 유원지여서 여느 곳이 그렇듯 잘나가던 장흥유원지는 유흥향락 시설로 가득 찼다. 그리하여 장흥야외미술관은 본래의 역할을 다하지 못하고 생명을 다했다. 그러던 중 1999년 가나아트센터가 이곳을 인수했고, 2006년 5월 미술관, 조각공원, 어린이 체험관, 야외 공연장, 아틀리에 및 휴식 공간을 포함한 가족 중심의 문화예술 체

〈그림 19〉 장흥의 제1아뜰리에(ⓒ장흥아트밸리)

39) 박원순의 희망탐사 90.

험 공간으로 재탄생하게 된다. 주말문화의 변화와 경기 변화 등으로 모텔들이 하나둘 문을 닫고, 방문자들이 급격히 줄어들게 되었다. 그러나 오늘날은 그 자리에 예술인들의 창작공간과 천문대 등이 들어서 풍성한 문화행사가 열리는 곳으로 변해있는 것이다.

변화의 시작은 '모텔'로 쓰이던 장소를 작가들이 사용할 수 있는 아뜰리에로 바꿔 개관하고부터이다. 2006년 5월에 '양주시 장흥면 일영리'에 장흥아트파크를 개관한 「가나아트센터」가 총 24명의 작가가 입주해 창작활동을 할 수 있는 제1아틀리에〈그림 19〉를 개관한 것이다. 이 건물은 당초 러브호텔과 캬바레, 노래방이 있던 곳이라는 점에서 유명세를 탔다. 2008년 5월에는 여기에 그치지 않고, 술집과 카페 등이 있던 건물 한 곳을 추가로 매입해서 제2아틀리에〈그림 20〉을 만들어 30명의 작가를 입주시키게 되었다. 이에 따라 작가들은 각자의 공간에서 임차료나 관리비를 내지 않고, 창작활동에 몰두할 수 있게 된 것이다.

장흥의 아뜰리에에 들어오는 작가들의 모집방법은 공모·추천·초대를 통해서 이루어진다. 이 때, 작가 개인에게는 콜렉터, 화랑, 기업 등 미술을 좋아하는 사람들을 스폰서로 구해 서로 매칭시킨다. 스폰서들은 관리비와 임대료를 내주고, 작가들은 대신 스폰서들에게 작품으로 보답하도록 한다. 이러한 제도를 이용해 무명작가가 유명작가로 도약하는 발판이 되는 곳이 '레지던시'인 것이다. 또한, 작가들의 계속적인 활동을 위해서 이들에게 국내외 아트페어에 나가는 기회도 준다. 1년에 한두번은 오픈스튜디오를 통해 작품에 관심있는 콜렉터들에게 작품을 구할 수 있는 기회를 준다. 이곳은 외국인들도 스스로 찾아올 정도의 유명세를 확보했으며, 철저하게 예약제로 운영된다. 이곳에는 국내외의 미술관계자, 특히 유명한 뉴욕의 MOMA, 크리스티나 소더비 등의 세계적인 미술품 경매회사에서도 관심을 가질 정도라 한다. 작가를 위해 중요한 서비스로써 빠질 수 없는 것이 '언론에 대한 노출기회'이다. 해외의 언론사들만이 아닌, 언론사 문화부 기자들과도 미팅의 기회를 갖는다. 작가들의 레지던시 입주는 보통 1년을 하는데, 최장 2년 정도 계약을 한다고 한다.

장흥아트밸리의 성과를 정리하면, 다음과 같다. 과거 장흥아트파크를 중심으로

〈그림 20〉 제2아뜰리에 전경 (ⓒ장흥아트밸리)

이 일대에 산재하던 여러 문화예술시설들이 하나의 네트워크를 형성하고 공동축제와 공동티켓제를 운영하는 등의 결과 상호 윈윈할 수 있는 시스템을 갖춘 것이다.

좋은 시스템은 좋은 영향과 결과를 계속 낳는다는 측면에서 이곳에 위치한 여러 단체들이 서로 모여 좋은 활동을 한 결과, 결국 지방자치단체에서도 지원을 나서 이 지역이 장흥문화예술특구로 지정되었다. 이 과정에서 미술을 통하여 도시를 재생시켜 보자는 개념으로 미술계에서는 최초로 도시재생이라는 단어가 사용되었다.

이에 따라 '양주시'도 아파트 건설과정에서도 자문을 통해 건물 색깔에서부터 신호등, 보도블럭, 벤치까지도 바꿔나가고 있다. 아파트 단지를 지으면, 유럽에서처럼 인기가 없는 맨 꼭대기층이나 1층을 아티스트들에게 싸게 저리로 빌려주도록 유도하고 있다. 천경자미술관을 유치하기도 하고, 그 외에도 식당 등도 지원을 통해 개, 닭, 오리가 대부분인 메뉴도 바꿔가고 있다. 주변의 음식점을 찾아다니며 토속음식을 개발하고 광고하는 것을 도와주기도 한다. '양주'에는 '장흥' 중심으로 반경 10Km 안에 90개의 러브호텔이 있을 정도로 많은 상황이다. 한때, 러브호텔을 가족호텔로 바꾸는 활동을 하고, 간판을 고치고 방을 고치는 것을 양주시에서 지원한 적이 있었다. 그런데 이같은 지원 역시 지속적인 행정지원의 부족으로 결국 원상태로 돌아간 쓰라린 아픔속에서 오늘의 장흥지역이 있음을 숙지하여야 할 필요가 있다.

여기에 추가하여, '크라운 · 해태제과'는 '경기도 송추'에 330만 m² 규모의 아트밸리를 조성한다는 내용을 발표하였다. 2010년 2월 경기도 송추 인근의 모텔 2채를 매입해 창작 스튜디오 '아틀리에'로 개조한 뒤 조각가 등 작가들을 입주시켰다.

'크라운 · 해태제과'의 송추 아트밸리는 2007년 7월 '송추'에 위치한 회사의 연수원 일대 부지 약 100만평에 있는 산책로인 낙락도樂樂道 조성사업부터 시작되었다. 총 6km의 산책로 중 2.4km구간을 '낙락도'라 이름 붙이고 자연친화적 소재인 나무와 돌로 조형예술 작품을 꾸며 고객 누구나 들러서 자연과 교감하고 감동을 느낄 수 있는 공간으로 꾸민 것이다. '낙락도'는 총 21개 구간으로 나눠 조형예술 작품이 설치되었으며, 유신정 조각가의 작품이 전시된 1구역을 제외하고는 20구역 모두 크라운-해태제과의 직원 400여 명이 부서별로 조를 이뤄 직접 제작하여 설치하였다. 임원진 또한 작품이 전시된 쪽과 마주보고 있는 낙락도의 가장자리에 목인木人이라 불리는 각양 각색의 나무인형과 나무로 만들어진 사자성어 등을 직접 만들어 설치하는 것으로 낙락도 조성에 적극 참여했다. 이렇게 송추 아트밸리는 모든 임직원이 하나되어 직접 만든 작품으로 고객들에게 감동을 전하겠다는 취지 아래 직원 개개인의 예술적 감흥을 최대한 끌어내면서 단합을 도모하는 공간으로 재탄생하고 있다. '크라운 · 해태제과'측은 앞으로 아틀리에에 입주한 작가들의 예술적 감흥을 최대한 끌어내 신제품 디자인에 활용할 생각이라고 한다.

송추 아트밸리는 원스톱 복합 문화타운으로서 '낙락도' 외에도 재미있는 예술공간이 많다. '낙락도'보다 조금 낮은 산 중턱에 평행으로 함께 하고 있는 '동락도同樂道'는 숲을 가로지르는 오솔길로 '낙락도'와는 또 다른 감흥을 주는 산책코스이다. 이곳 역시 오솔길 중간중간에 풍경소리, 사랑교 등 임직원들이 만든 멋진 작품들로 가득 채워져 있다.

동락도를 따라 내려가다 보면 또 다른 공간으로 야외음악당을 만날 수 있다. 이곳은 객석과 무대의 경계가 없이 열린 무대로 조성되어 있어서 관객들도 참여할 수 있는 시설로 구성되어 있다. 향후로는 야외음악당 바로 옆에 예술 작품에서 영감을 얻은 놀이기구가 설치된 예술놀이터도 함께 조성할 계획이다. 또한, 크라운-해태제과도 송추 아트밸리에 작가들이 입주해 안정된 창작활동을 펼칠 수 있는 작업공간이자 관객과 직접 소통할 수 있는 '아뜰리에'를 운영하고 있다. 인근 모텔을 개조해 만든 아뜰리에는 찾아오는 모든 이에게 열린 전시공간으로 운영되고 있다. 아뜰리에 1층은 작가들의 작품을 감상할 수 있는 갤러리가 마련되어 있으며, 지하에는 작품의 설명 등 프리젠테이션이 가능한 세미나실을 운영하고 있다. 이미 인수한 모텔 3개중 개조를 마친 아뜰리에에는 입주를 시작한 이래 조각가 5명과 화가 1명이 작업중에 있다. 그 외에 두 개의 모텔은 각각 어린이 색채 체험관과 어른을 위한 체험장으로 활용할 계획이다.

이와 함께 송추 아트밸리는 작가 또는 미술관계자들이 언제든지 편하게 머무를 수 있는 공간인 '아트샵'도 운영하고 있다. 카페와 갤러리를 동시에 운영하고 있는 아

〈그림 21〉 송추아트밸리 주요 시설 모습(ⓒ송추아트밸리)

트샵은 '크라운 · 해태제과'에서 진행하는 다양한 공모전에서 대상을 수상한 작가들의 작품만을 선별해 전시하고 있으며, 특히 이들 작가들에게는 자신의 작품을 직접 디스플레이하고 판매까지 할 수 있는 개인숍을 제공해 주는 것이 특징으로 나들이 고객들에게 큰 인기를 끌고 있다. 아트샵은 작가 또는 미술관계자라면 누구든지 언제나 들러서 편하게 작품을 감상하고 의견을 나눌 수 있는 공간으로 매주 월요일에는 '에브리 먼데이 런치타임Every Monday Lunch-time' 행사를 통해 방문한 작가들에게 점심을 무료로 제공하고 있다.

송추 아트밸리의 공간 활용 계획으로는 전체 부지 중 서향 50만평은 관람공간, 동향 50만평은 국제 조각전, 계곡 안쪽은 학술공간으로 조성할 계획이라 한다. 현재는 조금씩 조성작업을 진행해 가고 있는 초기 단계로 설치와 전시에 신중을 기해야 하는 전문작가 작품보다는 임직원의 작품으로 구성된 단계다.

아뜰리에에 입주한 작가들은 박스아트를 비롯해 크라운-해태제과에서 행하고 있는 아트마케팅에 전문가적 의견을 제시하는 역할을 맡고 있으며, 특히 작가들의 작품에는 회사와 직원 그리고 고객을 묶어주는 감성에너지가 숨어있어 신제품의 디자인 디스플레이에서부터 마케팅에 이르기까지 모든 분야에 영감을 제공하고 있다.

이같은 기업들의 시도는 통칭 '아트마케팅' 차원으로 접근할 수 있다. '아트마케팅'이란 눈에 보이지 않는 감성이나 취향을 눈에 보이는 색채, 형태, 소재 등을 통해 형상화시켜 고객이 좋아하는 자극이나 정보를 통해 제품에 대한 고객의 호의적인 반응을 이끌어내고 소비 경험을 즐겁게 해줌으로써 고객을 감동시키는 것을 말한다. 최근에는 많은 기업들이 이성에 호소하기 보다는 감성을 자극하는 것이 더욱 직접적으로 고객을 사로 잡을 수 있다는 장점으로 각 기업체들이 본격적인 '아트마케팅' 으로 고객의 감성을 두드리고 있다. 이 같은 활동은 기업가치를 올린다는 차원에서 더욱 확대될 것으로 예상할 수 있다.

5. 아트경영의 도입 사례

1) 서울시의 도시갤러리

공공분야, 특히 지방자치단체 중에서도 '서울시'가 실시하는 '도시갤러리'라는 디자인정책으로 인해 '서울'의 도심 곳곳에서 예술작품을 심심치 않게 만날 수 있게 되었다. '도시갤러리'는 시민들의 삶의 터전이자 일터인 도시를 갤러리로 바꿔 놓는 것을 말한다. 도시 갤러리 프로젝트www.citygalleryproject.org는 2007년에 시작되었으며, 이를 통해 삭막한 획일적인 도시환경을 공공미술로 치유 · 보완하고자 도전하고 있다. 매년 새로운 주제를 정하여 움직이며, 2010년에는 '희망의 힘'이라는 주제로 시민들을 찾았다. 아래 〈그림 22〉는 서울시내 곳곳에 산재한 도시갤러리의 작품 위치이다.

〈그림 22〉 서울시의 도시 갤러리 작품 현황도(ⓒ서울시)

진행된 많은 작품들은 이미 지역의 명소가 되었다. 서울광장에 설치된 첫번째 작품인 '서울시와 함께 일어서自' 조형물은 앙상한 골조에 숭숭 뚫린 철망으로 된, 사람이 무거운 짐을 들고 있는 형상으로 단, 15일 만에 1800여 명의 시민 참여로 조형물 속에 '소망의 돌'이 꽉 찼다. 또한, 상암지구 월드컵공원 내 하늘공원 억새밭 광장에 설치된 희망전망대도 경관 조망과 함께 명소가 됐다. 서울 영등포구가 마포대교 남단 교통섬에 도시갤러리 작품 중 가장 큰 규모인 너비 11.7m, 길이 25.4m, 높이 6.4m 규모로 설치한 랜드마크 '바람의 길' 역시 서울시 도시갤러리사업의 일환으로 설치된 것이다. 작품에는 거대한 빌딩 숲 사이에서 사라진 옛 추억을 되살리기 위해 오솔길을 만들었고, 바라보기만 하는 보통의 미술품과 달리 관람객이 직접 전망대까지 올라 서울을 관통해 흐르는 한강과 남산을 함께 감상할 수 있다는 특징을 가지고 있다. 특히 도시갤러리의 기본 취지인 장소성을 반영시켜 작품 바닥에 여의도의 시대별 주요 사건들을 새기는 등 작품에 역사적 의미까지 더했다.

'도시갤러리'는 또한 학교로도 옮겨갔다. 사각형의 건물과 무채색의 페인트로 대변되는 학교건물에서는 창의를 담아내기 어렵다고 판단하고, 해마다 학교를 선정 '학교 갤러리'를 만들어 가고 있다. '학교 갤러리'는 학교 예산으로는 교내에 예술작품을 설치하기에 어려운 현실을 감안해 시가 학교 곳곳에 예술가가 작품을 설치하고 학생들과 함께 진행하는 워크숍 등 다양한 예술진흥 프로그램을 통해 어린이의 심성과 상상력을 고양시키는 사업이다.

2) 공공기관 청사를 갤러리로, 아트를 도입한 시설 재생사례

(1) 청사를 갤러리로

한편, 공공기관의 청사 자체에 아트를 도입하고자 하는 움직임 역시 증가하고 있다. 1998년에 전국 최초로 구청단위에서 갤러리를 설치한 '광주 북구'의 경우, 시민들을 위해 북구청사 1층의 민원실 한 켠 240m²의 공간에 한국화와 서양화, 조각품 등을 전시한 북구갤러리를 열었다. 이 갤러리가 운영되기 시작하자, 민원실은 방문객들의 잡담으로 가득찼던 특유의 부산스러움에서 벗어나 벽에 걸린 미술작품을 감상하는 훌륭한 문화공간으로 변했다. 이는 예술로 분위기를 바꾸어 공간의 성격을 전환시켰다는 데 의의가 있다. 이후 많은 지자체들이 이를 참조하여 시행한 '아트 갤러리' 조성은 청사 내 유휴 공간을 효율적으로 활용해 주민과 직원들에게 볼거리를 제공하고 있다. 그 결과, 주민들로 하여금 딱딱한 행정기관을 미술의 세계로 자연스럽게 이끌어서 부드러운 분위기를 만들어가는 데 일조하고 있는 것으로 보인다. '경기 파주시'의 경우는, 지자체 청사를 디지털갤러리로 조성하였다. 처음 파주시 청사를 방문하는 민원인들은 현관을 들어서자 눈길을 사로잡는 곳을 보게 된다. 현관 입구 우측에 일반적으로 자리잡은 시정구호가 아닌, 두 개의 디지털 액자에 발레 '지젤' 과 밀레, 고흐, 김홍도의 명화가 시시각각 화면 가득히 펼쳐지고 있는 것이다. 시청 본관 로비에 설치된 디지털갤러리는 방문시민에게는 관청의 딱딱함을 덜어 주고 직원들에게 색다르고, 상대적인 문화에 대한 상실감을 해소시켜 여유와 문화적 감흥을 주고 있다. 또 청사앞과 주변 정원목과 잔디 위로 영롱한 빛을 발하는 수만 개 꼬마전구를 설치하여 일몰에 맞춰 점등하여 볼거리를 제공하고 있다. 그 결과 '파주시' 청사는 그동안 시청을 방문하지 않던 시민들까지도 방문이 이어지고, 사진 찍기 명소로도 각광받고 있다.

(2) 기타 공공기관의 아트경영 사례

공공기관의 참여는 지자체의 청사에 마련된 '아트갤러리'를 벗어나 다양한 분야에서 문화의 접목을 시도하고 있다. 대표적인 분야가 재래시장으로, 각 지자체마다 재래시장의 쇠퇴로 인한 도심의 황폐화 처리에 대해 다양한 방식으로 진행되고 있는 것이다. 예를 들어, '춘천'의 대표적 전통시장인 중앙시장에서 시도된 문화와 예술이 깃든 낭만시장 프로젝트는 '중소기업청'과 '문화체육관광부', '강원도'와 '춘천시'가 공동으로 지원하는 "2010 문화관광형시장 육성사업"의 일환으로 실시된 것이다. 이후 시민과 관광객들을 대상으로 다양한 문화예술 공연을 펼쳐 전통시장 활성화에 기여하고 있다. 낭만시장 프로젝트의 세부사업을 진행하고 있는 (주)감자꽃스튜디오와 문화컨설팅 '바라'는 2010년 한해 동안 국비와 도비, 시비 등 16억 여 원의 사업비를 투입해 낭만극장, 낭만광장, 낭만투어를 테마로 시장에 문화공연을 할 수 있는 시스템을 갖추고 시장을 무대로 하는 '낭만지휘자'의 정기공연 등 각종 문화이벤트를 펼치고 있다. 여기에는 시민과 관광객, 상인들을 대상으로 시장투어, 공연, 전시, 체험프로그램 등으로 구성된 문화이벤트를 진행한다. 공연프로그램으로는 '낭만지휘자'와 성원초교 연극반 학생들의 캐롤댄스퍼레이드 공연과 상인들로 구성된 '낭만상인밴드'의 데뷔무대, '낭만상인핸드벨팀'의 캐롤연주, 아카펠라 공연 등으로 진행된다. 전시 프로그램으로는 '시장미술관'이 운영된다. 이를 중심으로 '골목갤러리'의 벽화, 설치미술 작품 등 시장 곳곳에서 문화를 느낄 수 있는 기획 전시가 마련된다. 먹거리 체험, 낭만시장 오락이벤트가 시장을 중심으로 '춘천시' 명동 인근에서 펼쳐진다. 먹거리 이벤트에서는 춘천낭만시장이 개발한 닭갈비케밥, 꼬마김밥 등을 맛볼 수 있는 시식코너와 '춘천낭만시장 상인회'가 주최하는 '낭만시장 일일맛집'도 함께 운영된다.

〈그림 23〉 울산태화강 하부도로

'울산시'의 경우, 〈그림 23〉과 같이 쓰레기 더미가 쌓여 보기 흉했던 울산 태화강의 다리가 생태 문화 갤러리로 조성되었다. '울산시'에서는 총 14억 5천만 원의 사업비를 들여 남구 태화강변의 남산로 하부공간 길이 790m, 폭 5~7m, 높이 3~7m에 대해 '생태 · 문화갤러리 조성사업'을 벌여 2010년 준공하게 된 것이다. 이 곳 갤러리에는 울산의 동·식물의 사진과 그림, 판화로 꾸며져 있다. 위로는 차가 다니지만 다리 아래 벽과 공간을 이용해 거리 전시관, '생태 문화 갤러리'로 걸어 다니며 감상할 수 있게 되어 있다. 이 갤러리에는 태화강에서 서식하는 동물과 식물을 소개하는 사진과 그림, 그리고 명물인 대나무와 태화강을 본뜬 동판 전시까지 다양한 작품이 전시되어 있다. 특히 지역의 역사를 반영한 수천 년 전의 고래문화가 담긴 반구대 암각화의 문양들이 벽화들로 재구성돼 있어 관심을 끌고 있다. 이 같은 추진방안은 많은 성공사례에서 보듯이 결국 해당지역의 스토리가 담겨져야 성공할 수 있다는 시사점을 준다. 그 결과 1992년, 하천의 홍수를 예방하기 위해 교량 형태의 도로로 만들어졌으나 사람들이 버린 쓰레기 더미로 인해 '울산시'의 대표적인 '보기 흉한 사람들이 다니지 않는 곳'에서 이제는 걸으며 작품을 감상할 수 있는 생태환경의 대표적인 명소로 자리잡게 된 것이다. '울산시'는 이 다리 아래 벽과 공간을 이용해 전시관과 휴게공간, 인근 하천변에는 꽃나무를 심어 녹지공간을 조성했고, 야간 경관 조명이 설치되면서 갤러리 주변은 빛과 자연이 한데 어우러지는 수변벨트로 변모하게 된 것이다. 이는 태화강에 문화와 역사를 부여함으로써 강변을 더 풍요롭게 만들어 주려는 지자체의 생태환경에 대한 의지표명의 대표적인 사례로 볼 수 있다.

비슷한 사례로 '경북 김천시'는 낡고 퇴색된 평화육교를 그린로드로 새롭게 탈바꿈 시켰다. 길이 240m로 전국에서 가장 긴 평화육교는 평범한 육교에서 벗어나 2010년 지역공동체 일자리사업으로 새롭게 단장해 음악이 있고 미술이 있는 시민의 문화공간으로 새롭게 태어난 것이다. 육교 전 구간을 3개 테마로 구분해 자연의 소리와 우리가락, 클래식 음악이 나오며 양쪽 측면에는 시민 갤러리를 설치해 시민의 예술 작품을 전시하고 감상할 수 있는 공간을 마련했다. 또, 육교 양쪽 입구에는 그린로드Green

Road라는 사인물까지 설치했으며, 육교 조명도 친환경인 LED로 교체해 전력소비도 줄이고 수명도 길어진 반면 내부 또한 밝아졌다. 이로써 아무 감흥없이 필요에 의해서 건너기만 하던 육교를 구간마다 색다른 음악이 나오고, 예술 작품을 보면서 걸을 수 있으니 전시회에 온 것 같은 기분이 들게 해준다. 이는 문화 인프라가 상대적으로 부족한 지방일지라도 지자체의 의지와 시민들의 참여라는 노력 여하에 따라서 얼마든지 극복이 가능하다는 것을 보여준다.

한편, 역사가 갤러리로 변신한 사례도 있다. 1941년 문을 연 일제 강점기의 서양 목조건축 양식을 간직한 소규모 지방역사의 원형을 간직한 반곡역이 미술관 역사驛舍로 탈바꿈한 것[41] 이다. 원주횡성지역 문화정보센터인 '카나비'와 지역예술가, 주민 등으로 구성된 반곡역사미술공간만들기위원회는 문화체육관광부의 마을 미술 프로젝트 사업비 5천만 원을 지원받아 대합실을 작은 갤러리로 리모델링하고, 역사 옆 소공원에 철도 관련 조각 조형물을 설치했다. 반곡역 갤러리에는 일본 강점기의 중앙선 철도건설 사진자료 120점을 비롯해 지역작가들이 반곡역과 치악역, 똬리굴, 사라진 백척교 등을 한국화와 조각, 유화, 판화, 설치미술로 표현해 전시했다. 이처럼 용도폐기되거나 사용성이 떨어진 역사를 변경한 사례로는 '프랑스의 오르세미술관' 등이 있다.

'경기, 안양시'에서는 2010년 6월에 학원가의 지하보도를 예술작품 전시 공간인 평촌문화갤러리로 조성하였다. 학생들의 대표적인 낙서와 탈선 현장이었던 길이 48.8m, 폭 7.7m, 높이 3.5m 규모의 이곳에 작품 걸이대와 조명시설, 관리자 대기실 등을 설치하고, 기증받은 작품 18점을 이곳에 전시하여 야외 갤러리로 탈바꿈시킨 것이다. 평촌문화갤러리는 연중무휴로 매일 24시간 운영되며, 누구나 '안양시' 동안구청에 신청하면 작품을 전시할 수 있다. 이 사례는 낙서와 쓰레기로 뒤덮였던 지하보도에 조명을 밝게 하고 미술작품을 전시하자 또 다른 예술 공간이 된 것으로 의미없이 지나치는 지하보도가 아니라 시민들의 문화 욕구를 충족시키는 문화공간이 될 수 있음을 보여준 사례인 것이다.

41) 김설영기자. 반곡역, 철도역사 담은 미술역사 '탈바꿈', www.kwnews.co.kr

'경기 안산시'도 2011년 말까지 16억 원을 들여 울산태화강변 사례처럼 방치되고 있는 상록수 전철역 하부 400m 구간을 여가활동 공간인 '스포츠존', 문학이 살아 숨쉬는 '상록수존', 가족과 함께 즐기는 '테마놀이존' '다문화 아트존' '갤러리' 등으로 꾸밀 계획이다. 또 스프레이 페인트로 벽 등에 그림을 그리는 것으로 최근 젊은 층에서 인기를 얻고 있는 '그래피티존'도 설치되는 것이다.

'서울의 강북구'도 삼각산북한산 도시자연공원 산책로를 갤러리가 있는 문화공간으로 탈바꿈하였다. 공원을 이용 주민들에게 문화휴식공간으로 제공키 위해 마련된 것으로, 다양한 미술작품과 사진 · 시 등을 전시해 주민들이 산책도 즐기고 문화예술작품도 감상할 수 있도록 조성되어 주민들에게 개방하고 있다. 도시자연공원 입구 산책로의 시멘트 옹벽 130m 구간에 나무로 틀을 짜 운보 김기창 화백의 작품 16점과 삼각산의 사계 사진 4점, 공원의 역사를 알 수 있도록 공원에 위치하고 있던 미향마을 옛 모습 사진 5점과 항공사진 2점을 담았다. 또한 산책로 곳곳에 '강북구' 문인단체에서 제공된 '까치밥(임보)', '봄날(김종길)', '바위산(윤강로)' 등 공원 이미지에 걸 맞는 시목을 세워 문학적 향취를 느낄 수 있도록 했다. 아울러 도시자연공원내의 솔샘 발원지에는 안내판을 설치하고, 공원이 삼각산 자락에 위치해 있음을 감안해 삼각산 세 봉우리를 상징하는 돌탑을 조성, 경관조명과 운동기구도 추가 설치하는 등 테마가 있는 공원으로 꾸몄다. 이같은 특화사업을 통해 삼각산 도시자연공원이 역사와 문화, 이야기가 어우러진 특색 있는 공원으로 만들어 주민들이 산책만 하는 것이 아닌 자연스러운 문화적 소양도 쌓을 수 있는 기회를 제공해준다. 한편, 서울의 북한산 주변에 설치한 '둘레길' 주변에도 둘레길의 탐방객이 늘면서 주변의 '문화시설'과의 연계도 이루어지고 있다. 강북구의 4·19 묘지 앞에 있는 이후 갤러리에서는 둘레길 탐방객까지 대상으로하여, 기존의 미술품 전시에 이어 퍼포먼스까지 확대하고, 지속적인 '아트학습'까지 이루어지고 있다. 그 결과 한산했던 지역이 사람들이 모여들어 주변 부동산들이 가치가 오르고 있다.

그동안 한 곳에서 어떤 조치나 설치를 통해서 성공을 했다고 소문나면, 많은 지자체들이 이를 따라서 유행처럼 반복되는 상황에서 오래도록 유지되지 못한 채 없어지는 경우도 다반사이다. 즉, 이처럼 많은 사례들이 도입되고는 있으나, 흔히 하는 '전시행정' 으로 그쳐서 계속 유지되지 못하고, 오픈 후 없어지거나 오히려 애물단지가 되는 경우가 많은 것을 수없이 보아왔다. 그러나 오히려 이를 개선하여 처음 도입한 곳보다 자리를 잡는 경우도 있는데, 이를 살펴보면, 단속적인 행위가 아닌 지속적인 예산 배정과 조직 배치, 대응이 따른다는 점, 그리고 다른 곳에서 성공했다고 해서 그것을 그대로 도입하는 것이 아닌 해당 지역과 장소에 맞게 변형하여 지역에 맞춘, 하나의 맥락을 형성한다는 점 등이 차별점으로 볼 수 있다. 이러한 점은 향후 다른 지자체에서도 반영하여야 할 부분이다.

3) 민간 기업체의 시도

(1) 기업체 사옥에 갤러리를 설치하다.

기업체입장에서 일정한 공간을 상업적인 용도가 아닌 문화적 용도로 활용하기는 쉽지 않은 결정이다. 그러나 이제는 많은 기업들이 '아트경영'이라는 용어로 이러한 입장에 동참하고 있다. 최근 '아트 경영'이 기업의 화두로 떠오르면서 기업 이미지 강화에 도움이 되고, 실력을 갖춘 신인 작가 발굴은 물론 일반 소비자와의 소통 및 문화 공간으로 각광받고 있어서 사옥 내부에 갤러리를 설치하려는 기업이 늘어나는 추세이다.

'서울 광화문'에서 '서대문'쪽으로 가다보면, 건물 앞에 망치질을 하는 대형 전시물을 볼 수 있다. '홍국생명' 빌딩 앞에 서 있는 조너던 브로프스키의 해머링 맨; 망치질 하는 사람 조각품이다. 해머링 맨은 신문로 홍국생명 빌딩 초입서 문지기 노릇을 하고 있다. 건물 방문자는 먼저, 이 거대한 위용에 놀라고 나면, 빌딩 1층에서 독특함과 위트로 똘똘 뭉친 설치작품들을 만나게 된다. 이 작품들은 각자 다르지만 통일된 분위기를 연출하고 있다. 엘리베이터 옆 아래로 보이는 분수공간은 갤러리 올라가는 길에 아찔함을 선사한다. 3층으로 올라가는 투명계단은 훈민정음을 형상화한 또 하나의 작품이다. 층 아래가 훤히 보이는 아찔한 계단을 뒤로 하고 만나는 빨간 벽의 건물, 그 곳이 2010년 3월 15일에 문을 연 661m²(200평)규모인 일주 & 선화 갤러리다.

'대한항공'도 2010년 4월 서소문 사옥에 문화전시공간 일우스페이스一宇 SPACE를 오픈하였다. 이곳은 사진 · 미술 전시 전문 미술관으로 그룹자체에서 개최하는 '일우사진상'과 '대한항공 여행사진 공모전' 입상자 등 기성작가와 유망한 신진작가를 아우르는 작품이 전시되고, 아울러 일반인 대상 미술 관련 교육프로그램도 계획 중이라고 한다. 일우스페이스는 총 면적 547.2m²(165.8평)에 각각 290.2m²(88평), 93.1m²(28평) 규모로 제1,2 전시관을 갖추고 있다. 특히 전시장 외부인 서소문 대로변에 행인들의 시선을 사로잡는 가로 10m, 높이 3.7m의 초대형 윈도우 갤러리를 설치해 도심을 오가는 시민들도 고품격 문화예술을 보다 쉽게 접할 수 있도록 했다.

'동국제강'도 서울의 을지로에 신사옥 페럼타워를 짓고, 입주하면서 대형작품들을 통해 사옥 전체를 '갤러리' 이미지로 활용하고 있다. '동국제강'은 여러 국내외 작가들의 대형 작품을 건물 곳곳에 설치해 오피스 전체를 갤러리 개념으로 꾸몄으며, 여기에 고층에서 바라보는 서울의 전경도 포함하고 있다. 또 건물 내에 한일관 · 만텐보시 · 안즈 · 야마야 등 프리미엄 레스토랑 등을 유치해 주변과 차별화를 시도해 새로운 명소로 만들었다. 바로 옆에 개관한 '미래에셋그룹'의 사옥으로 쓰이고 있는 센터1 빌딩은 전면의 넓은 공개 공지와 건물 꼭대기층의 전망대를 통해 방문객에게 'view'를 제공하고 있다. 그결과 늘어나는 방문객으로 그 건물내 상업시설들은 새건물임에도 불구하고 빠른 시일내 활성화가 이루어진 사례이다.

한편, 병원도 이같은 아트환경 조성에 동참하고 있다. '한솔병원'은 환자들이 건강을 회복하는 것은 물론 마음의 위안까지 얻을 수 있도록 다양한 서비스를 제공하고 있다. 본관 4층에는 야생화 단지를 조성해 환자와 가족들의 쉼터를 조성했으며, 진료실 곳곳에 심신 안정에 도움이 되는 미술작품을 전시하고 있다. 이와 함께 병원 별관에는 한솔아트스페이스라는 이름의 카페와 갤러리를 설치해 차를 마시고 그림을 감상하면서 휴식할 수 있는 공간을 마련했다. '대우증권'은 서울 강남구 역삼동에 WM

Class 역삼역지점을 신설하면서, 지점 내에 갤러리를 설치해 고객들이 유명작가들의 사진과 그림을 감상하고 구매할 수 있도록 했다. 이 지점은 '대우증권'이 강남지역 영업 강화를 위해 신설한 점포 중 하나이다.

'크라운-해태제과'[42]는 2007년 말부터 서울 남영동 본사 사옥에 쿠오리아갤러리를 오픈해 여러 가지 체험전 등을 진행하고 있으며, 이미 앞에서 다룬 바 있는 경기도 송추 아트밸리도 운영 중이다. '쿠오리아'는 예술의 아름다움을 지각할 수 있는 뇌의 한 물질을 의미하는 라틴어다. 쿠오리아갤러리는 사옥의 1층 로비 한 켠을 차지하고 있는 입구만 보면 자그마해 보이지만 지하 1층, 1층, 2층의 총 3개 층에 걸쳐 마련된 전시관들을 합치면 제법 규모가 크다. 전시 내용도 주력 생산 제품과 연결하여 그동안 '과자나라 앨리스전', '미술을 먹어버린 과자의 즐거운 상상' 등 과자라는 소재로 이색 체험전을 진행했다. 쿠오리아갤러리는 기업 성격에 맞게 어린이들을 위한 체험 전시를 주로 운영하고 있다. 어린이들이 평소 즐겨먹는 과자를 이용한 미술 체험과 더불어 다양한 전시물들을 직접 보고 듣고 만지고 냄새 맡아보는 경험을 통해 상상력을 자극할 수 있도록 기획되었다. 특히 어린이를 위한 전시와 체험은 50분간 어린이 전문 도슨트 Docent의 진행으로 이루어지며, 어린이들이 관람하는 동안 부모들은 따로 마련된 휴게 공간의 CCTV를 통해 어린이 모습을 지켜 볼 수 있도록 만들었다. '쿠오리아'는 그동안 닥종이 공모전, 과자입체조형공모전, ECO환경조각대전 등 50회 이상 전시회를 열었다. 그동안 전시회를 찾은 어린이 방문객은 2만 명을 훨씬 웃도는 것으로 알려졌다.

'한국야쿠르트'도 1997년 서울 잠원동 사옥에 갤러리 우덕을 개관하고 10년 넘게 아트 경영을 펼치고 있다. 그동안 갤러리 우덕에서는 총 150여 차례 신진 작가 작품 전시회를 무료 개최하는 등 신인 작가의 등용문으로 제공해왔다. '샘표식품'은 아예 공장에 갤러리를 설치하였다. 샘표식품은 2006년 경기도 이천의 장류공장에 각종 예술품을 전시할 수 있는 갤러리 샘표 스페이스를 만들었다. 이곳에서는 임직원은 물론 이천

42) 주간한국, 기업 사옥에 부는 문화 예술 바람. 2008-08-13일자 기사, 박원식기자.
(http://weekly.hankooki.com/lpage/08_coverstory/200808/wk20080813150208100810.htm)

지역 주민들의 참여를 이끌어내는 다양한 작품을 주기적으로 전시하고 있다.

대표적인 주류업체인 '하이트-진로그룹'의 하이트 문화재단은 서울 청담동 하이트맥주 사옥 지하 1층과 지상 2층에 미술품 전시관 하이트 컬렉션을 오픈했다. 기업이 장시간에 걸쳐 수집해 소장한 미술품을 대중에게 공개한다는 의미에서 하이트 컬렉션으로 이름 지었다고 한다. 전통주 '산사춘'으로 유명한 '배상면주가'가 일반인을 대상으로 정식 개관한 산사원은 우리 술에 대한 체험, 교육, 양조, 관광 등이 복합적으로 어우러지는 문화체험공간으로 관심을 모으고 있다. 전통 한옥 구조물로 이루어진 산사원은 최근 열린 G20 정상회의의 '루럴-20 프로젝트' 대상지로 선정, 외국인에게 한국의 전통미를 과시했다. '배상면주가'는 또 산사원 안에 전통술에 관한 역사와 문화를 다양한 유물과 함께 관람할 수 있는 '전통술 박물관'도 설치했다.

'현대자동차'도 지역별 특성을 살린 이색 테마지점을 앞세워 브랜드 친밀도를 높이기 위한 색다른 마케팅을 진행 중이다. 영업점에 아트갤러리를 설치한 대치지점 H · 아트갤러리 개소를 시작으로 다양한 형태의 이색 테마지점을 선보이면서 고객에게 좀 더 다가간다는 계획이다. '산은금융그룹'도 출범 1주년을 맞아 바른손카드와 함께 서울 여의도 본사 사옥에 오피스 갤러리를 설치, 2010년 10월 28일까지 전시한 바 있다. 2011년도 '산은금융그룹'이 제작하는 달력에 수록된 12명의 국내 작가들의 실제 작품을 전시하는 오피스갤러리는 매일 오전과 오후 2차례에 걸쳐, 작가들과 전문가들이 작품에 대해 상세한 해설을 들려준다.

기업체 입장에서는 당장의 매출효과 때문에 선택하기 어려운 행동으로 받아들여진다. 그렇지만, 기업들이 이와 같이 저마다 '아트경영'에 나서는 것은 소비자에게는 문화체험의 기회를, 임직원에게는 문화적 감성을 전달하는 일석이조의 효과를 얻을 수 있기 때문이다. 또한 이를 통해 특히 소비자를 직접 상대하는 기업의 경우, 좋은 기업 이미지를 구축하는 데 중요한 역할을 하기 때문이다. 그러나 여기에서도 중요한 것은 단순히 다른 회사가 하니까 따라한다는 차원을 넘어서 해당기업의 제품이나 서비스에 맞는, 그리고 고객의 행태에 맞춘, 해당 기업에 맞는 맞춤형 시설과 운영프로그램이 따라야 하고, 이러한 조치들이 결국은 예산이 따른다는 점에서 장기적인 측면의 접근과, 아트경영이라는 차원의 목적에 맞추면서도 새로운 수익을 창출할 수 있는 분야도 개선해야 할 것이다. 실제로 이렇게 수익을 창출하는 방법은 여러 사례에서 볼 수 있으므로 이를 과감히 벤치마킹할 필요도 있다.

(2) 공사장 펜스를 활용하다.

일반적으로 공사장의 현장가림막펜스은 그 활용범위가 매우 좁다. 잘 해야 지방자치단체의 구호로 꾸미거나 간단한 그림으로 처리되어 왔다. 유럽의 고도古都를 가면, 유적들이 오래되다보니 1년 내내 리모델링 작업이 한창이다. 이 때, 공사장을 가리는 가림막에는 원래 있던 건물의 사진이나 그림 등을 그려놓아 건물을 들어가지 못하는 아쉬움을 어느 정도 위안삼을 수 있게 해준다. 최근 우리나라에서도 이와 같은 방식의

〈그림 24〉 LCT의 펜스 옥외 디스플레이 장면

시도들이 이루어지고 있으나 현실적으로 많이 부족하다. 이러한 시점에 부산 해운대해수욕장에 초대형 '옥외용 디스플레이'와 미술작품이 설치되었다. 옥외용 디스플레이가 설치된 곳은 사계절 관광시설인 해운대관광리조트(LCT) 공사장의 안전펜스(그림 24〉이다. 총 길이 230m 펜스를 따라 그려진 미술작품은 야간에 조명이 비치면서 갤러리로 변하여 관광객에게 '포토존'으로 각광받고 있다. 특히 46인치 LCD 27개를 연결해 가로 9.5m, 세로 2.5m 규모로서 옥외 디스플레이로는 세계최대규모라는 옛 한국콘도 일대에서 사계절 관광시설인 해운대관광리조트(LCT)를 추진중인 ㈜트리플스퀘어의 설명이다. 그 결과 많은 사람들이 사진촬영을 하는 등 이용객들이 급증하였다고 한다.

이로써 기존에 우리가 갖고 있던 투박한 느낌의 공사현장의 펜스에 옥외용 디스플레이와 미술작품이 설치되면서 갤러리 같은 느낌을 주므로써, 또 하나의 가치창출 행위로 볼 수 있다. 즉, 대부분의 개발 현장에서 역활이 없던 펜스도 활용 여하에 따라 훌륭한 부동산 가치 올리기의 도구가 될 수 있는 것이다.

(3) 백화점의 문화마케팅과 VIP 초대회

백화점업계는 고객을 직접 접한다는 면에서 특별한 마케팅을 시도한다. 백화점에서 상위 고객의 구매력이 높아지면서 이들이 매출에서 차지하는 비중도 갈수록 커지고 있다. 이에 따라 백화점업계는 이들을 만족시킬 수 있는 마케팅과 서비스를 전담하는 별도의 조직을 운영하는 등 차별화[43] 에 나서고 있다. 이 때 많은 백화점들이 도입하는 것이 예술과 연계한 마케팅이다. 「롯데백화점」은 별도의 에비뉴엘 멤버십 카드를 발급하고, 이들은 차별화 된 서비스를 제공받는다. VIP 중에서도 100명 정도의 에비뉴엘 VVIP 고객들을 선정해 이들을 위한 '멤버스 클럽'이 따로 준비되어 있다. 여기에는 개인 비서, 스타일리스트 역할을 하는 '퍼스널 쇼퍼'가 상주와 일부에게는 자신의 이름이 새겨진 개인 캐비닛이 제공되며 매 시즌 와인 및 각종 선물을 받게 된다. 또한 에비뉴엘은 수입 자동차사와 연계한 '타운카' 서비스를 제공한다. 이는 VVIP고객

43) 이투데이, 2010. 12. 22. 기사. 백화점 VVIP 특별한마케팅, 이선애.

을 대상으로 예약제로 운영되는 서비스로 고객의 집에서 매장까지 태워서 모시는 차량 출장 서비스다. 또한 취미와 관심사가 비슷한 20명 내외의 고객을 대상으로 소규모 클래스를 구성하여 주제별로 요리, 요가, 인테리어, 오페라, 와인 등 생활 문화 관련 강좌를 매주 꾸준히 진행하고 있다. '신세계백화점'도 구매금액별 VIP고객들을 트리니티 · 퍼스트 프라임 · 퍼스트 · 아너스 · 로얄 등 5개 등급으로 구분한다. 그리고 1년에 2회씩 트리니티 고객을 대상으로 문화공연 초대회를 진행하고 있다. VIP고객들은 일반적으로 문화와 감성에 대한 소구가 높은 편이기 때문에 '신세계백화점'은 200억 원대의 루이스 부르주아 작품을 본관 옥상공원인 트리니티 가든에 새로 설치했다. 그리고 백화점 최초로 갤러리를 본점과 센텀시티 등 전국 4개 점에서 운영하고 있다. 각 점의 컨시어지들이 매달 소수의 VIP고객들만을 초대하는 문화 클래스를 운영하고 있는데, 유명 스타일리스트를 초청해 코디법을 듣거나, 와인이나 커피 전문가의 시연회, 뷰티 클래스 등 다양한 테마의 문화 클래스를 진행해 VIP고객들의 호응이 매우 높다고 한다. 현대백화점은 조금 다르게 접근해서 격식보다는 고객들이 선호하는 라이프스타일에 초점을 맞춘 VVIP 초대행사를 진행한다. 때문에 커뮤니티가 더욱 활발하게 진행된다. 압구정 본점의 가장 큰 자랑꺼리라고 할 수 있는 옥상공원에서 보석, 시계, 가방, 모피, 웨딩드레스, 예술작품, 만년필, 안경태, 도자기, 양주, 베스파, 오르골, 구두 등 다양한 익스클루시브 상품을 한번에 모아 옥상공원에서 보여주는 행사를 진행하고 있다.

한편, 남들과 차별화되고 싶어 하는 고객의 욕구에 따라 "신상품 VIP초대회"도 변하고 있다. 과거 호텔 대관 대규모 패션쇼나 식사초대회같은 널리 알리는 행사가 한 시즌의 시작을 알리는 대표적인 상품이벤트라고 한다면, 최근의 최우수고객 초대회는 조용히 진행된다. 「에비뉴엘」은 '에비뉴엘 럭셔리쇼핑투어'라는 이름으로 해외명품브랜드와 연계를 통해 국내에 공개되지 않은 리미티드 에디션을 초대고객에게 제안하는 행사를 진행하고 있다. 이때 초대되는 인원은 최고 명품 VIP 20~30명 남짓으로 파악하기 힘들며, 서울 외에도 부산, 대구 등 지방 큰손 고객까지도 KTX특실 및 롯데호텔 숙식제공을 포함한 특별의전을 하며 초대하고 있다. 「현대백화점」은 최대 100만 포인트[약10억원 해당] 이상 고객에게 오리엔탈 특급열차 & 크루즈 유럽일주(19일)를 제공하고 있다. 또 70만포인트[7억원 해당] 이상 고객은 대한항공 퍼스트클래스 세계일주를 제공한다. 「갤러리아 백화점」도 VIP고객을 대상으로 '지 프레스티지 리워드[G-Prestige Reward]'를 통해 상품권뿐만 아니라 국내외 여행권, 크루즈, 뷰티 연간 회원권 등을 제공하며, 특히 영국, 호주, 캐나다 등 자녀들을 위한 연수 프로그램도 제공하며 서비스를 차별화하고 있다.

4) 학교의 시도

지방의 대학인 '포항공대'는 포스텍 캠퍼스내 「지곡회관」에 예술과 휴식이 만나는 '갤러리 카페'를 지난 2010년 오픈하여 월 2~3회 교체 전시하고 있다. 이 갤러리 카페는 프랑스의 인상파 화가 모네의 이름을 따서 카페 모네[Monet]로 이름지어졌으며, 전문 바리스타를 고용해 최고급 커피를 저렴하게 제공하는 한편 다양한 장르의 미술 작품을 매월 2~3회 교체해 전시할 예정이다. 카페 모네는 대학내 교수, 학생, 교직원 등 포스텍 구성원들은 물론 지역민에게 우수한 작품들을 쉽게 접할 수 있도록 시도하고 있다. 공대에서의 갤러리 까페의 오픈은 과학과 예술이 창의성을 추구하는 동질적인 분야로 미래 이공계 글로벌리더를 꿈꾸는 '포스텍' 학생들에게 예술적 소양을 기르는 좋은 기회로 작용하고 있다. 더불어 일반 시민들에게도 포스텍의 아름다운 캠퍼스 속에서 휴식을 취하며 예술작품을 감상할 수 있는 명소로 자리 잡고 있는 것이다.

포스텍학보에 따르면, "특히 휴일에 모네에서 음료를 즐기며 휴식을 취하러 갔다가 음료만 사고 다시 돌아가야 할 정도로 자리가 없으며, 많은 시민들도 찾고 있어서 갤러리 카페 모네의 개장 전의 지곡회관모습과는 사뭇 달라진 풍경"이라고 표현하고 있다. 모네를 찾는 이들은 아늑한 장소에서 예술작품도 감상하면서 음료와 간단한 다과도 즐길 수 있다. 기존의 갤러리는 일반적으로 음악이 잔잔히 흐르거나 조용한 장소에서 단지 예술작품만 감상할 수 있었으나, 카페모네는 기존 갤러리의 틀을 깬 자유로운 '갤러리 카페'인 것이다.

갤러리 카페 모네〈그림 25〉는 1년에 35번 전시 작품을 교체한다. 한번 전시할 때마다 전시 작품 수는 약 40작품 내외이며, 예술작품을 보는 것에 그치는 것이 아니라 작가가 포스텍 학생들을 우선 대상으로 하여 인물 소묘를 그려주기도 한다. 모네의 독특한 운영방침으로는 기존 갤러리처럼 조용히 그림만 감상할 수 있는 공간이라면 접근성이 낮아져, 포스텍 학생들에게 예술을 가까이 할 기회를 제공하겠다는 본래의 취지에서 어긋나게 된다는 점에서 작품과 관람객들의 거리를 가깝게 운영한다는 점이다. 물론 그 덕분에 작품의 손상이 생긴 적도 있다고 한다.

〈그림 25〉 포스텍내 갤러리카페 모네 사진 (자료: 포항공대신문 294호)

5) 공연장 설치로 문화적 가치를 높이다.

기존에 설치하는 문화시설은 앞의 사례에서 보듯이 전시장이나 갤러리가 압도적이었다. 유지비와 유지방안이 훨씬 복잡한 공연장의 설치 역시 많이 늘어나고 있다. 기업이나 공공기관입장에서 공연장의 설치운영은 많은 부담을 주는 것이 사실이다. 지금까지 많은 공연장들이 만들어졌으나 공연 컨텐츠의 문제, 수익성의 문제로 문을 닫거나 다른 시설로 전용된 바 있다.

'대전' 유성전통시장 내 어린이공원을 문화공연장으로 리모델링한다고 한다. 대전 유성구에서는 유성 장에 문화예술을 접목시켜서 전통시장을 활성화한다는 취지에서 총사업비로 7,000여 만원을 투입하였다. 그리하여 유성시장 내 어린이공원에 175m²규모로 야외공연장과 연단, 공연장 구조물을 설치하며, 이를 위해 공원에 있는 어린이 놀이시설과 체육시설은 철거하거나 옮길 예정이다. '유성구'는 시설 정비작업을 마친 뒤 준공 후 참여할 예술단체를 모집해 유성 5일장마다 공연을 펼칠 수 있도록 지원할 계획을 발표한 바 있다.

2010년 준공된 '전북의 새만금지구' 역시 지역 주민과 주변 관광객을 위해 새만금 상설 야외 공연장을 설치할 계획으로 있다. 총 65억원을 들여 새만금 방조제 인근에 도내 전통문화를 즐기고 체험할 수 있는 상설 야외 공연장을 만들어 관광객들에게 다양한 볼거리를 제공키로 한 것이다. 상설 공연장은 도내 문화단체들이 판소리와 무용 등 각종 공연을 할 수 있도록 다양한 시설을 갖출 예정이다. 여기에 더해 관광객 편의를 위해 공연장 인근의 일반 숙박시설이 관광호텔 수준으로 전환하면, 최고 2억원의 시설개선비를, 200석 이상 식당 중 좌식을 테이블형으로 개선하면, 최고 5천만원을 지원키로 하였다. 이것은 실질적인 시설지원까지 계획하였다는 점에서 기존의 공공기관에서 진행하는 사업들에서 진일보된 것으로 보고 있다. 이같은 '전북도'의 계획은 새만금 방조제 도로가 2009년 4월 개통된 뒤 관광객이 700만 명을 넘어섰으나 주변에 볼거리가 없다는 지적에 대한 적절한 대응조치로 볼 수 있다.

한편, 1986년의 아시안게임, 1988년 서울올림픽, 2002년 한일월드컵 등 국내에서 행해진 대규모 국제행사로 인해 대규모로 지어진 경기장의 활용은 지속적으로 문제가 되고 있다. 이 점은 다른 나라의 경우도 비슷해서 세계적으로 경기장 활용방안 찾기가 하나의 과제가 되고 있는 것이다. 규모가 커서 관리비 역시 많이 들어가므로 실제 유지에는 많은 어려움이 있다. 이 때, 최근 애물단지였던 체육시설이 아트홀 · 공연장 등으로 활용하여 수익을 창출하는 경우들이 생겨나고 있다.

국내의 경우 그동안 올림픽, 월드컵, 아시안게임 등을 위해 지어진 경기장 중 서울월드컵경기장 등 몇 군데를 제외하고는 대부분 만성 적자에 시달리는 형편이다. 단순히 경기장을 임대해주는 수익만으로는 한계에 부딪히기 때문인데, 이 같은 이유로 인천의 경우 결국 신축을 결정했지만, 2014년 아시안게임을 위해 주경기장을 신설할 것인지, 문학경기장을 활용할 것인지를 두고 논란이 끊이지 않았다.

연간 100억원대의 수익을 올리는 서울월드컵경기장은 건물 설계 당시부터 주변 상권을 분석, 경기장에 입점시킬 업종까지 선정해 설계에 반영했다. 실제 할인점, 복합영화관, 사우나, 예식장, 스포츠센터 등을 유치하면서 흑자 경영에 성공한 것이다.

더불어 최근에는 노후화되고 이용률이 저조한 체육시설을 복합문화시설로 바꾸는 작업이 활발히 진행되고 있다. 서울 올림픽공원 내 역도경기장은 내부 공사를 거쳐 다목적 문화예술 공연장인 우리금융아트홀로 재개관한 바 있다. 같은 올림픽공원 내 올림픽홀도 객석 2,700여 석을 갖춘 대중문화 복합공간으로 탈바꿈할 전망이다. 메인 공연장 외에 240석 규모의 대중음악 전용 공연장도 별도로 설치돼 재즈, 포크, 록, 힙합 등 다양한 장르의 음악인들의 무대로 사용될 예정이며 대중문화 관련 자료관과 전시관 등도 조성된다. 문화체육관광부는 이곳을 순수예술 전용공간인 예술의전당에 비견되는 대중문화의 전당으로 만들겠다는 계획으로 진행 중이다.

제4장. 부동산에 문화를 입혀 개발한 사례

우리는 제1,2,3장에서 '부동산에 문화를 입힌다'는 주제하에 이에 대한 실태와 관련된 이론을 살펴보았다. 그러나 부동산이 대표적인 실물재화라는 점에서 이론을 통해서 우리가 얻을 수 있는 한계가 있으므로 실제 사례를 살펴볼 필요성이 있다. 즉, 독자들의 이해를 돕기 위해 실 사례를 다룰 필요가 있다. 따라서 제4장에서는 전 세계와 국내의 실제 '문화를 입혀서 부동산가치를 올리고, 심지어는 지역 전체의 가치를 올리고, 이를 벗어나 국가의 가치까지 올린 사례'를 살펴볼 것이다. 물론 여기에는 '문화'의 정의를 어디에다 둘 것이냐에 따라 적용할 수 있는 사례에는 많은 변화가 있을 수밖에 없다. 따라서 본 책에서는 '문화'에 대한 이해를 확대하여 하드웨어적 차원만이 아닌 소프트웨어적 차원까지 다룰 것이다. 즉, '문화'의 정의를 단순히 문화시설을 통해서 부동산 가치를 올린 사례로 한정한다면, 실제 사례는 많지 않다. 그러나 여기에 '문화'라는 가치부여를 통해서 결국은 부동산가치를 올린 사례들까지 확대한다면, 훨씬 다양한 사례를 살펴볼 수 있을 것이다. 그리고 부동산의 가치를 올리거나 죽어있는 부동산을 살리고 싶은 개인이나 회사, 나아가서는 지방자치단체등에서 이같은 사례분석을 통해서 얼마든지 비슷한 시도를 할 수 있을 것이다.

제4장에서는 먼저, 문화를 입혀서 신규개발한 사례를 살펴볼 것이다. 여기에는 테마식당과 카페, 스포츠멀티숍, 의류점, 문화복합시설, 쇼핑센터, 공공공간으로서 문화를 반영한 사례를 살펴볼 수 있다. 각 사례의 처한 환경과 왜 그렇게 했는지 등을 살펴봄으로써, 성공사례 속에서 향후 다른 상황에도 반영할 수 있는 아이디어와 적용방안을 찾아낼 수 있으리라 생각한다.

물론 여기에서 다룬 사례가 모든 사례일 수도 없고 다 잘된 사례라고 할 수는 없다. 이 외에도 훨씬 다양한 사례와 더 뛰어난 효과를 올린 사례들이 이 글을 쓰고 있는 순간에도 다양한 시도들이 계속되고 있을 것이다. 따라서 본 사례에 한정하여 생각할 필요는 없을 것이다. 다만, 우리는 이 같은 사례를 살펴보면서, 하나의 맥락을 찾을 수 있을 것이고, 이와 같은 유사한 사례를 통해서 벤치마킹할 수 있는 기회를 갖고자 한다.

부동산은 고정성, 부증성 등 다양한 특징을 가진 재화다. 따라서 일반적인 다른 재화와는 다른 접근을 해야 한다. 즉, 실체적인 재화로써 여러 가지 다양한 환경에 영향을 받는다. 바로 그런 점 때문에 사례분석은 꼭 필요한 절차인 것이다. 또한 사례의 과정 속에서 실패로 된 이유와 성공으로 간 이유들을 살펴볼 수가 있는 것이다. 바로 이러한 이유 속에서 새로운 우리 주변에서도 적용할 수 있는, 오히려 더 나아진 사례들을 얼마든지 창출해낼 수 있는 것이다.

1. 문화를 입힌 신규 개발 사례

최근 신규 개발할 때부터, 혹은 개별 점포를 오픈할 때부터 여러 가지 문화요소를 도입하는 경우가 늘고 있다. 해당 점포나 건물에 문화시설을 도입하거나 문화가치를 부여하고, 문화와 관련된 마케팅을 실시하여 결국은 집객에 성공 후 해당 부동산과 지역의 가치를 올리는 사례를 말한다. 이는 주로 테마식당이나 의류점, 복합스포츠용품점, 가정용품점 등의 개별 점포의 신규개설사례들에서 많이 나타나고 있다. 그리고 과거에는 없었던 신규 복합문화공간을 구성하면서, 사용방법으로는 건축적 요소를 가미하거나 또는 파는 상품이나 서비스에 문화를 도입하여 개선하거나 문화이벤트와 마케팅을 도입하여 점포나 전체 건물의 가치를 올리고 있는 사례도 나타나고 있다.

1) 식당/카페/레스토랑 사례

체험마케팅experiential marketing은 제품 매장이 단순히 상품을 전시하거나 상품의 물리적 특징을 확인하는 장소가 아니라, 일상생활에서의 재미를 느끼고 즐기는 장소가 되어야 한다는 것을 강조하면서 시작된다. 따라서 식당의 경우, 체험마케팅에서는 단순히 음식을 먹는 또는 배고픔을 채우는 장소가 아니라 즐거움을 제공하는 장소가 되어야 한다. 이처럼 체험마케팅을 활용한 대표적인 사례가 '테마식당'인 것이다.

(1) 열대우림 테마카페

테마식당의 대표적인 업체로는 먼저 RainForest Cafe를 들 수 있다. 레인포레스트카페〈그림 26〉는 1994년 처음 생긴 이래 미국과 캐나다를 중심으로 하여 전세계적으로 체인을 가지고 있으며, '열대우림'을 테마로 해서 운영되는 패밀리레스토랑이다. 레인포레스트카페는 내부 인테리어가 모두 '열대우림' 같이 꾸며져 있어서 식당 입장객은 모두 열대우림에 있는 듯한 분위기에서 시간을 보내게 된다.

입구에는 몸을 일으켰다 누웠다 하고, 입도 벌리는 '악어'가 놓여 있고, 머리를 좌우로 흔들어대고, 혓바닥도 낼름거리는 '뱀', 빽빽이 들어선 '나무'와 '원숭이' 등이 있어서 특히 어린이들의 경우 그냥 지나치기가 어려운 곳이다. 가슴을 두드리는 '고릴라', 말하는 '나무'와 '개구리', '수족관' 등이 있으며, 뭐니뭐니해도 압권은 10여 분마다 한번씩 울리는 '빗소리', '천둥소리', 쳐 내리는 '번개'라고 할 수 있는데 어두운 곳에서는 실제와 같은 분위기를 자아낸다. 천정에서는 별이 보이는 등 모든 상황을 실제 정글 속에 와 있는 느낌이 들도록 환경을 조성해 놓았다.

어린이들이 가면, 나눠주는 크레용과 색칠공책, 그리고 Kids Menu, 디저트 볼케이노(초콜릿 브라우니와 아이스크림으로 화산모양을 만들고, 초콜릿 시럽으로 용암이 흘러내리는 모양으로, 실제 불꽃이 튀기면서, 종업원들이 "볼케이노"라고 외치면서 가져다 주는)와 이곳은 또 다른 세계를 체험한다는 의미를 부여해서 '어드벤쳐 패

〈그림 26〉 레인포레스트카페 사인물(ⓒ www.wikipedia.org)

스포드'까지 발급해주어서 입장객들로 하여금 더욱 더 경험 속으로 빠져들게 해준다. 특히 부모와 같이 레인포레스트카페에서 식사를 하고 나오는 어린이는 식사 내내 열대우림 속 분위기에서 가끔 울려대는 동물들의 울음소리 등을 통해서 정글 속에 있는 것처럼 느끼게 된다. 그리고 식사를 마치고 나오면, 식당입구 쪽에는 그동안 보고, 들었던 동물관련 상품들(캐릭터가 그려진 티셔츠와 인형 등)이 기다리고 있어서 부모들로 하여금 그냥 나오기 어렵게 만든다.

이처럼 레인포레스트카페는 식사를 하는 패밀리레스토랑에 열대우림이라는 테마를 부여하여 이용자로 하여금 실제로 정글에 있는 듯한 환경을 조성하고, 거기에 더하여 관련 상품판매를 통하여 매출까지 올리는 그야말로 철저하게 잘 짜여진 '경험'을 판매하는 장소인 것이다. 또한 레인포레스트카페는 주로 대형쇼핑몰 중심부에 위치하여 중심부 등 길목이 좋은 점을 이용하여 쇼핑 중간에 식사를 하거나 음료수를 마시기 위해 매장을 찾는 고객들을 활용하고 있다. 문화나 엔터테인먼트적 요소를 결합한 식문화수요가 점차 늘고 있어서 앞으로도 다양한 형태의 테마레스토랑들이 늘어날 것으로 보인다.

(2) 병원/ 화장실/ 교도소 테마식당[44)]

'대만'에 가면, 화장실을 전면으로 내세운 화장실 테마식당 마톤The Marton이 있다. 이 식당은 테이블과 의자 및 밥그릇까지도 화장실용품 형태로 만들었다. 전혀 어울리지 않는 음식과 화장실의 조합임에도 불구하고, 의외로 손님이 많아 국내에도 지속적으로 보도되고 있다. 특히 이런 부조화 속의 조화는 그야말로 의외성을 주는 창의성 있는 아이디어로 볼 수 있을 것이다.

주변에 있는 많은 분들이 병원에서 나오는 음식에 대해 꺼려한다. 그러나 대만에는 병원과 식당이 조합을 이룬 '병원 테마식당' 디 에스 뮤직D. S. Music도 있다. 마찬가

44) 서구원, 체험마케팅시리즈, 테마식당(http//blog.daum.net/sfeelbug/8609703), World's 10 Weirdest Theme Restaurants

〈그림 27〉 교도소식당 The Jail의 모습 (© www.asianoffbeat.com)

지로 자연스런 조화라고 할 수는 없는 조합이다. 이곳을 다녀오면, 병원밥맛이 좋아질까? 라는 생각을 해본다. 이 병원 테마식당의 경우, 물은 병원에서 환자에게 사용하는 링거병에 들어 있고, 서빙은 병원의 간호사 복장을 한 종업원이 해주고 있다.

위의 〈사진 27〉은 마찬가지로 '대만'에 있는 교도소식당 The Jail이다. 식당 외관과 간판만 봐도, 죄수대접을 받으면서 식사를 해야 한다는 점에서 조화스럽지 않지만, 이 식당 역시 교도소를 체험한다는 점에서 손님들이 모이고 있다. 마케팅전문가인 「서구원」교수는 이에 대해 "체험마케팅에서 제품매장은 단순히 상품을 전시하거나 상품의 물리적 특징을 확인하는 장소가 아니라, 일상생활에서의 재미를 느끼고 즐기는 장소가 되어야 함"을 강조하였다. 즉, 식당은 단순히 음식을 먹는 또는 배고픔을 채우는 장소가 아니라 즐거움을 제공하는 장소가 되고 있다는 것이다.

(3) 쿵푸도장/ 공산당 테마식당 사례

또한, '중국'에는 〈그림 28〉처럼 전통무술인 쿵푸도장을 테마로 한 식당이 있다. 이 곳에서는 손님들이 쿵푸도장에 들어가서 쿵푸도장 분위기 속에서 식사를 하는 체험을 할 수 있다.

'홍콩'에는 〈그림 29〉처럼 인민공사라는 공산당 테마의 식당이 있어서 공산당 시절을 그리워하거나, 공산당을 체험하고픈 고객들이 이를 이용하고 있다.

〈그림 28〉 쿵푸 테마식당 모습 (© www.whatsonxiamen.com)

(4) 유명인/ 전쟁 테마 식당

유명인을 전면으로 내세워서 그와 관련된 상품을 중심으로 내부를 꾸미고, 상품화하여 이를 테마화한 식당이나 카페들도 있다. 예를 들어 비틀스카페나 엘비스 프레슬리 카페 등 유명한 가수들이나 배우를 컨셉화해서 운영하는 경우를 말한다. 싱가포르에는 중국의 정치가인 마오쩌뚱을 테마로 한 마오의 집Mao House이라는 테마식당이 있는데, 여기에서는 평소에 마오쩌뚱이 즐겨 먹었던 오리고기 등을 주 메뉴로 제공하고 있다. 그래서 여기는 마오쩌뚱 시대에 대한 향수가 있는 소비자들이 애용하는 것으로 알려졌다. 이는 단순 외관만 따르는 데서 벗어나 메뉴라는 'S/W' 조차 반영한 사례라 할 수 있다. 이와 비슷한 맥락으로 인도 뭄바이에는 히틀러를 테마로 한 식당이 있다.

〈그림 29〉 공산당 테마식당인 '인민공사' 식당의 모습(© www.potatomato.com

〈그림 30〉 레바논에 있는 전쟁테마식당의 전면모습(ⓒ www.strangeasianews.com)

'내전' 이 잦았던 중동의 레바논에서는 '레바논' 하면 전쟁이 떠오를 정도로 오랫동안 전시상태가 이어지는 나라의 상황을 반영해서 전쟁테마식당이 있다. 〈그림 30〉을 보면, 이 곳은 식당이 아니라 전쟁중에 있는 상황처럼 느껴진다. 실제로 식당 전면에는 전쟁중에 쓰는 진지처럼 모래주머니를 쌓아 놓았으며, 식당의 제목은 Buns 와 Guns(빵과 총)를 점포명으로 사용하고 있다. 음식으로 '테러리스트 빵' 등을 제공하고 있다.

(5) 지역의 토종 동식물 테마 식당

국내에도 다양한 테마식당 사례들이 있다. 보통 전국의 지방을 다니다 보면, 특히 각 지자체만의 특산물을 전면에 내세우는 방식으로 도입되는 경우가 많다. 즉, 배나 사과 등 과일 모양의 건물을 짓거나 동물모양을 전면에 내세우는 테마식당들이 많

〈그림 31〉 어름치카페 전경(ⓒwww.ariaritour.com)

이 들어서고 있다. 대표적인 곳이 '강원도 정선'에 있는 물고기 모양을 한 어름치카페와 곤충모양으로 건물을 지은 여치카페이다. 이 곳은 주로 레일바이크를 타러 가면, 만날 수 있는 곳으로 어름치 카페는 산골의 1급수의 깨끗한 물에서만 서식하는 물고기인 어름치를 내세운 카페이다.

아래 〈사진 32〉는 어름치카페와 나란히 있는 여치카페이다. 기차로 만들었으며, 아래층은 암컷, 위층은 수컷을 형상화했다고 한다. 이와 같이 건물의 모양을 통해서 테마를 확실하게 전달하는 것은 가장 우선적으로 사용되는 건물가치 올리기의 한 방편인 것이다.

〈그림 32〉 여치카페의 모습 (ⓒ www.ariaritour.com)

이외에도 우리 주변에는 테마카페의 원조격인 다양한 "북카페" 외에도 캐릭터를 전면에 내세운 찰리브라운 카페나 헬로키티 카페, 기타 주제별 테마인 "웰빙테마카페", "갤러리카페", "애견카페" 등 다양한 카페나 식당들이 테마를 내세워 정체성을 확립하고 있다. 즉, 테마를 전면으로 내세워 이용자들로 하여금 친숙하게 접근하게 하거나, 또는 해당 테마의 매니아층들을 끌어들일 수 있어서 자주 활용되고 있는 방법인 것이다.

(6) 건축물로서의 카페

아래 건물모습은 어떤가? 이 곳은 영국의 웨스트 서섹스West Sussex, '리틀햄튼 Littlehampton'에 있는 이스트비치카페www.eastbeachcafe.co.uk이다. 해변가에 독특한 모습으로 자리잡아 멀리서 보면, 자연스런 바위같은 모습으로 들어서 있다. 이 곳의 외형은 해변의 파도와 모래언덕을 떠오르게 만들며, 파도에 떠밀려온 덩치 크 나무조각이 해변

〈그림 33〉 eastbeachcafe 외관(ⓒ www.eastbeachcafe.co.uk)

가에 누워 있는 모습이다. 지나는 누구나 관심을 가지고 기웃거릴 수밖에 없다. 그리고 안으로 들어오게 된다. 즉, 독특한 건물 모습 하나로 '랜드마크화' 되어 사람들을 끌어들이고, 내부에 들어오게 해서 결국은 카페를 이용하게 하고 있는 것이다. 그 결과 카페는 영업이 이루어지고, 건물주는 값비싼 건축물의 비용을 충당하고도 남을 부동산 가치 향상과 수익을 올릴 수 있게 된다.

외관 자재는 위치가 바닷가라는 점으로 소금에 대한 저항과 풍화작용에 대비한 재료를 사용하였고, 지역환경에 잘 적응할 수 있도록 선박의 선체와 유사하게 꾸며져 있다. 연면적은 280m^{2}이고, 그 규모는 길이 40m * 높이 5m * 폭 7m이다. 좌석은 실내에 55석, 실외 90석으로 2007년 7월 헤더윅 스튜디오Heatherwick Studio에서 설계한 건물이다. 건물 외관에서 느끼는 바 그대로 이 카페는 20개국 이상의 디자인, 건축, 엔지니어 분야 어워드에서 수상한 작품으로 이미 건물가치를 넘어 '리틀햄튼' 지역의 아이콘이자 랜드마크로 자리 잡은 것으로 알려져 있다.

2) 스포츠멀티숍 - 스포츠가 문화가 되는 공간

(1) 인터스포츠

2010년 9월 3일 국내 최대 규모의 스포츠 멀티숍인 스포츠 유통 전문 브랜드인 인터스포츠가 '구로'에 문을 열었다. 스포츠 멀티숍인 인터스포츠는 유럽 인터스포츠의 성공 노하우와 국내 소비자의 니즈를 혼합한 신개념 유통 매장이다. 이곳의 특징은 점포 내부에 스포츠 체험장이 있어서 다양한 스포츠를 직접 경험해 볼 수 있다는 점이다. 인터스포츠의 플래그십 스토어인 구로점은 국내 스포츠 멀티숍 매장 중 최대 규모(2개층, 1,500평)이자, 전 세계 인터스포츠 매장 중에서도 10위권 규모로 꼽힐 만한 규모라고 한다. 여기에는 야구, 농구, 축구, 배구 등 팀 스포츠 제품을 비롯해 휠스포츠, 수영, 아웃도어, 캠핑, 낚시 등 25개 존ZONE 총 200여 개 이상의 다양한 브랜드와 약 1만 여 종, 20만 점의 제품이 초보자에서 전문가 수준에 이르기까지 총망라해 구성되어 있다. 스포츠 전문 쇼핑 공간답게 인터스포츠 구로점은 매장 곳곳에서 제품을 만져보고 다뤄볼 수 있는 총 5개의 체험존이 구비되어 있다. 점포의 특성으로 인해 특히 서울디지털단지 내의 젊은 청년층과 근처의 아울렛을 방문하는 고객들에게 인기를 끌고 있다. 예를 들어, 야구(야구 피칭머신으로 시속 160km의 속도를 경험할 수 있음), 요가, 탁구, 암벽클라이밍, 위Wii게임존 등의 실제 체험을 통해 제품들을 비교 후 구매할 수 있다. 또한 대표적인 서비스 중 하나인 스포츠선수 출신 전문 컨설턴트의 수준 높은 1:1 고객 상담은, 선수출신 컨설턴트가 선수 생활의 경험을 바탕으로 개별 고객에게 가장 적합한 운동법 및 정확한 용품 사용법을 제공하고 있다고 한다. 고객의 능력에 알맞은 가격 및 등급의 제품을 제안한다는 것은 단순한 제품 컨설팅에서 벗어나 스포츠 문화 커뮤니티로서의 역할을 제공한다.

인터스포츠 구로점는 1968년 프랑스, 독일, 스위스 등 10개국의 스포츠용품 유통업체 협의회들이 협력하여 서유럽 전역에 652개의 가맹점을 거느리고 출발하였다. '세상 모든 사람들이 스포츠를 통해 최고의 즐거움을 경험할 수 있는 곳'을 원칙으로 유럽, 미국 등은 물론 전 세계 37개국 5천 2백 여 개의 매장을 가진 세계 최대 규모의 스포츠 멀티숍이 되었다. 스포츠, 레저, 아웃도어 등의 의류 용품에서부터 헬스기구, 캠핑, 수상스키, 보드, 자전거 등 모든 스포츠 영역의 제품을 보유하고 있으며 2008년 한해 매출만 약 89억 유로약16조원에 이른다.

이처럼 인터스포츠는 스포츠가 주는 건강한 즐거움이라는 경험을 통해 전 연령대가 즐길 수 있는 다양한 스포츠 용품을 구비하여, 결국은 가족 및 동호회 단위 고객 방문이 잦아져서 뛰어난 집객 효과를 보이고 있다. 또한, 스포츠에 관한 모든 제품을 한 눈에 볼 수 있어서 해외 관광객들의 방문도 잦아지고 있다고 한다. 이 같은 '경험'을 통한 '집객'은 앞에서 언급했듯이 결국은 부동산의 가치를 올린다는 측면에서 볼 때, 실제로 최근 대형 건물주들로부터의 '인터스포츠 유치' 러브콜은 이 같은 지역상권 활성화의 기대를 반영한다고 할 수 있다.

인터스포츠 구로점〈그림 34〉[45] 에서는 차별화된 제품이나 브랜드를 찾는 소비자

〈그림 34〉 인터스포츠 구로의 내외부 모습

들을 위해 이탈리아 테니스웨어 전문 브랜드인 '세르지오 타키니'와 전 세계 럭비 관련용품 시장점유율 1위인 뉴질랜드의 '켄터베리', 스노우보드 전문 브랜드인 '버튼' 등 전문성이 강화된 희귀 브랜드를 단계적으로 입점시킬 계획으로 이를 통해 특별한 상품을 찾는 '마니아층'의 형성이 가능하다고 한다.

이와 같이 인터스포츠같은 스포츠 전문 매장의 등장은 단순히 스포츠 유통 전문 매장을 넘어 다양한 카테고리별 제품군과 스포츠 선수 출신의 전문 컨설팅, 누구나 함께 즐길 수 있는 스포츠 체험존을 갖춰 국내 시장에 아직 시도된 적 없는 스포츠 레저 문화를 선도하고 있는 새로운 형태의 멀티숍으로서 타 업종에서도 다양한 형태로 도입될 수 있는 형태라 할 수 있다. 그리고 이같은 매장의 입점으로 주변의 타매장들도 방문자가 늘게되어 결국은 부동산의 가치 향상에도 도움을 줄 수 있는 것이다.

45) 실제 오픈을 기념해 다채롭고 풍성한 이벤트를 진행되었다. 신진식(배구 리시브 대결), 하승진(농구 자유투 대결), 이형택(테니스 wii 게임대결) 등의 '해당 종목별로 대표적인 스포츠 스타들과 함께하는 아름다운 도전' 과 유남규(탁구), 김재박(야구), 손정준(클라이밍)이 제안하는 '원 포인트 클리닉' 이 진행되었다고 한다.

(2) 뉴욕 나이키 타운 - 체험의 장이 문화가 되는 공간

나이키의 가장 큰 특징은 매장환경을 통한 입체적 마케팅을 실시하였다는 점[46] 이다. 즉, 매장을 거대한 체험의 장으로 만들어 '즐거운' 공간을 경험하게 하고, '첨단'의 이미지를 인식하며, '매력적인' 나이키를 구매하게 한다는 것이다. 이를 위해 나이키는 마을 의미의 '타운'을 사용하고 있다. 그리하여 매장을 마을처럼 구성한 것이다. 종목별로 코너를 만들어 별도의 개체로 구성하고, 이들끼리는 골목으로 연결되고, 그 중심에는 이벤트나 시각적 이미지를 전달하는 장소인 광장이 놓여 있다. 고객은 나이키타운에 들어서면, 나이키타운의 주민이 되어 나이키라는 공동의 이미지를 갖게 되는 것이다.

뉴욕의 나이키타운〈그림 35, 36〉은 1960년대의 학교체육관을 기본개념으로 하여 매장이 구성되어있다. 매장의 외관은 반아치형의 단순하고 강한 기하학적인 이미지를 보여주지만, 외관의 디테일은 고전적인 분위기를 가지고 있다. 단일 스포츠브랜드 중 최대의 크기를 자랑하는 나이키타운은 명품 쇼핑의 천국 뉴욕 5번가에 위치하고 있다. 총 5층 규모로써 1층은 축구, 2층은 농구, 3층은 러닝, 4층은 여성, 5층은 자신이 직접 신발 디자인을 할 수 있는 아이디서비스센터가 위치하고 있다. 매번 새로운 이벤트가 있을 때마다 그것에 맞춰 내부디자인을 단장한다. 내부 천정에는 운동화를 가득 매달아 놓는 등 고객들로 하여금 체험 속에서 물건을 사갈 수 있도록 동기부여를 꾸준히 해주고 있다. 이처럼 독특한 '내부꾸미기'만으로 방문자들은 사진 찍기에 바쁘게 된다. 월드컵시즌에는 건물의 전면을 축구스타들로 채운 대형광고가 이어지며, 나이키타운에서는 오직 뉴욕 나이키타운에서만 구할 수 있는 희귀한 상품들이 많다는 점이 마니아층을 형성케 한다.

농구를 위한 공간인 2층에는 유명 농구선수의 전면광고와 실물크기 인형이 있는데, 인형에는 실물과 똑같은 문신까지 새겨 넣어져 있다. 러닝용품, 여성용품이 주로 전시된 3-4층에는 우리나라와 달리 다양한 여성제품들이 자리 잡고 있다. 최근에는

46) 스페이스마케팅, 홍성용, 삼성경제연구소, pp.80~81.

〈그림 35〉 뉴욕 5번가에 위치한 나이키 타운의 전면 모습

자신의 러닝데이터를 MP3에 기록할 수 있는 최첨단 기능을 탑재한 나이키플러스 제품도 있다. 5층은 원하는 디자인과 색깔을 골라서 신발을 주문할 수 있는 나이키아이디서비스 센터가 있다. 한정된 모델 중 원하는 색을 선택할 수 있다. 가격도 일반 신발의 두 배 가량이고 기간도 3주 이상이 걸리지만, 세계에서 오직 나만이 가진 신발을 신을 수 있다는 기쁨 때문에 꾸준히 수요가 있다고 한다. 결국 나이키타운은 나이키의 문화와 가치가 결집된 초대형 나이키 메가숍을 통해서 고객은 경험과 좋아하는 상품, 선수들에 대한 설레이는 마음을 가지고 같은 장소에 있는 다른 손님들과 동료애를 가지면서 쇼핑에 참여하게 된다.

〈그림 36〉 뉴욕 5번가에 위치한 나이키 타운의 매장 모습

3) 의류점 - 꼼데 가르송 인 뉴욕 첼시

독자 여러분은 아래의〈그림 37〉이 어떤 가게일 것 같은가? 일단, 주변이 결코 깨끗하다고 할 수 없다. 입구 주변에는 낙서가 되어 있고, 무슨 가게인지를 알기가 어렵다.

〈그림 37〉 첼시의 꼼데가르송 매장 전경

그러나 이 점포는 보이는 입구를 들어서면, 전혀 다른 세계가 펼쳐진다. 바로 이곳은 뉴욕의 첼시지구에 있는 꼼데가르송 매장의 입구이다. 이곳의 주변지역은 과거 뉴욕의 대표적 도축장 지역으로, 현재도 일부 도축장이 남아 있는 지역이다. 어느 누구도 도축장과 주차장이 밀집되어 있는 곳에 이런 패션스토어가 있으리라고는 상상을 못할 것[47] 이다. 더욱이 이 상점은 간판도 없어서 상점의 존재 자체를 은폐하고 있는 것이다. 따라서 이 점포를 아는 사람만이 드나드는 것이다.

보이는 구멍 속으로 들어가서, 벽면이 금속으로 마감된 길을 지나가면 유리문에 다다르게 된다. 그리고 그 안을 들어서면, 점포 안으로 들어서게 되는 것이다. 안쪽에도 마찬가지로 금속처리된 벽면으로 이루어져 점포 안에 들어와 있는지에 대해서 인식이 쉽지 않게 되어 있다. 물론 들어가는 방법, 내부 구성, 점포 이용 등에도 많은 기법을 사용하여 기대감을 높이는 많은 방법을 사용하고 있지만, 결국 뉴욕의 꼼데가르송 점포는 입구 하나만으로도 점포의 존재감을 확실히 각인시키고, 점포를 알리지 않는 위장전술과 금속벽면 처리 등으로 구성 자체를 미래지향적으로 했다는 점이다. 과거의 건물을 그대로 둔 상태에서 내부 인테리어를 매력적으로 구성함으로써, 과거라는 시간과 현재의 이미지를 동시에 전달하고 있는 점포이다.

4) 소매업체

(1) 윌리엄즈 소노마[48] - 체험과 럭셔리문화를 파는 공간

윌리엄즈 소노마는 주방과 식사에 관련된 모든 것을 파는 전문 소매업체이다. 1956년 캘리포니아의 '소노마'라는 곳에서 처음 문을 열었으며, 현재 미국 42개 주와 캐나다에 500개 매장을 운영하는 대기업으로 성장했다. "윌리엄즈 소노마" 사는 윌리엄즈 소노마 외에, 고급 가구로 잘 알려진 포트리반Pottry Barn, 포트리반 키즈Pottry Barn Kids 등 5개의 사업을 운영하고 있다. 윌리엄즈 소노마는 지속적인 성장을 이루고 있는데, 특히 윌리엄즈 소노마가 대중적이지 않은 콘셉트를 지향한다는 점을 고려해볼 때 지속적인 성장 이면을 살펴볼 필요가 있다.

윌리엄즈 소노마는 미국시장의 일반적인 브랜드가 아니다. 최초의 등장부터 중

47) 크리스티안 미쿤다 지음, 최기철·박성신 공역, 제3의 공간, 미래의 창, pp.229~230.
48) 진병호 · 강지혜, "럭셔리 문화와 체험을 판다", 2004/10/09, http://blog.naver.com/patito/200063906

산층 이상의 새로운 '럭셔리'를 추구하는 소비자, 자신만의 주방과 식사를 고급스러운 문화로 창조하고자 하는 소비자가 주류 고객이었다. 창업자인 처크 윌리엄즈Chuck Williams는 프랑스 여행에서 가지고 온 전통적인 프랑스 주방 기구인 오트밀 팬과 수플레 그릇 등을 처음 선보였다. 미국에서는 전혀 찾아볼 수 없는 디자인과 색감이었을 것이다. 이러한 흐름은 현재도 마찬가지여서, 프랑스산 냄비 세트나 식기, 올리브 오일, 로마산 물병, 북이탈리아 수제 치즈, 영국 디자인의 토스터 등 유럽산 고급 제품들이 대표적인 상품으로 자리 잡고 있다. 이것이 인기 비결이기도 하다. 역사와 고풍스런 문화에 갈증을 느끼고 있는 미국 소비자들이 가격대가 비싸지만 프랑스의 멋스럽고 고급스러운 문화에 바탕을 둔 상품에 끌리는 건 당연한 이치이기 때문이다.

'샌프란시스코'에 위치한 윌리엄즈 소노마의 본점〈그림 38〉은 대저택 같은 이미지를 가지고 있다. 주문 제작한 금빛 장식의 창으로부터 시작해 4층까지 모두 중앙 부위 천정을 제거해 자연광이 전 매장 내부를 가득 차게 배치했다. 이처럼 대저택 같은 상점 이미지 아이디어는 프랑스의 갤러리에서 따왔다고 한다. 각 주방기구들이 천정에서 비춰지는 자연광으로 인해 자연스럽게 빛이 나는 효과도 준다. 매장 1층에 들어서면, 1700년대 요리책에서 뽑은 '레시피'가 진열돼 있고, 그 옆으로는 초기 설립자가 여행에서 가져온 주방기구들이 전시돼 있다. 이는 매장을 통해서 역사를 느낄 수 있도록 하는 VMDVisual Merchandising Display전략의 일환이다. 매장을 방문한 고객을 대저택의 주인으로 느끼게 하는 정교한 장치이기도 하다. 매장 4층에서는 누구나 윌리엄즈 소노마의 제품들을 이용해 직접 요리를 할 수 있다. 프랑스산 올리브 오일과 신선한 빵을 시식해볼 수도 있고, 에스프레소 커피도 손수 만들어 먹을 수 있다. 매장을 방문한 사람들이 음식도 만들어 먹고, 커피도 한 잔 마시면서, 담소도 나눌 수 있도록 커피 바가 마련돼 있다. 아예 요리 강좌 시간도 마련돼 있다. 회사의 도움을 받아 소노마의 제품을 체험해볼 수도 있다. 또한, 주방제품 유통업체이면서도 독특하게 1992년부터 100권이 넘는 요리책을 발간했다. 여기에는 일반적인 식사를 위한 요리책도 있지만, 할로윈데이나 추수감사절 등 특별한 날을 위한 요리책들도 있다. 요리관련 회사답게

〈그림 38〉 Williams Sonoma 샌프란시스코 매장모습(ⓒ http://commons.wikipedia.org)

발행되는 요리책 중 프랑스식, 이탈리아식 요리책이 베스트셀러이다. 또한 정기적인 잡지도 발간되어서 고객이 점포에서 책읽기 삼매경에 빠지기도 한다.[49] 요리책의 기본적인 종류도 다양하지만, 소비자의 현재 입맛에 맞는 레시피를 제공하기 위해서 같은 테마의 요리책을 계속 업데이트시키고 있다. 뿐만 아니라 웹사이트에서도 고스란히 윌리엄즈 소노마가 제공하는 모든 서비스를 그대로 이용할 수 있다. 요리책에서 제공하는 것처럼, 요리를 할 때 필요한 재료뿐만 아니라 요리 기구 · 테이블 세팅 등도 같이 보여준다. 물론 윌리엄즈 소노마에서 판매하는 제품들이다.

카탈로그, 온 · 오프라인 매장을 동시 운영하는 윌리엄즈 소노마는 소비자에게 다양한 체험을 제공해 준다. 고급스러운 이미지만 보여주는 게 아니라 소비자의 생활과 매일 이어지는 식사에 연결될 수 있도록 체험을 팔고 있는 것이다. 즉, 럭셔리문화와 체험을 판다. 이를 통해 자연스럽게 제품의 판매율이 높아지는 건 당연한 이치다.

49) 김민주, 마케팅상상력, 리더스북, 2006. p.254.

5) 쇼핑센터

많은 부동산상품 중에 다양한 문화시설과 문화컨셉 도입이 이루어지고 있는 대표적인 분야가 쇼핑센터이다. 이 점은 여러 가지 사례가 있으나 지면관계상 아래의 사례에 한정지어 살펴보고자 한다. 각 그림을 보면, 알 수 있지만, 한국과 일본, 그리고 영국에 비슷한 형태의 쇼핑몰이 있어 눈길을 끈다. 그것은 서울의 인사동에 있는 쌈지길과 영국의 코벤트가든에 있는 킹리코트, 그리고 일본 동경의 오모테산도 힐즈이다. 규모면에서는 차이가 나고 있으나, 세 가지 사례 모두 중정형으로 가운데가 뚫어져 있어, 위나 아래에서 쇼핑센터 내를 모두 볼 수 있다는 공통점이 있다. 개별적으로는 인사동 쌈지길과 킹리코트는 지붕이 없는 실외형이자 쇼핑센터 단일시설이며, 오모테산도 힐즈는 천정에 조명기구가 설치되어 있는 실내형 쇼핑센터로 주거시설과 같이 있는 복합시설이다. 반면, 오모테산도 힐즈와 쌈지길은 1층에서 점포를 따라 가면, 최상층까지 자연스럽게 도달하도록 동선이 꾸며져 있다.

(1) 오모테산도 힐즈[50)]

오모테산도 힐즈는 사업적으로는 일본 메이지신궁 앞의 제 1종 시가지재개발 사업이다. 주택과 점포가 공존하는 공간 창조를 목표로 모리빌딩을 포함한 도준카이 아오야마 아파트 지권자로 구성된 시가지 재개발 조합에 의해 2006년 초에 완공된 재개발 사업이다. 일본 유행의 최첨단인 아오야마거리에 어울리지 않던 도쥰카이 아오야마아파트가 1927년 지어진 이래 80년을 맞아 재개발되어 오모테산도 힐즈가 2006년 1월 11일 탄생한 것이다. 오모테산도 힐즈는 롯뽕기힐즈와 마찬가지로 시행을 모리그룹에서 맡았으며, 일본의 세계적 건축가 「안도 타다오」가 설계를 맡았다. 과거 아오야마아파트의 분위기를 그대로 재현하면서 과거 아파트의 높이와 동일하게 설계되었다는 특징을 지니고 있다.

50) 하권찬(2009), 산업용부동산개발론, 다산출판사.

오모테산도 힐즈가 들어서기 전에는 간토關東대지진 때 재난을 겪은 이재민에게 주택을 공급하기 위해 1927년 세운 '도준카이同潤會 아오야마 아파트'가 있었다. 아오야마 아파트는 위의 주거 공간과 저층부에 들어선 부티크 · 뮤지엄 · 액세서리가게 · 디자인회사 등으로 지역의 명소로 자리잡고 있다. '아오야마 거리'는 서울의 청담동 같은 명품 거리의 성격을 띠는 곳으로 아오야마 아파트는 도시 현대화의 역사를 보여주고 있었던 것이다. 그러나 아파트가 재건축할 상황을 맞이해 대규모 재개발 프로젝트가 진행된다.

2,000여 평의 대지에 오모테산도 길을 따라 길게 뻗은 이 건물은 지상 6층으로 그리 높지 않은 건축 입면 모양을 띠고 있다. 이는 기존 아파트 높이를 고려하고, 인근 가로의 맥락을 잇기 위한 시도로 볼 수 있다. 지하 6층의 공간은 지상에서 부족한 상

〈그림 39〉 오모테산도 힐즈의 내부모습

업 공간을 연장하기 위한 것으로 지하 3층부터 지상 6층까지 중앙을 비워두고, 나선형의 램프로 건물을 감싼 것은 이 공간의 키워드다. 그리고 입점 숍들은 기존 아오야마 아파트처럼 패션 문화 예술 관련 가게들이어서 역시 역사적 맥락을 잇고 있는 것이다. 시설 구성은 복합용도시설로, 지상 3층에서 지하 3층까지의 6층에 걸쳐 연결되는 상업 시설과 동쪽동 · 서쪽동의 각각 상부 2층(일부 3층)에 배치한 거주 시설로 구성되어 있다. 270m에 걸쳐 있는 느티나무 가로수 길을 배려하여, 오모테산도 힐즈의 높이는 23.3m인 느티나무 가로수 높이와 동일한 높이로 지어진 환경친화적인 건축물이다. 세계적인 건축가 「안도 타다오」가 직접 설계, 내부동선 따라 지하층에서 지상층까지 한번에 연결되는 사선형 구조, 계단, 엘리베이터, 에스칼레이터 및 사선형 비탈길 등 4개방식으로 이동이 가능하다. 내부에는 명품, 고가품 위주의 Shop이 입점해 있어 고급스러운 이미지를 창출하며, 고급스러운 이미지에 어울리는 완벽한 음향시스템과 조명시스템을 활용하고 있다.

오모테산도 힐즈의 개관은 주변의 '아오야마거리'가 '하라주쿠'와 명품 거리를 연결하는 촉매제로서 일본인만이 아닌 전 세계의 많은 관광객들이 들리는 쇼핑거리를 완성했다는 점에서 의의를 찾을 수 있을 것이다.

(2) 킹리코트

영국 '런던'의 코벤트가든 내에 있는 킹리코트Kingly Court는 〈그림 40〉에서 보듯이 실내인 오모테산도 힐즈와는 다르게 오픈되어 중정형으로 지어진 아기자기한 상가시설이다. 그림처럼 한 눈에 점포들이 들어오기 때문에 상대적으로 편한 마음으로 점포를 고르고, 다음 방문할 곳을 파악할 수 있다. 바로 그런 점이 쇼핑하기에 유리하게 작용하는 것이다.

영국 런던의 Carnaby Street에 있는 킹리코트는 재미있는 패션샵들이 밀집해 있는 작고 이쁜 쇼핑몰로 보면 된다. '카나비 스트리트'는 약 150미터의 짧고 좁은 거리지만, 1960년대 세계 패션계에 혁명을 불러일으켰던 곳으로서, 현재도 글로벌 브랜드

〈그림 40〉 영국 런던 kingly court

매장과 빈티지 숍들이 가득한 지역이다. 이 중 주목받고 있는 곳이 킹리코트이다.

매니아들이 많은 곳으로 카페와 요가 센터, 빈티지 멀티숍 등이 안마당이 있는 3층 건물에 오밀조밀하게 들어차 있다. 이미지로 보면, 마치 1960년대의 거리를 21세기다운 세련된 모습으로 바꾼 모습이 들어찬 곳으로 느껴진다.

킹리코트는 얼핏보면, 인사동의 쌈지길과 비슷해 보이나 쌈지길처럼 걷다보면, 꼭대기 층까지 연결되는 동선이 아니다. 각 층별로 동선이 분리되어 있어 계단을 통해서 올라갈 수 있다. 반면, 중정부분인 1층은 쌈지길처럼 노천카페나 키오스크 등이 있어 항상 사람들로 붐비고 있다. 트랜디한 커피와 디자이너샵, 빈티지 가게들이 모여 있어 쇼핑객들이 이곳에서 시간을 보내고 있다.

(3) 쌈지길

① 쌈지길의 탄생

'인사동'의 쌈지길은 '패션회사 쌈지'의 문화 중심 기업 철학과 인사동의 특성을 간직한 길이 만나 탄생했다. 건축가 「최문규」 씨와 미국 건축가 「가브리엘 크로이즈」가 공동 설계한 이 곳은 인사동 전통이 스며 있는 길의 의미를 연장시킨 재개발 건축이다. 쌈지길은 전통과 '인사동'의 맥락이 반영돼 있다. 재개발로 인해 철거될 위기에 처한 기존 가게들을 복합문화공간인 쌈지길에 입점시킴으로써 거리를 더욱 풍요롭게 했다. 연면적 1300여 평에 지상 4층 높이의 쌈지길에는 전통에 대한 새로운 해석과 문화 운동이 일고 있다. 젊은 세대에게는 전통에 대한 새로운 인식을 심어주는 공간인 것이다. 쌈지길은 '인사동'의 작은 골목길들을 나선형으로 연결해 쌓아올린, 층개념이 아닌 길과 길이 이어진 수직적 골목길의 개성있는 건물이다. '인사동'이라는 지역성을 반영한 공예 골목길로서 판매+식음의 시설이 들어간 시설이다. 최소 3평에서 그 이상의 가변적 공간의 작가공방과 문화상품의 직영매장으로 작업의도를 최대한 강조할 수 있는 작가별, 분야별 단독매장 형태로 구성되어 있다. 성격으로는 공예나 디자인, 전승문화의 종합문화컨텐츠 사업으로 볼 수 있는 것이다.

점포운영은 직매장(30%)은 기획테마샵과 공예전시장으로 문화강좌나 이벤트 및 각종 편의시설로 운영하고, 수수료매장(40%)은 공방 및 문화상품업체로, 그리고 임대매장(30%)는 고미술품, 화랑 및 식음료 관련 업종으로 이루어진다. 그리고 입점시 사전에 매장별 상품기획에 대해 철저한 협의를 거쳐 진행하고 있다.

②쌈지길의 의의

쌈지길은 지역의 특색을 반영하는 사례로써 국내에서는 드물게 저층·저밀도로 개발되고 경사로 구조를 사용하고, 중앙부의 오픈스페이스를 배치하여 시각적 개방감과 경사로를 통한 내부동선의 위계성과 명료성을 높인 공간구조를 가지고 있다. 개

〈그림 41〉 쌈지길 모습(ⓒ www.ssamzigil.co.kr)

성있는 건축형태로 인하여 지역의 랜드마크로 자리매김하였으며 집객인원이 많은 편이다. 하지만, 업종측면에서는 문화상품 및 디자인, 공방 물품위주로 구성되었으나 키테넌트가 없으며, 실제로 구매발생이 미비한 업태 구성의 문제점을 가지고 있는 사례이다.

그렇지만 아담한 '인사동'길 전면에 큰 건물이 들어선다는 부담감과 상업건물을 어떻게 문화적으로 활성화시킬 수 있는지에 대한 과제를 '길로 만든 건축'이라는 개념을 통해 성공적인 복합상업문화공간으로 창조한 사례로서 의미가 있는 상업공간이다. 전면의 길은 중정을 통해 천천히 2층의 마당으로 연결되고 여기서부터 옥상에 이르기까지 완만한 경사를 가진 길을 따라 가게를 보고 중정을 보고 또 밖으로 나가 인사동 길을 보면서 산책할 수 있게 계획되었다. 또한, 쌈지길은 '인사동'길에 면해 있던

'열두 가게'를 그대로 유지함으로써 '인사동'길의 성격을 살리는 동시에, 건물 내부에 마당과 오름길을 통해 '인사동'의 성격을 살림으로써, 창의적 재해석과 전통의 진화를 성공적으로 해석해냈다.

결국, 쌈지길은 쌈지라는 패션업체에서 문화의 창조라는 차원에서 수수료매장을 40%까지 확대운영하는 새로운 방식의 상업시설로 도입되었다는 의의를 찾을 수 있다. 즉, 건축주는 매장을 제공하고, 건물관리와 공동마케팅을 실시하고, 입점자 입장에서는 초기비용을 줄일 수 있고, 자기만의 개성있는 매장을 꾸밀 수가 있으며, 거기에 따라 상품개발에 전념할 수 있다는 점에서 향후 국내 상업시설의 기획에 시사점을 던지고 있다.

6) 문화복합시설 사례

(1) 플래툰 쿤스트할레

서울 '강남'의 도산대로변의 뒷 길에 가면 이상한 건물이 눈에 띈다. 콘테이너로 구성된 건물, 전면에는 그림이 걸려 있고 안에는 사람들이 다니는 곳…

① 쿤스트할레 서울www.kunsthalle.com

컨테이너건물이 인상적인 '논현동'의 플래툰 쿤스트할레〈그림 42, 43〉. 스타일을 아는 셀러브리티라면 한번쯤은 다녀갔던 곳으로 꼽힌다. 쿤스트할레는 대로변에 있지 않고도 건물자체만으로도 가치를 창출했다는 의미가 있다. 이곳은 28개의 컨테이너박스로 완성된 건물로 독일의 아트커뮤니케이션 그룹 플래툰[51] platoon의 베를린에 이은 두 번째 사무실 겸 복합문화공간이다. 여기에서는 박스형태의 공간의 배치, 각종

51) 2000년 독일 베를린에 유럽본부를 설립하고 활동하는 아트 커뮤니케이션 그룹으로, 전세계 3,500여 각기 다른 분야의 전문가들과 커뮤니티와 네트워크를 형성하여 다양한 문화 활동을 전개하고 있다. 쿤스트할레의 어원은 아트홀이란 독일어의 의미지만 이 공간의 주체인 플래툰 그룹이 지향하는 철학, 다문화, 인디, 비주류란 다양성을 기반으로 복합적인 문화를 창출해 낼 수 있는 공간에 의미한다.

파티가 개최되고, 신상품(심지어 자동차까지도)의 런칭쇼가 벌어지는, 그리고 작가들의 작업 및 전시공간까지 마련되어 있는 공간이다. 평소에는 카페도 운영되어 많은 젊은 층들이 이용하는 장소이다. 또, 각종 전시와 매월 첫째주 토요일 저녁에는 벼룩시장까지 개최되는 문화창출공간으로 매우 매력적인 곳이다. 복합 문화공간을 지향하는 장소로 공간의 운영은 1층에는 바와 레스토랑이, 2층엔 아티스트들의 작업 공간과 전시공간이 마련되어 있어서 접해보지 못한 새로운 느낌을 받을 수 있는 장소이다.

〈그림 42〉 쿤스트할레의 전면 모습(ⓒ쿤스트할레 서울)

2009년 4월 11일, 서울 강남 한복판에 들어선 플래툰 쿤스트할레는 독일의 쿤스트할레 개념을 적용한 문화 공간으로, 아시아 서브컬처의 새로운 거점을 예고하고 있다. 28개의 컨테이너가 모여 새로운 형태의 건축물을 구성한 플래툰 쿤스트할레의 모습은 그 자체로 상징적인 의미를 담고 있다. 기존의 콘크리트건물과는 다른 느낌을 가진 일상품 보관과 수송에 사용되고 구조가 가변적인 선박용 컨테이너는 그 어떤 건축물보다 이동이 자유롭고 세계로 옮겨진다. 이는 기존 화이트 큐브의 고정된 미술관이 담아내지 못했던 다양한 문화를 자유롭게 소화할 수 있는 최적의 공간이 바로 이곳임을 보여주는 것이다. 플래툰 쿤스트할레에서는 전세계적으로 전개되는 흥미로운 예술적 화두가 제시되고, 비판적 메시지가 반영된다. 또 일상생활에서 쉽게 지나칠 수 있는 일들에 대해 문제의식과 논쟁적인 관계를 이끌어가는 현재의 공간인 것이다.

실제 이곳을 지나간다면 콘테이너 박스 건물이 그냥 겉보기에도 현란한 외관이라 쉽게 지나칠 수가 없는 건물이다. 구조 자체가 워낙 특이해서 2층으로 향하는 계단 쪽은 벽 자체가 개방되어 있어서 접근성을 높였다. 저녁에는 바BAR로 사용되는 카페 겸 레스토랑으로 인해 휴식공간과 앞쪽에 마련된 전시공간이 어울어져 전시장에서 음료를 마시는 기분을 느낄 수 있다. 또한, 특이한 벽면과 곳곳에 숨겨진 디스플레이들이 화려한 영상을 재생하고 있다. 쿤스트할레에는 STUDIO A,B,C,D로 구성된 4개의 쇼케이스가 있어서 매달 네명의 새로운 작가들이 새로운 작품을 전시한다. 매 달마다 바뀌는 네명의 작가들이 작품 설치를 완료하고 작품을 소개하며 방문객과 소통하는 시간도 갖는다고 한다. 이 곳은 늦은 밤이면, 자유로운 느낌의 펍과 같은 클럽분위기로 바뀐다. 그리고 이곳에서 각종 파티도 진행되며, 새로운 상품의 런칭장소로 활용되어 많은 이용객들을 확보하고 있다.

그리고 그 시선의 중심에는 '서브 컬처'[52]가 있다. '서브컬처'는 고전적 개념의 순수 예술 범주에 국한되지 않으면서도 다양한 형태로 존재하는 동시대의 창조적 표현을 포괄하는 용어로 사용된다. 이는 비록 스트리트 아트, 그래픽 디자인, 클럽문화, 음악, 비디오아트, 프로그래밍, 패션, 정치적 액티비즘, 등 순수 예술과는 다른 영역에서 활동해 온 사람들에 의해 태동되었으나, 창조적인 방식으로 각자의 환경에 관심을 가지고 그것을 새롭게 주조해 가려는 욕구를 공유하고 있다. 따라서 플래툰 쿤스트할

52) 서브컬처는 앞으로 주류적인 문화 트렌드로 부상할 가능성은 있으나 아직 제도화되지 않거나 하나의 '이즘' 혹은 경향으로 정착되지 않은 젊은 예술인 중심의 자유로운 문화를 말한다. 특정 장르에 국한되지 않고 다양한 형태로 존재하는 창조적 예술문화로서 스트리트아트, 그래픽디자인, 클럽문화, 인디뮤직, 비디오아트, 컴퓨터 프로그래밍, 전위적 패션 등에서 많이 나타나고 있다.

레에서는 이를 위해 전시 · 영화 · 상영 · 공연 · 멀티미디어 퍼포먼스 · 워크숍 등 일상 생활 속의 예술적 흐름을 선보일 프로그램을 제공하고, 만남의 장소이자 토론의 공간으로써, 또 다양한 문화 행사를 선보이고 있다. 그 일환으로 스튜디오 무상임대프로그램인 아티스트 랩ARTIST LAB이 있다. 국내 외 젊은 아티스트들에게 작업을 할 수 있는 개인 작업실을 내주고 완성된 작품은 플래툰 쿤스트할레에서 전시할 기회를 제공한다. 또한 매월 서브컬처와 스트리트 아트를 기반으로 한 신선하고 주목할 만한 4개의 전시가 열린다. 이 프로그램의 성격은 기존의 입주 작가 프로그램들과 다르다. 플래툰 쿤스트할레는 창의적이고 예술적인 컨텐츠를 다루는 동시에 상업적인 이벤트 또한 주관하기 때문이다. 플래툰 쿤스트할레는 순수한 아트 기관이 아니라 이벤트와 파티, 전시, 워크숍 또는 바로도 이용되고 있는 '플랫폼'이다. 이를 위해 Artist Lab으로

〈그림 43〉 쿤스트할레 내부의 가변적인 모습(ⓒ쿤스트할레 서울)

스튜디오(20" 컨테이너(H x W x L = 240 x 210 x 570)를 6개월 동안 지원하며, 작업 기간 동안 연속적인 지원과 협력 속에 모든 플래툰 쿤스트할레의 행사에 초청되며 플래툰 네트워크에 참여하고 아티스트 랩 기간 작업 후 개인전시의 기회를 주게 된다. 그리고 또 하나의 쿤스트할레 마니아를 만들어내는 프로그램이 "Night Fleamarket" 이다. 매월 첫째주 토요일 저녁에 벌어지는 행사로 자신의 물건을 팔려는 셀러(참가비 1만원)들과 함께 재미있는 공연, 디제잉, 쇼핑과 먹거리로 계속 이어지고 있다. 이 곳은 벼룩시장이 다양하지 못한 서울에서 점차 영향력 있는 벼룩시장으로 자리잡아 관광상품으로까지 받아들여지고 있으며, 서울에 거주하는 외국인들도 참여하는 놀이마당이 되고 있다.

② 쿤스트할레 광주 =아시아 문화마루

서울에서 성공한 쿤스트할레의 명성 아래 2010년 7월 오픈한 쿤스트할레 광주〈그림 44〉는 그 자체로 독립된 하나의 예술 프로젝트로 자리 잡았다. 참가자와 관객의 상호 반응을 이끌어내기 위한 프로젝트의 개념과 프로그램들은 예술가와 방문자, 그리고 팀 사이에서 상호 긴밀히 연결되어 있다. 이는 새로운 질문과 흥미진진한 긴장감, 그리고 영감을 느낄 수 있는 순간들을 유발한다. 이 공간의 생성과 사람들간의 상호 교감과 인식을 통해 사회적 조형물로서의 예술이 창조된다. 이 공간은 궁극적 소비만을 창출하기 위한 국제 예술가의 작품설치 공간으로서의 화이트 큐브가 아니다. 현대 삶과 국제화 사회에 대두되는 질문에 응하는 새로운 예술 전략에 의해서 문화 발전이 축적되는 공간이다. 쿤스트할레 광주는 한국, 아시아, 더 나아가 세계를 무대로 인터액션 아트를 활발하게 선보이는 작가들을 초청하고 광주와 광주 시민에 맞는 지역에 복합문화공간으로 자리잡은 것이다. 광주에서도 서울과 마찬가지로 벌어지는 것이 '벼룩시장'이다. '광주 야夜 벼룩시장'이라는 명칭으로 2011년 2월부터 매달 마지막 주 토요일에 열리고 있다. 광주 시민과 광주 작가들의 참여로 이루어지는 이 벼룩시장은 재미있는 아이템 구입과 밴드 공연, 디제잉이 함께 어우러지는 쇼핑과 파티의

〈그림 44〉 쿤스트할레 광주의 전경

시간이 되고 있다.

쿤스트할레 광주는 『아시아문화마루』라는 명칭을 가지고 있다. 콘테이너 박스로 만든 아시아문화전당의 쇼케이스 공간으로 국립아시아문화전당 추진단이 국립아시아문화전당의 선체험 공간 기능을 수행하며, 문화적 활력을 통해 아시아문화중심도시 조성사업에 시민참여의 새로운 전기를 만들려는 의도에 의해서 만든 공간이다. 더불어 전당의 공사기간이 장기화됨에 따라 주변 상가에 많은 영향을 주고 있으므로 문화적 방식으로 상가를 활성화하자는 취지에서 이 사업은 추진되었다.

쿤스트할레 광주는 건축면적 $520m^2$에 연면적 $1,019m^2$의 수출용 콘테이너 박스로 만든 공간으로써 공간의 형태부터 쇼킹한 이미지를 연출하도록 설계되었다. 기존의 건축개념을 떠나 재활용 가능한 콘테이너 박스 29개를 쌓아 그 외적 형태부터 기괴한 모습을 띠며, 4각 입방체 형태의 콘테이너 박스가 광장을 중심으로 마치 성벽처럼 둘러쳐지면서 중앙에 매우 단순하고 견고한 형태의 공연장과 전시장이 만들어진다. 여러 개의 다양한 내부 공간으로 나뉘어 완공되는 쿤스트할레 광주는 우선 3층 외관을 장식하는 옥외의 대형 영상스크린으로 사람들의 시선을 집중시킨다. 내부는 '옥내 복합공연장Multi Space' 과 영상예술 감상을 위한 '미디어 스크린 월Media Wall', 야외 공연장인 '옥외 아트야드', 문화 관련 서적 잡지를 볼 수 있는 '아트 라이브러리', 시민 관광객이 만나고 소통할 수 있는 '아트 라운지' 등으로 구성된다. 결국 이곳에서는 층층이 쌓인 컨테이너 공간은 실험적이고 유연한 건축의 상징으로서, 이는 기존 화이트 큐브의 고정된 미술관이 담아내지 못했던 다양한 문화를 자유롭게 소개하고 소화하는 기능을 하고 있다.

(2) KT 올레 스퀘어

와이파이WiFi를 즐기면서 감미로운 재즈공연을 감상한다! 디지털테이블과 전자방명록 등 첨단 IT기기를 체험한다!

KT는 2010년 5월에 '광화문' 사옥 1층에 있던 Kt아트홀을 IT체험과 문화공연 관람을 함께 즐길 수 있는 복합문화공간인 올레 스퀘어〈그림 45〉로 오픈하였다. 기존에도 어느 정도의 문화 공간으로 이용되었으나 6개월간의 리모델링 공사 끝에 새 단장을 마친 올레 스퀘어는 약 3,300m²(1,000평) 규모의 내외부 전체 공간이 쿡앤쇼존으로 구축돼 최대 동시접속자는 240명 이상이 어디서나 와이파이를 이용할 수 있는 문화를 즐길 수 있는 전용공간으로 재탄생한 것이다.

올레 스퀘어의 체험 라운지에서는 통신회사답게 노트북과 터치식 평면 디스플레이를 내장한 디지털 테이블을 비치해 인터넷, 뮤직비디오, 게임 등 다양한 콘텐츠를 이용할 수 있도록 했다. 또한 테마별 체험관은 편안한 라운지 형태로 만들어져 체험을 여유롭게 즐길 수 있도록 했다. 올레 스퀘어는 'Not Exhibition, Fun & Joy'를 슬로건

〈그림 45〉 KT 올레스퀘어의 전면모습(© KT Olleh square / ollehsquare.kt.com)

으로 내걸고 예전 전시형 홍보관 이미지에서 벗어나 테마별 라운지에서 첨단 IT기기와 콘텐츠를 직접 체험해보면서 방문객 스스로가 재미와 즐거움을 찾을 수 있는 공간으로 발전시킨 것이다. 향후로는 공연장에서 음악공연뿐만 아니라 강의, 토론회 등 아이템을 다양화시켜 '고객의 참여'라는 의미를 강화해나간다고 한다. 방문객들의 이용편의성도 개선됐다. 올레 스퀘어는 명절을 제외한 연중무휴로 오전 9시부터 오후 10시까지 운영돼, 광화문 인근의 대표적인 약속장소 혹은 쉼터로써의 역할을 톡톡히 할 것으로 보인다. 200여 석 규모의 카페에서는 커피 · 와플 등을 즐기며 휴식을 취할 수 있다. 또한, 광화문 사옥 1층의 옆 공간에는 녹색성장위원회와 함께 '올레스퀘어-녹색성장체험관'을 열어 미래의 성장동력원으로서 녹색성장을 체험할 수 있게 꾸몄다.

올레 스퀘어의 구성은 음향과 조명장치까지 갖추고, 공연장으로 활용되는 총 208석의 드림홀, Kt의 녹색성장과 IT미래기술을 소개하는 공간인 에코 라운지, Kt의 홈기반 IT제품을 체험하는 공간인 홈라운지, 모바일라운지, 생활 IT를 쇼핑하고 상담할 수 있는 서비스라운지와 Art de Cafe와 약속장소로 활용할 수 있는 외부공간인 파사드 & 데크라운지로 구성되어 있다. 그리고 내부에서는 '올레' 디자인 상품들을 팔고 있다. 평일에 진행되는 음악공연은 재즈 중심이며, 주말에는 온 가족이 함께 할 수 있는 기획공연이 진행된다. 드림홀은 또 저녁 공연시간을 제외한 주간에는 강의, 토론회 등 다양한 행사를 열어 시민들에게 개방한다. 올레스퀘어에서는 '천원의 나눔' 이라는 공연을 통해 관람자의 접근을 쉽게 하고, 공연티켓수익금 전액을 청각장애아동의 디지털보청기 지원사업에 이용하고 있다.

Kt측에서는 이와 같은 체험형 매장 올레 스퀘어를 2010년의 6개 오픈에 이어 2011년내에는 100개로 확대해 상품유통의 기회로 만들겠다는 발표를 한 바 있다.

올레 스퀘어의 의미는 첫째, 각 기업체의 사옥에 있는 일반적인 형태의 전시형 · 홍보형 참여공간을 벗어나 다양한 문화가 어우러지는 소통의 공간으로 시민들이 이용할 수 있게 되었으며, 둘째는 경험을 통해 자사 상품을 홍보하는 장소로 만들어 방문자를 이끌었다는 점, 그리고 셋째는, 건물 전면공간을 공개공지처럼 내놓아 일반인들이 이용할 수 있도록 하였다는 점이다. 이와 같은 전면 공간을 이용한 새로운 광장문화 조성의 틀을 마련했다는 것이다. 물론 이 점은 건물의 전면에 "광화문광장" 조성이라는 선물을 개별기업이 받았다는 측면에서 긍정적인 외부효과의 혜택을 사회에 내놓았다는 측면도 고려해야 할 것이다.

제 5장. 문화를 이용한 재생 사례

제4장에서 살펴본 내용은 신규 부동산 개발시 "文化"를 이용해 가치를 올린 사례들이다. 이 사례를 통해서 향후 부동산 개발에 적용할 수 있는 아이디어와 적용 방안들, 그리고 운영프로그램에 대해서 검토할 수 있었다. 이어서 제5장에서는 기존에 존재하던 부동산, 특히 쇠퇴하거나 이용률이 저조하여 가치가 떨어진 부동산에 가미하여 가치를 올린 사례들을 다루고자 한다.

앞서 살펴본 신규 개발시 문화로 가치를 올리는 사례보다도 오히려 성공사례가 많은 분야가 기존의 낡은 건물이나 쇠퇴한 지역에 새로운 용도로 변경하여 부동산 가치를 살리고, 더 나아가 지역 경기, 전체 국가의 경기를 살려 낸 경우다. 이 사례는 산업화이후 정보화의 진행으로 혁신산업시대로 접어들면서, 많은 나라들의 - 우리나라도 당연히 필요함 - 지자체나 개별 기업 부동산 투자자들에게 벤치마킹이 필요한 분야이다. 여기에는 기존에 시장이었던 자리, 공장이었던 자리, 산업단지 지역이었던 곳, 또는 창고였던 자리 등 다양한 기존 시설을 타 용도로 바꾸어 다시 활성화 시킨 사례들로 나누어 볼 수 있다.

세부적으로는 기존시설의 용도를 바꿔서 문화를 반영한 사례로 시장과 공장, 창고, 발전소, 산업단지, 채석장과 광산의 변화를 다루었다. 그리고 최근 다양한 모습으로 개발되는 다양한 "문화시설" 개발사례까지 살펴봄으로써 사례를 통한 문화가치 향상흐름을 알 수 있을 것이다.

이에 따라 현재 이용도가 떨어진, 수익이 나지 않는, 가치가 떨어진 부동산을 보유하고 있는 투자자나 소유회사, 더 나아가 비수익시설을 가지고 있는 정부나 지자체, 공기업등에서 개선적 활용을 이루어낼 수 있으리라 판단한다.

1. 시장을 바꾸다. - 영국 버밍엄시 셀프리지백화점

영국 제2의 도시 '버밍엄Birmingham' 도심에 위치한 800년 전통을 가진 재래식 시장이 불링이다. 불링의 셀프리지 백화점은 'Future Systems'이라는 건축회사의 작품이다.

〈그림 46〉 영국 버밍엄시의 불링 쇼핑센터(ⓒ위키피디아)

〈그림 46〉을 보면, 이 모습 하나만으로도 우리의 눈길을 끌기에 충분하다. 건물 외관에 붙은 많은 동그란 모양은 알루미늄 판으로 '총 1만 5천 개의 알루미늄 원판discs

을 외관에 붙인 독특한 디자인'[53] 만으로도 단순한 백화점이 아니라 새로운 문화유산으로 자리 잡은 사례이다. 이 건물은 2003년 개장하자마자 '버밍엄'을 상징하는 랜드마크가 되었다. '버밍엄'은 불링 쇼핑센터내의 셀프리지 백화점개장과 함께, '뉴욕'으로부터도 쇼핑객이 찾아올 정도로 유명한 영국 최고의 쇼핑 도시가 되었다. 결국 이 백화점은 개관 첫 해에만 3,000만 명이 찾았을 정도로 영국을 대표하는 관광상품이 되었으며, 현재도 연간 3,650만 명 이상의 방문객을 끌어들이고 있다 한다. 영국의 한 조사에 따르면, 셀프리지 백화점은 '에딘버러 성'과 '타워 브리지'를 제치고, 런던의 '런던 아이London Eye'와 '빅벤Big Ben'에 이은 영국 3위의 랜드마크로 영국에서는 없어서는 안 될 중요한 관광자원이 되었다.

불링의 역사와 재개발 경과는 다음과 같다. 1970~1980년대 철강 등 '버밍엄'의 주력 산업이 몰락하면서 불링Bullring도 슬럼화의 길을 걷기 시작했다. 하지만 2003년 셀프리지 백화점, 주거, 오피스 등으로 구성된 복합건물로 재개발되면서 불링은 '버밍엄' 경제 부활의 견인차가 된 것이다. 셀프리지 백화점은 13세기에 세워진 인근 "성 마틴 성당"과 비교해도 손색없는, 아니 더 매력적인 외관으로 평가받고 있다한다. 불링 쇼핑센터를 문화부동산 측면에서 본다면, 쇼핑센터와 같은 상업용 부동산에 '디자인'이라는 가치를 가미해서 건물가치를 올린 사례라 할 수 있다. 세계적인 건축가 「다니엘 리베스킨트」[54]는 "디자인이 부동산의 가치를 결정하는 시대가 됐다면서, 과거에는 왕이 살던 성이나 박물관, 시청 정도를 디자인이 중요한 건축물로 생각했지만, 이제는 모든 주거용 건물과 쇼핑센터도 디자인을 중시하고 있다" 고 강조한 바 있다. 우리는 로마의 바티칸 성당, 파리의 노틀담 성당, 런던의 버킹검 궁 같은 성당과 각 나라의 왕궁처럼 오랜 역사를 가진 건축물들이 시대를 초월해 사랑받는 문화유산임을 봐왔다. 그러나 이제는 이와 같은 역사적 건축물만이 문화유산이 되는 것은 아니다. 어떻게

53) 외관상 특징은 우주선 또는 버섯 모양의 디자인에, 1만 5천 개의 은색 알루미늄 원판이 외관을 장식한 신비스런 이미지의 건축물로 전체적인 디자인은 파코라반(Paco Rabanne)의 세퀸드레스(sequined dress, 금속류가 장식된 드레스)가 모티브가 되었다고 한다.
54) 9.11테러로 사라진 세계무역센터자리인 '그라운드제로'의 재건축 설계자

〈그림 47〉 불링쇼핑센터 내의 모습(ⓒ 위키피디아)

개발되느냐에 따라서 이제 오피스, 쇼핑센터도 그에 버금가는 예술작품, 문화유산이 될 수 있다는 것을 확인한 것이다.

이 사례를 "본기능과 문화적 요소 도입이라는 차원"으로 좀 더 자세히 분석하자면, 셀프리지 백화점의 주요 본 기능은 '상업용 부동산'이다. '디자인'은 문화요소로서 슬럼화를 걷기 시작한 도시에 활력을 불어넣기 위해 획기적인 조형미가 필요했다는 것을 감안하여 반영되었으며, 그 결과 만 오천 개의 원형 알루미늄으로 곡선을 형상화시킨 건축물을 준공하게 된 것이다. 이 부분에서 성공요인으로 중요한 점이 슬럼화 된 도시에 랜드마크성 건물을 시공하겠다는 정부와 주민 차원의 의지, 즉, 소비자

요구에 대한 반영이 강하게 반영된 것이라 할 수 있다.

불링을 조금 더 이해하기 위해서는 불링이 위치한 '버밍엄'의 역사를 살펴볼 필요가 있다. '버밍엄Birmingham'은 영국 제2의 도시로서, 증기기관차를 발명한 제임스 와트James Watt가 태어나고 기업을 시작한 산업혁명의 발상지이다. 산업혁명과 함께 지속 성장하던 '버밍엄'은 1980년대 불어 닥친 산업의 쇠퇴와 함께 슬럼으로 전락한 도시가 되었다. 이곳에서는 1960년대와 2000년 초에 걸쳐 두 번의 혁신적인 재개발이 있었다. 2차 대전 중 독일의 대대적인 폭격으로 인해 입은 피해를 복구하는 재개발이 1960년대에 있었다. 1963년부터 불링은 재개발이 시작되어 1964년에 영국에서 최초로 지붕이 없는 재래시장과 실내 쇼핑센터가 복합된 형태의 새로운 쇼핑센터로 개발되었다. 이 때 지어진 쇼핑센터는 당시에는 현대식 건물로 주목을 받았으나, 환기가 잘 되지 않고 박스형태의 콘크리트 건물로서 대중으로부터 외면당하게 되었다. 그리하여 불링의 새로운 건설 계획이 지속적으로 논의된 것이다. 이후 본격적인 개발계획은 1987년으로 불링 쇼핑센터를 완전히 허물고 전면적으로 재개발하게 되었다. 이 후 역사상 많은 사례들이 그랬듯이, 시민들의 반대 등으로 시간을 허비하다, 1998년 셀프리지 백화점이 재개발에 참여하기로 결정하면서 불링은 현대적인 쇼핑시설로 거듭나는 전기가 마련되었다. 결국 불링은 셀프리지 백화점과 함께 실내 쇼핑센터인 재래시장이 공존하는 새로운 형태로 2003년 9월 새로 태어났다.

한편, 불링 안에 있는 셀프리지 백화점은 미국의 기업가인 셀프리지Harry Gordon Selfridge가 런던에 세운 영국 백화점 체인[55]이다. 창업자인 셀프리지는 쇼핑센터를 엔터테인먼트 장소라고 보았으며, 상품을 카운터 뒤에 보관하는 대신 다른 백화점과 달리 소비자들이 직접 접촉해 볼 수 있도록 매장 내에 전시하는 방법을 선구적으로 시도[56]하였다. 또한 '셀프리지'는 교육 및 과학과 관련된 전시를 백화점에서 열어 쇼핑객을

55) 최초의 백화점은 1909년 런던 옥스퍼드 거리에 세웠는데, 이 백화점은 영국에서 두 번째로 큰 백화점이다. 그 후 1998년과 2002년 맨체스터(Manchester)에 백화점이 세워졌고, 2003년 네 번째로 버밍햄에 백화점이 개장하였다.

56) 현재는 이 백화점의 소유주가 바뀌었으나 이 백화점의 엔터테인먼트철학은 아직도 유지되고 있다한다.

〈그림 48〉 볼링의 코스타 커피 카페(©www.marksbarfield.com)

끌어들였다. 결국 '버밍엄'의 셀프리지 백화점은 설립자의 경영철학에 건축가의 실험 정신이 합쳐져서 세계적인 성공사례가 되었다.

앞에서도 언급했듯이 '버밍엄'의 셀프리지 백화점은 개장과 함께, 국제적인 주목을 받게 되었고, 단기간에 세계 유명한 건축물 중 하나로 꼽힐 정도로 영국과 '버밍엄'

을 상징하는 랜드마크[57]가 되었다. 불링 쇼핑센터의 구성[58]은 셀프리지백화점과 기존에 있었던 데벤햄즈Debenhams백화점 이외에도 세계적인 브랜드의 유통, 카페, 식당 등을 포함하여 140여 개의 점포로 이루어져 있으며, 실내 공조시설이 잘 마련되어 있고, 쇼핑 환경을 위해 음악을 활용하고 있다한다. 2004년 10월에는 또 하나의 변화가 추가되었다. 건물 외부에 공모에 의해 당선된 건축회사 "Marks Barfield Architects"에 의해 지어진 나선형 모양의 카페인 Costa Coffee cafe가 새로운 명물로 추가된 것이다. 이 카페는 13세기 이탈리아의 수학자 레오나르도 피보나치Leonardo Fibonacci에게서 영감을 얻어 설계되었다고 전해진다. 이 프로젝트는 수백만 파운드가 투입되는 불링 재개발에서 공공공간에 생명을 불어넣었고, 그 결과 상업과 예술을 결합한 사례로 볼 수 있다. 이러한 "불링"의 개발로 도시에 새로운 일자리가 8,000개 이상이 창출되었으며, 3,100대의 새로운 주차공간이 새로 만들어졌다.

영국 '버밍엄'의 불링의 성공은 우리에게 많은 교훈을 준다.[59] 도시의 자원은 반드시 오랜 전통의 문화자원이 아니더라도 현대적인 쇼핑시설에 의해서도 쇼핑객이나 관광객을 얼마든지 유인할 수 있다는 점을 알려 준다. 물론, 이같은 성공에는 세계적인 건축으로 도시의 랜드마크가 된 셀프리지 백화점을 빼 놓을 수 없다. 셀프리지 백화점이 단기간에 관광객을 끌어들이는 영국 제3의 랜드마크가 된 배경에는 백화점의 실험적인 건축미와 함께, 고객에게 흥미있는 이벤트와 쇼핑기회를 제공함으로써 고객에게 엔터테인먼트를 제공하는 백화점의 마케팅 철학이 있었기에 가능했다는 것을 잊어서는 안 되겠다.

57) 셀프리지 백화점은 2004년 영국의 건축가 협회인 RIBA(Royal Institute of British Architects)로 부터의 수상 외에도, Concrete Society Awards, Structural Steel Design Awards, Institution of Civil Engineers, Civic Trust Award 등 많은 기관으로부터 수상을 하였으며, 유통과 관련한 분야에서도 Retail Week Awards에서도 Destination of the Year를 수상하기도 하였다.

58) 실내쇼핑센터는 Skyplane Roof라고 불리는 유리로 투명하게 만든 천정이 있어 어느 계절에나 안전하고 쾌적한 쇼핑 환경을 제공하고 있다.

59) 자료원 : http://en.wikipedia.org/wiki/Bullring_Shopping_Centre, http://www.birmingham.gov.uk

2. 공장/창고를 바꾸다.

1) 첼시마켓(미국 뉴욕: 비스킷공장이 쇼핑몰로)

원래는 유명한 비스킷의 이름인 오레오Oreos의 제조 회사인 National Biscuit Company의 1890년대 제조 공장이었던 곳을 개조해 마켓으로 운영하고 있는 곳이다. 오래된 건물의 분위기를 잘 살려놓은 곳에 갖가지 종류의 식료품점과 베이커리, 기념품이 될 만한 물건들을 판매하는 숍들이 늘어서 있다. 구경하는 것만으로도 활기차고 재미있는 곳이다. 뉴욕타임스는 첼시마켓〈그림 49〉에 대하여 "마켓사이를 걸으면 후기 산업시대의 놀이공원을 산책하는 것 같다. 사라진 산업 문화의 잔재가 장식돼 있는 사이로 꽃가게와 식당이 흩어져 있다."고 표현한 바 있다.

〈그림 49〉 첼시마켓의 내부모습 : 뒤쪽에 건물벽을 뚫어서 건물끼리 연결한 장면이 보임

〈그림 50〉 첼시마켓의 내부로 기존의 공장건물을 그대로 살려서 곳곳을 꾸며놓은 모습

지금은 옛 것과 새 것이 어울린 시장으로 자리잡은 첼시마켓의 역사와 리모델링 과정은 다음과 같다. '뉴욕' 9번가에서 14번가에 걸쳐 있는 첼시마켓의 빌딩은 1890년 세워진 것으로 건물의 양식은 로마네스크 스타일을 하고 있다. 건물주인 '내셔널 비스킷'은 한때 미국 비스킷 생산의 절반을 공급할 정도로 활황을 맞이할 정도였지만, 1958년 '내셔널 비스킷'은 이를 매각하였고, 이후 70~80년대에 첼시마켓에서는 과자 굽는 냄새를 맡을 수 없었다. 그러던 중 1990년대에 들어와서 투자자인 '어윈 코언'이 버려진 과자 공장 건물을 새롭게 단장하기 시작했다. 중앙 홀은 쓰지 않는 송수관과

인공 폭포, 낡은 간판, 기차 부속물 등으로 채웠다. 결국 1997년 4월 문을 연 첼시마켓은 '뉴욕'의 재래시장으로 식재료의 보고로 불리우며, 갤러리에 빵가게와 꽃집 등의 시장이 들어온 듯한 뉴욕식 문화공간으로 재탄생하게 되었다.

오래된 공장을 현대식 사무 건물로 바꾼 리노베이션 작업은 대성공이어서 연면적 약 18만 m^2(5만 6,000여 평)의 건물은 식당, 상점, 클럽, 방송국 등에 임대된 상태이다. 매주 토요일에는 무료 살사나 탱고 강습이 열리고, 건물의 연륜이 쌓인 벽돌 위에 사진을 걸어 전시회도 개최한다.

이곳에서 파는 식재료들은 모두 품질이 뛰어나기로도 유명하다. 과일, 채소, 생선, 고기 등은 맨해튼의 고급 식당과 호텔로 공급된다. 시식 코너도 있어 하나 살 것을 두 개 사게끔 한다. 갤러리를 장식할 만큼 특이한 모양의 탁자와 의자들이 발길마다 설치돼 있어 구입한 음식을 맛보기도 좋다. 뉴욕 최고의 빵가게라는 '에이미의 빵', 브런치로 유명한 '새러베스의 키친', 브라우니가 일품인 '팻 위치' 등 음식점도 최고의 맛을 뽐낸다. '에이미의 빵집'은 꽃모양의 빵을 만드는 등 빵에 재미를 가미해 인기가 높다. 또한 유명 일식당인 '모리모토'도 또하나의 첼시마켓 방문 이유로 자리잡고 있어서 방문자들이 이 곳을 방문할 이유를 더해준다. 그리고 매주 수요일과 토요일에는 주방 기구를 파는 곳 앞에서 '사무라이 칼갈기 서비스' 도 벌인다. 건물 전체가 무선 인터넷이 공짜로 가능한 핫 스팟이기도 하다. 홈페이지www.chelseamarket.com를 통해 각 식당과 가게가 여는 이벤트를 알려 손님들을 끌어 모은다.

첼시마켓은 버려진 공장을 상상력이 넘치는 시장으로 탈바꿈시킨 사례에 그치는 것이 아니라 내부를 돌아보면, 〈그림 50〉에서처럼 기존의 공장당시의 소품을 그대로 두고, 비상계단에도 일일이 그림을 그려넣는 등 내부 인테리어가 특이해 건축 미학적으로도 주목할 만하다. 이 점은 부동산의 재생시 분위기를 꾸미는 핵심적 요소로 작용하고 있다.

2) 아카렌가(일본 요코하마: 창고를 상점가로)

메이지 시대 일본건축계의 거장인 '추미키 오리나카'가 설계한 창고로 붉은벽돌로 지어서 이름도 아카렌가赤レンガ〈그림 51〉로 불리운다. 과거 선착장의 창고로 쓰였으며 현재는 리모델링을 통해 '요코하마'의 대표적인 상점가로 새로이 개장했다.

〈그림 51〉 요코하마의 아카렌가소고(http://commons.wikimedia.org/wiki/user:Binh_Giang)

컨테이너 수송 방식이 일반화되면서 1989년 이후 이 창고는 쓸모를 잃었다. '요코하마'시는 이 건물을 헐지 않고 외관을 살리되 내부를 개조해 2002년 '문화적 부두'로 이곳을 다시 열게 된 것이다. 겨울에는 서울시청앞 광장이나 책의 서두에 소개한 록펠러센터 앞처럼 아이스링크Art Link-Akarenga가 개장하여 다음해 봄까지 운영되어 많은 젊은이들이 이용하고 있다.

'요코하마'의 대표적 관광 명소로서 빨간 벽돌 창고아카렌가소고赤レンガ倉庫'는 두 동으로 이루어져, 1호관은 홀, 다목적 공간, 2호관에는 라이브 레스토랑과 비어 레스토랑을 비록한 음식점과 상점이 31곳으로 꾸며져 있다. 전문 쇼핑 공간과 다양한 문화 공간을 각각 제공하는 패션 블록으로 자리잡고 있는 것이다. 아카렌가는 1905년도에 지은 부두 보세창고다. 붉은 벽돌로 된 3층 건물 2개 동이 마주보고 있는 형태로, 많은 다른 사례들과 마찬가지로 창고의 모습을 그대로, 심지어 피뢰침까지 그대로 두어 전통과 현대의 조화라는 '요코하마'의 공공 디자인 콘셉트를 상징적으로 보여주는 시설물이다.

또한, 아카렌가는 메이지/다이쇼 시대의 벽돌건축이 인기인 외관은 그대로, 내부는 색다른 공간으로 붉은 색의 벽과 청색의 지붕이 절묘한 조화를 이루는 곳이다. 세련된 상점과 레스토랑, 풍경과 분위기로 인해 드라마나 영화의 촬영지로도 자주 등장하여, 사진이 잘 찍히는 멋진 포토 스팟spot으로서도 유명해서 항상 멋지게 차려 입은 젊은이들로 가득하다. 창고 주변에는 푸르름이 가득한 공원이 넓게 펼쳐져 있어, 잠깐의 휴식을 즐기기에도 좋은 명소로 자리 잡은 것이다.

3) 첼시피어(미국 뉴욕:항구가 스포츠센터로)

부동산 살리기는 쓸모가 없어진 항구인 '뉴욕' 첼시피어〈그림 52〉의 창고건축물이 복합스포츠센타로 개조한 곳에서도 찾아 볼 수 있다. 첼시피어는 미국 맨하탄 서측 허드슨강변의 16번가와 23번가 사이에 위치한 약 30에이커(3천 7백평)에 이르는 유서 깊은 항구였지만 지금은 그 기능이 정지된 곳이다. 기존의 창고들은 애물단지로 변하고 말았다. 건물의 벽과 지붕이 무너져 내리고, 깨어진 유리창이 주변에 널려 있는 이곳을 완전 철거한 뒤 그 위에 고속도로를 건설 하려는 계획을 세웠다. 그런 첼시피어에 대해 1992년 5월 첼시피어 경영회사Chelsea Piers Management, Inc.가 이 지역을 복합 스포츠 위락센타로 개발하겠다는 야심찬 사업계획을 세워 '뉴욕' 주정부에 제안을 하게 되면서 변화의 계기를 맞게되었다. '뉴욕' 주정부에서는 이 계획안을 채택하게 되고,

〈그림 52〉 복합스포츠센터로 운영되는 첼시피어센터

정부로부터 개발 및 운영권을 얻어 낸 회사는 1994년 5월에 사업인가 및 건축허가를 얻어낸다. 그후 전면적인 리노베이션을 끝내고, 마침내 1995년 10월에 첼시피어는 골프연습장, 아이스링크, 암벽타기, 롤러링크, 서핑, 볼링경기장, 스포츠클리닉 등이 완비된 복합 스포츠센타로서 새롭게 태어나게 된다.

첼시피어의 탄생 배경을 살펴보기로 하자. 창고건축물에 대한 복합스포츠센타로 개조한 곳으로 특히 1900년도 직후 거대한 호화 유람선 '타이타닉' 호의 마지막 도착지로도 유명하다. 첼시피어는 1910년부터 1930년대까지 고급 정기선이 정박하는 곳[60] 이었다가, 고급 정기선의 크기가 점점 커지면서 새로운 부두의 필요성이 증가하였다. 결국 1935년 고급 정기선의 부두는 뉴욕 크루즈 터미널New York Cruise Terminal로 옮겨졌고 첼시피어에는 화물터미널의 기능만 남게 되었다. 제2차 세계대전 당시에는 군대 배치를 위해 활용되었으며, 1947년 화재로 일부 부두가 손실되었다. 후에 남쪽 부두는 허드슨 리버 파크에 포함되었으며, 북쪽 부두는 첼시 피어 스포츠와 엔터테인먼트 종합관Chelsea Piers Sports & Entertainment Complex으로 용도가 변경되었다.

그 결과 지금은 '이용하는 사람들이 없는 창고지역에서 '뉴욕' 시민들이 가장 많이 이용하는 스포츠복합시설'이 되었으며, 레스토랑 등도 자리잡게 되어 '뉴욕'의 명물로 자리잡고 있는 것이다. 특히 이 곳에 있는 첼시 피어 체조학교Chelsea Piers Gymnastics는 2만3천스퀘어피트나 되는 규모로서 유아부터 성인반까지 골고루 갖춘 체조 교실로 몇 년 전 미국의 배우인 톰크루즈와 케이티 홈즈 부부의 딸 수리 크루즈가 등록했다고 해서 널리 알려진 바 있다. 또한 CBS스포츠 네트워크와 푸드네트워크 스튜디오도 이곳에 자리잡고 있으며 드라마 '법과 질서Law & Order나 '스핀 시티Spin City'의 촬영장소가 되기도 했다.

우리가 여기에서 생각해볼 수 있는 것은 우리나라에도 이와 같이 못 쓰게 된 창고나 항구시설들이 많이 있다는 점이다. 도시재생차원에서도 완전히 시설을 철거하고 다른 시설로 개발하는 것이 우선시되는 국내 환경에서도 이렇게 창고건물을 그대로 살린 상태에서 얼마든지 활용방안이 나올 수 있다는 점이다. 우리도 그런 사례를 기다려 보는 것은 어떨까? 물론 여기에는 적절한 시설과 프로그램이 따라야 할 것이다.

60) 출처: 네이버 백과사전

3. 발전소를 바꾸다. 테이트 모던 갤러리(영국 런던)

2000년도에 개관한 미술관으로, 우리나라의 많은 미술관처럼 신축미술관이 아니고, 1981년 문을 닫은 뱅크사이드Bankside발전소를 개조하여 만든 세계 최고 수준의 컬렉션과 혁신적 큐레이팅으로 유명한 현대미술관이다. 이 곳은 영국 '런던'의 대표적인 관광장소인 템즈강의 관광객을 유치하기 위하여 템즈강 북쪽과 2000년에 새로 지은 밀레니엄 브리지로 연결된다.

〈그림 53〉 템즈강 너머로 보이는 테이트모던 미술관(밀레니엄다리))

테이트 미술관〈그림 53〉은 '런던'의 웨스트민스터에 있는 국립미술관으로, 1889년 소장하고 있던 예술작품들을 국가에 기증한 제당업계의 부호 헨리 테이트 경의 이름을 따서 1897년 개관했다. 그러나 영국 '런던'의 테이트 국립미술관은 전시공간이 부족하고 소장품도 근대와 현대가 섞여 미술관의 정체성이 분명치 않은 점을 들어 분관 건립이 필요성이 지속적으로 제기되었다. 그러던 중, 침체된 영국의 경제를 되살리고 '런던'의 낙후된 지역을 재개발하려는 도시 정책인 '런던' 밀레니엄 프로젝트[61]가 시행되었고, 그 일환으로 1981년 오일파동 이후 가동이 중단된 채 방치돼온 런던 남동부의 뱅크사이드 화력발전소 건물을 개조하여 분관으로 사용하자는 아이디어가 나왔다. 뱅크사이드 화력발전소가 멈춘 지 20년 만에 미술관으로 개조하자는 제안이 나오자 흔히 많은 재개발 프로젝트가 그러듯이 경제 낙후지역이라 교통이 불편하고 주변 환경이 열악하다는 이유로 찬반 의견이 엇갈렸다. 하지만 거대한 건물 구조가 다양한 전시실을 만들어내기에 적합하여 미술관으로 쓰기에 이점이 있다는 판단 하에 발전소 건물을 미술관으로 개축하기로 의견이 모아졌다. 단, 건물의 기존 골격을 유지한다는 조건이 전제되었다. 스위스 출신 건축가인 헤어조그와 드 뫼론이 공동 리노베이션한 건축물은 2000년 5월 화력발전소에서 세련된 문화적 아이콘으로 새로 탄생한 것이다.

건물 외벽은 벽돌로 된 직육면체이며, 모두 7층이다. 건물 한가운데 원래 발전소용으로 사용하던 높이 99m의 굴뚝이 솟아 있는데, 반투명 패널을 사용하여 밤이면 등대처럼 빛을 내도록 개조하였다. 스위스 정부의 지원을 받아 만들어 '스위스 라이트 Swiss light'라고 부르는 이 굴뚝은 오늘날 테이트 모던의 상징이 되었다. 테이트 모던의 대표적 장소인 터빈홀Turbine Hall은 공간규모가 높이 35m, 가로 23m, 세로 155m, 면적 3,565m^2 약 1,080평으로 복합전시관 공간 및 공간연출을 위한 공간으로 활용된다. 공간 구성은 상설전시, 기획전시 공간과 함께 다양한 예술가들의 전시공간, 까페, 세미나

61) 1995년 선언되어 낙후된 런던의 모습을 바꾸자는 케치프레이즈 아래 그리니치빌리지에 밀레니엄 돔 건설, 세계 최대의 회전그네인 런던 아이, 템스강의 보행자전거용 다리인 밀레니엄 브리지, 낙후된 템스강 남부의 주빌리 라인(지하철)건설, 그리고 테이트모던 박물관의 건설등을 포함한 거대한 지역 리모델링 프로젝트이다.

〈그림 54〉 테이트모던내 터빈홀 바닥 작품
(http://en.wikipedia.org/wiki/user:Nmnogueira)

룸, 강당, 기프트샵, 레스토랑, 바 등 지역주민과 관람객을 위한 휴식 공간을 충분히 조성되었다.

테이트 미술관에 가면, 많은 사람들이 놀라는 장면이 테이트 모던의 백미로 꼽히는 화력발전소 시절, 터빈이 있던 공간이었던 '터빈홀' 〈그림 54〉이다. 미술관 서쪽 출입구 역할을 하고 있는 '터빈홀'은 5층 건물 건체를 관통하는 높이로 방문자를 압도한다. 매년 한 명의 작가를 선정해 6개월간 각종 초대형 설치 프로젝트를 마련하는데, 전시가 없을 때라고 해서 역할이 없는 것은 아니다. 사람들은 방석을 깔고 앉아 책을 읽거나 쉬기도 하고, 이곳에서 상영되는 영화를 보거나 강연을 듣기도 한다. '터빈홀'은 도시와 미술관을 이어주는 다리 역할을 하는 동시에 관람객과의 소통을 통해 완성되는 열린 공간이라는 점에서 테이트 모던의 정체성을 보여주는 곳이다. 발전소 건물의 장점을 살린 초대형 전시장 터빈 홀에서는 매년 한 작가를 선정해 10월부터 6개월간 맞춤형 작품을 전시하는 '유니레버 시리즈'[62] 가 열린다. 유니레버 시리즈는 물리적이든 경제적이든 그 규모에 있어 일반화랑에서는 엄두낼 수조차 없는 초대형 프로젝트이다. 이런 초대형 전시장은 작품의 물리적 부피가 아닌 공간과 작품의 조화를 감안해야 하고 관객과 무형의 소통을 통해 엄청난 빈 여백을 소화해내야 하므로 작가들에게 주어지는 부담이 만만치 않다. 그럼에도 테이트 모던의 독특한 연출과 기획은 늘 화제를 만들고 이를 관람하기 위해 해마다 테이트 모던을 찾는 해외 원정 관람객이 생겨날 정도가 됐다. 덕분

62) 비누, 화장품 등 생활용품을 생산하는 기업 유니레버는 2000년부터 매년 10월 테이트모던 터빈홀에서 전시되는 초대형 프로젝트를 후원해 2008년까지 1800만 명의 관람객을 유치하는 대성공을 거두었다.

에 유니레버 시리즈는 세계 초일류 현대미술관을 지향하는 테이트모던의 대표적 전시 프로그램으로 자리 잡았다.

테이트 모던의 소장품 전시실은 다른 미술관처럼 사조 별 또는 연대기 별로 작품을 배열하는 교과서적인 전시 방식을 과감히 버리고 테마 별로 전시하여 기존 미술관과 다른 자유로운 분위기가 전시장의 특징이다.[63] 이런 테마별 전시 배경은 현대미술에 대한 일반인들의 반감과 보수적인 소장품 정책으로 인해 소장품이 연대기별로 수집되기 어렵다는 점 때문이다. 또 다른 이유는 일반적으로 '연대기별 전시'는 관람객이 마지막 부분에 도달하기 전에 지치기 쉬어 테마 별 구성으로 관람객의 집중력을 높이고 지루함을 덜 수 있다는 장점도 충분히 살릴 수 있다. 이러한 '테마 별 소장품 전시'는 소장품의 시대적 불연속성인 결점이 드러나지 않게 하면서도 관람객이 즐겁게 감상할 수 있는 방식으로 기존 틀에 얽매이지 않고 현실적이고 의미 있는 운영의 묘를 살린 신선한 전시 운영기법으로 평가받는다. 또 테이트모던에서 해마다 연말이면 그 해 가장 뛰어난 전시회를 연 작가에게 상금을 주는 터너상Turner Prize 시상식은 가수나 배우가 나와 시상을 하는 등 순수예술 행사가 아닌 대중적 이벤트로서 기획되고, 미술 관계자들만 모여 치르는 행사가 아닌 대중에게 열린 행사로 다양한 눈높이를 고려한 기획이라는 점이 특징이다. 이런 스타일의 기획은 현대미술이라는 장르 자체가 낯선 대중들에게 현대미술과 가까워질 수 있는 자연스러운 기회로 작용할 수 있다는 장점이 있다.

테이트 모던은 탄생배경의 특징으로 건립 준비 단계부터 지역재생 담당 부서를 만들었다는 점을 들 수 있다. 미술관을 건립함으로써 얻어지는 모든 이익들을 최대한 지역사회 전반으로 퍼져나가게 하는 것을 목표로 하였다. 이를 위해 테이트 모던의 위치지역이 저소득층이 많이 사는 지역이라 문화 시설이나 녹지가 부족하다는 점에 착안해 지역 주민을 위한 미팅룸과 영화 감상 클럽을 만들었고, 입구에 정원을 만들어 접근성을 높였다. 그 결과, 기본적으로 고급 문화만을 전달하는 기존의 미술관과는 다

63) 임근혜(2009) 창조의 제국 pp 249-253 요약.

른 새롭고 다양한 역할을 추구하면서 전시에 있어서는 1900년 이후의 현대 미술품들을 전시하는 것을 원칙으로 하는 등 테이트 모던만의 차별화 된 정체성을 확립하게 되었다. 그리고 밀레니엄 다리는 중요한 교통 배경으로서 2000년 밀레니엄을 기념해 만든 보행자와 자전거 전용다리로 런던 중심쪽 세인트 폴 성당과 템스강 남쪽을 이어주고 있다. 낙후됐던 템즈강 남쪽은 이 다리로 런던 중심부와 연결되고 테이트모던이 생기면서 급속한 발전을 이루었다. 테이트 모던이 개관하기 전까지만 해도 템즈강 남동쪽 지역은 런던 시민이 나들이나 데이트를 하는 것은 상상할 수 없을 정도로 열악한 곳이었다. 폐쇄된 발전소 주변에 초라한 건물이 늘어져 있던 템즈강 남동쪽 지역은 이스트엔드와 더불어 '런던'에서 가장 낙후된 지역이었다. 그런 지역이 미술관이 개관하면서 변하기 시작했다. 테이트 모던이 생기면서 그 지역의 접근성을 높이기 위해 지하철 노선이 확장되고 템즈강에 미술관으로 가는 테이트 보트Tate Boat를 운행하는 등 교통기반이 체계적으로 정비되었고, 테이트 모던 주변에 호텔, 식당, 상가 등이 함께 들어서면서 최소 2,000개의 일자리가 늘어났고, 해마다 평균 400만 명 이상이 이 지역을 찾게 되었다. 또한 주민들의 문화활동이 증가하면서 지역의 문화적 수준도 올라가고 지역주민의 삶의 질을 높이는 결과로 이어졌다.

기대 이상의 결과가 나타나자 언론들도 호의적인 찬사를 보내기 시작했고, 자연스러운 언론 홍보를 통해 '현대미술은 세련된 라이프스타일' 그리고 그것은 곧 '젊음'을 의미한다는 의식이 영국 내에 널리 퍼지면서, 테이트 모던은 영국의 젊은이들 사이에서도 가장 사랑 받는 장소 중 하나가 되었다. 독특하고 강력한 미술관 브랜드 구축에 성공한 것이다. 과거와 미래가 공존하는 건축에 새로운 상상력을 담은 창의적인 테이트 모던 효과로 인해 왕궁, 성당, 공원, 박물관 등 고풍 일색이던 런던의 관광지는 단번에 21세기 버전으로 업그레이드 되었다. 테이트 모던의 성공은 가난한 런던 남동부 지역 재개발사업에 탄력을 실어주었다. 테이트 모던 브랜드가 런던 남동부 낙후지역의 도시재생프로젝트를 성공으로 이끈 경제회생 사례를 들어 테이트 효과 : Tate Effect라고 부른다.

테이트 모던 미술관의 성공을 정리하면, 기존의 공간과의 맥락, 지역민들과 주위 시설과의 관계, 새로운 시설이 자리 잡을 당시의 시대적 요청에 대응방안 등을 고려하는 등, 설립목적의 명확화와 운영의 초점을 목적에 맞춰 진행하였다는 점이다. 테이트 모던의 핵심 이슈는 처음부터 미술관을 건립함으로써 얻어지는 모든 이익들을 최대한 지역사회 전반으로 퍼져나가게 하는 것이었다. 주변 지역이 템즈강 건너편에 비해 저소득층이 많이 사는 지역이라 문화 시설이나 녹지가 부족하다는 점에 착안해 지역 주민을 위한 미팅룸과 영화 감상 클럽을 만들었고, 입구에 정원을 만들어 접근성을 높였던 것이다. 여기에서는 10주년 기념 전시 때는 세계적 작가들이 주민들과 텃밭을 만드는 프로젝트를 진행하기도 하는 등 프로그램을 다양화하였다.

우리나라에서도 이처럼 과거의 산업 시설을 예술공간으로 바꾸는 프로젝트가 늘어나고 있다. 그런데 국내의 경우, 이처럼 공간의 변경 시에 다른 나라나 타 지역에서 실시한 사례를 실사단을 파견하여 조사를 통해 벤치마킹을 앞다투어 시행하고 있다. 이 때 중요한 것은 단순한 시설의 변경과 그럴듯한 계획이 아니다. 그 공간이 소속된 도시나 지역자치단체와 문화의 '맥락'에서 어떤 자리에 놓일 것인지, 또는 지역 사람들이나 주위의 다른 시설과 어떻게 관계할 것인지가 중요하다. 아울러 향후 대두되는 '친환경'이나 '지속가능성' 등 동시대 이슈들을 어떻게 담아낼지 등을 깊게 고민해야 할 것이다. 그리고 이 같은 기조하에 사전의 타게팅 작업에 따른 명확한 이용자의 설정, 이에 맞는 이용프로그램 등이 같이 마련되어져야 할 것이다. 그렇지 않으면, 위치에 어울리지 않은 특별한 시설에 그칠 것이고, 얼마 되지 않아 시설의 의미가 퇴색되거나 사라질 수밖에 없다. 이 점에 대해 테이트 모던 미술관의 관계자는 앞으로 필요한 미술관의 성격에 대해 "과거의 미술관은 침묵 속에 위대한 예술품을 바라보는 장소였지만, 이제는 웃고 대화하면서 자신의 감정을 자유롭게 표현하는 공간으로 바뀌고 있어서, 이성과 감성에 동시에 어필할 수 있는 곳이 이 시대에 진정으로 필요한 미술관"이라 하였다. 그리고 테이트 모던이 좋은 미술관인 것은 예술에 대해 모르는 초보자들도 부담없이 찾아올 수 있는 곳이라는 점을 강조했다.

4. 산업시설/산업단지를 바꾸다.

어느 나라든지 산업화의 결과에 따라 많은 노후시설들을 보유하고 있다. 따라서 이러한 노후시설의 새로운 활용이 중요한 이슈로 등장하고 있다. 거기에 각 나라가 경쟁적으로 벌이는 일명 '문화전쟁' 으로 인해 더욱 더 그 새로운 사례들이 나타나고 있다. 각 나라마다 '문화' 가 갖는 힘의 무한한 가능성을 선점하기 위해 엄청난 노력과 투자를 아끼지 않고 있기 때문이다. 그 효과는 해당 건물을 뛰어넘어, 단지나 도시, 지역, 심지어 나라에 대한 이미지 개선을 넘어 경제적인 부수효과까지 엄청나게 나타나고 있다.

그중 널리 알려진 곳을 몇 가지 들어보면, 유럽지역에서는 앞에서 다룬 바 있는 영국 '런던'의 테이트 모던 갤러리(발전소 개조), 독일의 '루르'지역, 스위스 '취리히'의 문화공간(공장지대 개조)을 살펴볼 수 있고, 아메리카대륙에서는 브라질 '꾸리찌바'의 빠이욜 연극관(탄약창 개조), 미국 '시애틀'의 깨스워크 파크(정유공장 공원화), 그리고 아시아와 기타지역으로는 호주 '시드니' 파워 뮤지엄(발전소를 박물관으로 개조), 일본의 노리다케숲 박물관 공원(공장부지 재활용), '요코스카' 시의 태양의 언덕(반환 미군 휴양지의 체험농장화), '요코하마'의 장난감 나라(탄약고 공원화), 그리고 중국 '북경'의 다산쯔 798예술단지(군수품 생산시설) 등을 들 수 있다. 이 중 몇 가지 사례[64]를 살펴보도록 하자.

1) 공장지대를 바꾸다. - 스위스 취리히의 서부공장지대

스위스 취리히의 웨스트는 조선소였던 선박공장을 내부는 최신식 인테리어를, 외부는 기존의 건물외관을 유지하여 공장형태를 그대로 간직한 채로, 인테리어도 공장에서 쓰는 철제빔을 사용한 젊은이들을 위한 문화공간으로 재창조한 대표적인 사

64) 평택시민신문 (2006. 12. 27.)이수연의 길따라 바람따라 떠나는 여행길:독일의 공간 재생 지역들 http://kr.blog.yahoo.com/ysy8187/1049

례이다. 1980년대 중반 생산업에서 서비스분야로 산업의 중심이 옮겨가면서 취리히 웨스트의 공장지대는 쇠퇴기를 맞아 폐허화되었다. 개발 이슈가 논의되었지만 구체적인 개발이 지연되면서 지가폭락이 일어났고 낮은 임대료에 넓은 공간을 이용하고자 하는 예술가, 갤러리운영자, 광고와 디자인분야 종사자들이 몰려들었고, 이렇게 모여든 젊은 예술가들이 새로운 생명력을 불어넣으며 붐이 일자 기발한 컨셉의 레스토랑과 숍, 아트갤러리 등의 마켓이 더불어 생겨나게 되었다.

그 결과, 조선소를 개조한 극장과, 독특한 인테리어로 시선을 끄는 카페와 호텔 등 일반적인 유럽의 구시가지에서는 발견하기 힘든 모던한 감성을 느낄 수 있는 곳이 되었다. 기존 시설별 문화가치 부여는 다음과 같다. 맥주양조장은 실험적 예술작품으로 꾸며진 "미그로스 미술관" 으로, 옛 조선소는 쉽바우 "극장" 으로, 비누공장이었던 자리에는 "모던아트갤러리" 가, 그리고 주물공장은 라이브토크쇼가 펼쳐지는 다채로운 공간으로의 변화를 가져왔다. 현재 이 곳은 감각적이고 이색적인 아이디어와 분위기로 가득하며, 이러한 공간은 '취리히' 의 젊은 세력과 관광객들에게 새로운 세상을 선사해주고 있는 것이다.

(1) 미그로스 미술관 The Migros -Museum of Contemporary Art

미그로스 미술관은 미그로스 게노센샤프트 재단Migros Genossenschaft Association이 수집한 현대미술 작품을 대중에게 소개하고 있다. 구시가지를 벗어나 외딴 공장지대에 개관하고, 1,300m²의 대형홀을 이용한 전시로, 설치 미술과 비디오 아트 등 다소 난해하고 흥미로운 작품들로 대중의 흥미를 이끌어 내고 있는 곳이다.

(2) 쿤스트 할레 취리히Kunsthalle Zurich

참신하고 기발한 실험 작품들을 전시하는 곳으로 모던 아트를 좋아하는 사람이라면 꼭 방문하여야 할 미술관으로 알려져 있다. 전시하는 작품 또한 대중적으로 알려지지 않은 젊은 작가와 외국 작가들의 작품이 많아 미술 애호가들의 주목을 받고 있다.

〈그림 55〉 Kunsthalle Zurich의 전경(ⓒhttp://commons.wikimedia.org/wiki/file:kunsthalle_Zuerich.jpg?uselang=ko)

〈그림 56〉 Schiffbau 건물 모습(ⓒhttp://de.wikipedia.org/wiki/user:Berger)

(3) 쉽바우 Schiffbau

특히 눈길을 끄는 것은 취리히 웨스트의 유행을 선도하게 된 곳으로 '조선소'였던 공장을 변신시켜 유럽 최대 규모의 '극장'으로 재탄생한 공간인 Schiffbau이다. Schiffbau는 세계적인 연극연출가 크리스토프 마르탈러가 이끄는 극단 및 무즈 째즈 클럽, 트랜디한 레스토랑인 '라 살레' 등이 들어와 있는 곳이다. 시설로 외부는 기존의 건물 외관을 유지한 채, 내부는 최신식 인테리어로 변화시켰다.

(4)토니 몰커라이 Toni Molkerei

토니 몰커라이는 취리히의 나이트라이프가 시작되는 곳으로 뛰어난 DJ와 스타일리쉬한 분위기로 가장 멋진 클럽으로 인정받고 있다. 토니 몰커라이는 원래 우유와 요거트를 생산하던 목장이었던 곳을 개조한 건물이다.

〈그림 57〉Toni Molkerei의 내부 모습 (© www.tonimolkerei.com)

취리히 웨스트의 변화 포인트는 기존의 공장 건물들을 허물지 않고 그대로 이용해 갤러리나 바를 만들고, 그 공장 지붕 위에는 모던하고 현대적인 최신식 주거 공간을 건축하여 이색적인 풍경을 만들어 내고 있다는 점이다. '취리히' 시에서 정책적으로 개발한 "웨스트 사이드 west-side"는 폐허화된 산업 단지가 다양한 문화 공간을 두루 갖춘 뉴타운으로 개발됨으로써 도시형 라이프 스타일을 원하는 젊은 층에게 인기를 얻고 있는 곳[65]이다. 이는 개발된 지 40년이 넘기 시작한 국내의 산업단지에서도 활용하고 참조해야 할 것으로 보인다.

2) 원자폭탄 공장지대를 바꾸다. - 중국북경의 다산쯔 798 아트마켓

(1) 다산쯔 798의 등장

중국 '베이징北京시' 다산쯔大山子 798 거리는 세계미술의 중심으로 자리잡고 있다. 중국의 예술인들이 하나, 둘씩 모여들더니, 이제는 이탈리아, 독일 등 세계의 미술인들까지 몰려드는 곳이다. 그 결과, 한산했던 공장지대가 300여 개의 갤러리와 미술품 가게들이 즐비하고, 거리는 외국관광객과 미술인으로 활력이 넘치게 되었다. 이곳에서 거래되는 미술품의 거래액도 파리의 규모를 앞질렀다고 한다. 이 곳에서도 타 지역의 산업시설 재생사례가 그렇듯이 옛 건물이 그대로 보존되어 육중한 크레인과 대형 굴뚝, 곳곳에 거미줄같이 얽혀 있는 난방파이프가 그대로 보이며, 공장 안의 둔탁한 분위기도 그대로 살려 활용하고 있다. 그리고 '공장'이라는 특성 때문에 높고도 넓은 공간이 오히려 전시장소로서 유리한 면을 갖게 되어 활용도가 높아진 것이다.

과거의 냉전시대에 원자폭탄을 만들고, 미사일을 제조하던 서울 강남구 면적 규모의 대형 군수공장이 불과 10년 만에 뉴욕의 '소호'처럼 세계의 젊은이들을 매혹시키는 거리로 성장하고 있는 이유는 무엇일까? 이는 중국 당국의 정책적 지원과 급부상한 경제력을 바탕으로 시민들의 문화적, 사회적 관심이 높아졌고, 결국은 2008년 베

65) http://myswitzerland.tistory.com

이징올림픽으로 다산쯔 798의 글로벌화에 성공했기 때문이다.

(2) 다산쯔 798 예술지구의 개발경위와 현황

총 길이가 남북으로 대략 0.8km, 동서로는 약 1km, 거의 3만평 넓이에 달하는 다산쯔798은 2005년에 중국정부로부터 예술특별지구로 지정[66] 받았다. 다산쯔 798는원래 버려진 공장지대로서 재개발을 목전에 두고 있었다. 1950년대 초에 모택동이 사회주의자 연합계획정책을 시작하면서 사업의 일환으로 아시아 최대 규모의 전자제품생산단지를 건설하였는데, 이 공단에서는 전자제품 생산보다는 오히려 인공위성사업과 원자폭탄사업 등 첨단산업의 핵심기술이 실험되고, 관련 부품들이 생산되었다.

이런저런 이유로 다산쯔 798의 건설은 동독의 손에 맡겨져서 공장건물에서부터 시설의 설계까지 동독의 자본과 기술이 속속들이 스며들어 있다. 따라서 이국적인 모습을 간직하게된 것이다. 1954년부터 시작되어 4년 뒤 공장이 준공되고 20여 년간 영화가 이루어졌다. 그런 상황에서 1980년대 초에 이 거대규모의 공단은 세계 자본주의 경제구조의 변화에 따라 사회주의 정치체제가 몰락하여 쇠락되기 시작했다. 결국 "다산쯔798"의 수익구조가 악화되고, 임금 삭감 등의 조치가 취해지자 이 지역 노동자들은 타 지역으로 옮겨갔고, 1990년대 말 폐업을 선언하게 된 것이다. 여기에 '베이징시'는 1990년대 들어 급속한 인구유입에 따라 대규모 주거단지를 확보하기 위해 버려진 공장지대에 새로운 아파트단지를 세울 계획을 수립했다. 그러나 정부의 정책 지연으로 저렴한 비용과 작업하기 알맞도록 넓은 공장에는 젊은 작가들이 모여들기 시작하게 되었다. 특히 1995년 북경중앙미술대학CAFA이 도심에서 벗어나 좀 더 저렴한 워크샵 공간을 물색하던 중에 〈공장 706〉위치에 자리를 마련하게 되면서 기폭제가 되었던 것이다.

다산쯔 798〈그림 59〉는 단지 중국인들의 힘만으로 이루어진 것이 아니고, 여러 외국인의 힘도 컸다. 2001년 외국인으로는 'Robert Burnell'이 'Timezone 8 Art

66) 중국 문화예술의 현주소 베이징 다샨쯔 798 예술특구, http://olv.moazine.com/rviewer/index.asp

〈그림 58〉 다산쯔 798의 원래 모습(ⓒwww.798space.com)

〈그림 59〉 다산쯔 798의 현재 모습

〈그림 60〉 798 space (©www.798space.com)

Books'라는 서점과 출판사를 옮겨왔다. 다음으로 2001년말 다산쯔 798은 일본인 기획자인 타바타 유키히토Tabata Yukihito가 '베이징-도쿄 예술 프로젝트'[67]를 다산쯔 798의 중심부 약 400평방미터의 공간에서 진행하면서 국제적인 Spott Light를 받게 되었다. 이에 따라 대대적 언론의 보도가 따르고, 이 지역 거주 작가들이 주목을 받게 되었다.

다산쯔 798의 여러 시설 중에서도 사진작가 쑤용과 미술가 황 루이가 공동운영하고 있는 천정의 높이가 4m가 넘는 갤러리 798 Space〈그림 60〉[68]가 다산쯔 798의 명소가 되었다. 이렇게 탁 트인 공간 조건들은 동독의 건축가들이 이 곳을 설계할 때, 바우하우스의 정신을 반영하였기 때문이라 한다. 이후 다산쯔 798은 배고픈 중국의 신예작가들이 기존의 예술과 차별화된 새로운 길을 모색할 수 있는 실험장이 되었다.

67) Beijing Tokyo Art Projects:BTAP:북경동경예술공정
68) www.798space.com

그러나 다산쯔 798예술구도 다른 많은 문화예술지구처럼, 정부의 관광지구 조성에만 치우치는 활동으로 결국은 임대료가 급등하고, 콘텐츠의 부실을 초래하고 관광객들의 유입으로 인한 혼란으로 이제는 가난한 작가들이 거주하기 어려운 곳이 되었다. 예술가들이 떠난 자리에는 관광객을 겨냥한 고급 카페와 레스토랑 등이 들어섰다. 이는 창작의 거점이 아닌, 문화산업지대로만 인식한 결과이다. 이 지역은 '창작의 거점'이어야만이 문화산업지대로 경쟁력을 갖는 것이지 그러한 컨텐츠가 없다면, 경쟁력을 상실할 수밖에 없다. 이는 점을 향후 이 같은 프로젝트를 계획 중인 지자체 등에서 숙지해야 할 부분이다.

Gasometer : www.gasometer.org

3) 가스저장고를 복합시설로 - 오스트리아 빈 가소메터

오스트리아의 '빈'에 가면, 130년 된 가스 저장소가 거대한 원통형 건물의 외부를 살린 채 내부를 개조하여 쇼핑-영화 등 편의시설 갖춘 생활공간〈그림 61〉으로 변신한 모습을 볼 수 있다. 이곳은 과거와 현대의 모습을 동시에 가지고 있는 독특한 광경을

〈그림 61〉 가소메터의 전경(ⓒhttp://commons.wikimedia.org/wiki/user:Andreas.poeschek)

보여주고 있다. 이 건물은 서쪽에 붙여진 방패모양의 임대아파트(특히 내부공간을 기하학적으로 확장) 등 건물〈그림 62〉마다 독특한 현대미를 가미하면서 과거의 모습을 간직하고 있다. 건축적으로는 주차장을 감추면서 개별주거의 독립전망과 녹지공간을 확보한 절묘한 사례인 것이다.

(1) 개발 경위

1851년경 역사상 최초로 열린 런던박람회에서 런던시내 가로등에 역사상 최초로 '가스등'이 선보였다. 그 당시 박람회에 참석한 수많은 사람들에게 밤거리를 밝히는 '가스등'은 너무도 경이로운 존재였다. 가스등의 등장은 수 천년 동안 촛불과 기름등에 의존하던 인류에게 밤문화를 대중들의 것으로 다가오게 만든 존재인 것이다.

1870년 오스트리아 정부가 건설한 '빈'의 첫 근대적 사회기반시설로 '빈' 시 전역의 가로등과 가정에 가스를 공급하는 공장이자 저장소로 총 이 4동의 건물은 1889년 건설당시 유럽에서 가장 큰 가스 저장 탱크였다. 그리고 100년 넘게 비엔나 시내를 밝히는 가스등의 원료를 공급하던 것으로 활용되어 왔다. 이후 오랫동안 '빈' 시의 랜드마크로 여겨졌지만, 연료가 타운가스Town-Gas석탄이나 콜타르를 이용한 가스에서 천연가스Natural Gas로 대체되면서 1984년 가동을 멈춘 뒤 처리를 고민하게 된다. 그후 역사문화

〈그림 62〉가소메터 내외부 모습(ⓒhttp://commons.wikimedia.org/wiki/user:Andreas.poeschek)

재로 지정된 이곳을 '빈' 시는 가스탱크를 활용하기 위한 설계공모를 하는 등, 건축가들과 협력해 호텔, 박물관 등의 재개발 계획을 검토했지만 재정 문제를 해결할 방안을 찾지 못하여 표류하게 된다. 오랜 고민 끝에 '빈' 시가 찾아낸 답은 '사람들의 삶을 이 건물 안에 적극적으로 끌어들이는 것' 을 택하게 된다. 결국 오스트리아 건축설계사무소 '쿠프 히멜블라우 그룹'이 '만프레드 베도른', '빌헬름 홀츠바우워', '장 누벨' 등 3인과 협력해 설계한 퍼블릭 하우징이 가소메터의 부활을 위한 계획으로 채택됐다. 이들은 가소메터의 외형을 남겨 두고 내부를 완전히 바꿨다. 결국 외관의 벽돌모양은 그대로 유지한 채 새로운 건축물로 부활하면서 '비엔나'의 새로운 명물이 된 것이다. 가소메터의 B동 외벽에 역동적 외형의 '방패' 아파트를 붙이고 다양한 쓰임새의 생활편의 공간을 배치한 것도 빈 시 전체의 모습을 새롭게 바꿀 랜드마크를 만들기 위해서다.

(2) 건축적 측면

가소메터는 1999년에 건축해서 2001년 10월에 문을 연다. 가소메터 A는 장 누벨Jean Nouvel이, B는 쿠프 힘멜블라우Coop Himmelblau가, C는 만프레드 베도른Manfred Wehdorn이, D는 빌헬름 홀츠바우어Wilhelm Holzbauer가 설계했다. '비엔나시'는 〈공연장과 쇼핑센터, 1층은 사무공간, 2층 이상은 아파트로 사용하는 설계〉를 선택했고, 이 건물 전체를 비엔나-부다페스트 세계박람회의 호텔겸 컨퍼런스 센터로 사용하려고 했던 유명 건축가의 설계를 채택하지 않았다. 그 결과 가소메터의 B동 외벽에 건물하나가 곧 기울어 질 것 같은 역동적 외형의 '방패' 아파트(학생 기숙사로 사용)를 붙이고 다양한 쓰임새의 생활편의 공간을 배치한 '빈' 시 전체의 모습을 새롭게 바꿀「랜드마크」가 된 것이다. 1,600t 무게의 강철원형지붕을 떼어내 분해하고, 재단장과정을 통해 복합기능도시로 재생되어 지하부분은 아케이트, 레스토랑, 쇼핑센터, 공연장 등으로 이루어져 있고, 1층은 사무공간, 2층이상은 주거용으로 설계되어 있다. 가스저장탱크인 관계로 바깥쪽의 채광이 부족한 것을 보충하기 위해 지붕과 안쪽부분, 그라운드 부분은 거의 유리소재로 마감해서 채광을 높인 것이 돋보인다.

(3) 의의

가소메터는 음악과 함께 많은 오래된 궁전들에 추가하여 오스트리아의 또 하나의 랜드마크 건물로서 자리 잡고 있어서 많은 사람들이 들리는 필수적인 관광코스가 되었다. 커다란 원통형 건물 안이 온갖 현대적 시설로 가득해서 대형 영화관, 식당, 심

〈그림 63〉 가소메터 내부의 동선과 구성(©www.gasometer.org)

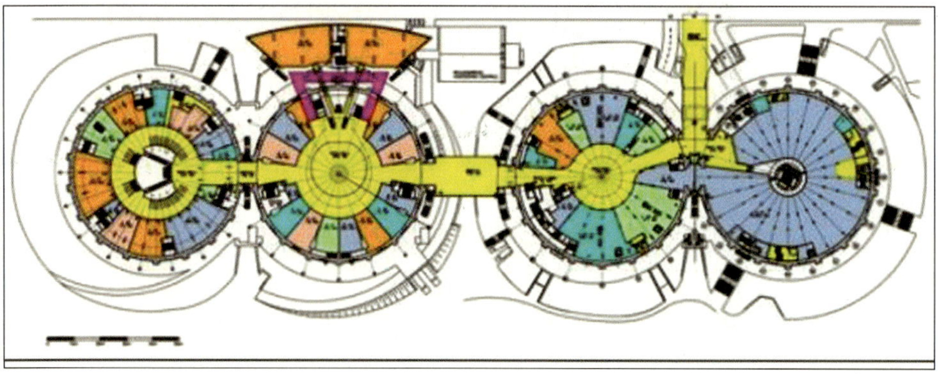

지어 카지노도 있는 복합문화공간이 되었다. 특히 아직 주변개발이 미흡해서 주변 주민들은 의식주와 문화생활을 거의 다 이 공간 안에서 해결하고 있다. 기존의 둥그런 가스공장 골격을 유지하면서 내부를 완전히 개조해 주택과 상가시설이 한데 어우러지도록 만든 것이 가소메터의 가장 큰 특징으로 볼 수 있다. 한 도시를 방문한 사람들은 인상적인 건축물의 형태와 함께 그 도시와 시민을 기억한다는 점에서 건축물의 형태에 신경을 쓰는 이유는 그것이 "그 안에 머무는 사람들의 정체성을 구현하기 때문"이라는 건축을 맡았던 쿠프 힘멜브라우Coop Himmelblau의 「울프 프릭스」 대표의 설명이다.

원기둥 모양의 가스탱크 네 개와 맞은 편 쪽의 지하광장은 모두 유리다리로 연결되어 있다. 이 유리다리들은 하나의 연장된 축선으로 작용하고 있으며, 원기둥 형태의 건물지붕은 투명한 유리로 되어 있어 누구나 안을 들여다보면서 그 아래쪽의 사람들이 어떤 식으로 이 시설을 이용하는지 상상할 수 있게 한다.[69)]

69) 크리스티안 미쿤다 지음, 최기철 · 박성신 공역, 제3의 공간, 미래의 창, 2006, p.54.

가소메터의 사례의 의의는 다음과 같다. 오랫동안 '빈' 시의 랜드마크였으나 가동을 멈춘 뒤에는 버리기도 곤란하고 쓰기도 난처한 애물단지였던 가스저장고였다. 나란히 선 4개의 거대한 원통형 건물이 적갈색 벽돌로 외피를 감싼 지름 64m, 높이 80m의 이 거대한 원기둥들은 1986년부터 1995년까지 스치듯 구경하고 지나가는 '문화재'에 불과했다. 가소메터는 1870년 오스트리아 정부가 건설한 빈의 첫 근대적 사회기반시설로서 시 전역의 가로등과 가정에 가스를 공급하는 공장이자 저장소로 100년 넘게 쓰였다. 그 결과로는 '빈' 시에 가스를 공급하는 에너지 심장부였던 100년 전의 가소메티가 이제 시민들의 삶에 활력을 공급하는 새로운 심장부가 된것이다. 그리고 이곳은 먹고 자고 쉬는 아파트뿐 아니라 쇼핑, 레스토랑, 극장 등 생활의 여유를 만끽할 수 있는 시설이 갖춰진 장소로 탈바꿈하여 주변의 부동산 가치를 한껏 높여 지역을 살려냈다는 의의를 갖게 된 것이다.

5. 노후시설을 활용하다. – 독일 루르탄광지대

노후 시설의 재생에 있어서 독일은 대표적인 나라이다. 대표적 사례로 볼 수 있는 루르지방의 탄광지대는 폐광과 함께 버려졌지만 새로운 문화와 환경을 테마로 한 아름다운 도시로 다시 태어났다. 시민들이 여가를 즐기는 레저시설로, 디자인의 요람으로 다시 살아난 곳으로 폐광촌의 이미지와 디자인을 연계해 21세기의 트렌드인 환경과 문화의 대표도시로 거듭나고 있는 곳이다.

Ruhr지역 내 Industrial Kultur중에서도 「Zollverein」에 있는 열 개의 건물들 가운데에는 시설을 그대로 보존만 하고 있는 곳도 있었고, 외부는 보존하되 내부는 리모델링을 통해서 전시공간으로 용도를 바꾸어 사용하고 있는 곳들도 있다. 즉, 외관상으로는 옛 모습을 간직하고 있지만, 내부는 과거의 모습과 현재의 모습이 조화되어 있는 특이한 구성을 볼 수 있다. 노먼 포스터Norman Foster에 의해 설계되었다는 건물의 내부는 본래의 건물과 어울려 새로운 공간을 민들어 내고 있으며, 건물의 내부 중 과거의

〈그림 64〉 루르지역의 제철소 모습(http://commons.wikimedia.org)

모습을 보존하고 있는 곳은 산업문화의 박물관과 같이 쓰이고, 현대적으로 꾸민 곳은 전시회를 여는 갤러리나 서점, 레스토랑 등으로 쓰이고 있다. 또한 조경 공원은 옛 제철소건물을 인근으로 공원을 조성하여 모든 공장의 설비등을 그대로 박물관같이 이용하여 개조하여 사용한 경우이다. 저장벙커에 140여 개의 암벽시설 설치, 암벽등반 훈련시설로 개조되어 사용되고 있다.

(1) Hamm시에 자리잡은 Maximianpark

전체공원들이 체험을 위주로 하는 공원으로 독일 내 1년에 한번씩 돌아가면서 열리는 정원 박람회가 열린다. maximian광산이 문을 닫자 그 광산의 설비와 대지를 구입하여 철거하지 않고 체험하는 공원으로 조성하여 시민의 공원으로 만들었다. 공원 내 유리코끼리라는 건축물은 40m의 높이에 조형물 안에 들어가 걸으면서 감상하는 하나의 거대한 작품이다.

〈그림 65〉 졸버레인의 상징물(ⓒhttp://de.wikipedia.org/wiki/user:Thomas_Robbinl)

(2) 졸버레인, 웨스트파크, 노르드파크

① '에센'의 졸버레인http://www.zollverein.de은 유명한 탄광지역이었던 곳이다. 한국 광부가 진출했던 곳이기도 한 '보쿰·에센' 지역은 어디든 땅만 파면 석탄이 나올 정도로 매장량이 풍부한 유럽 최대의 광공업 도시였다. 1950, 60년대 라인강의 기적과 독일 경제 재건의 견인차 역할을 한 곳이지만 사람들의 인식에는 철강 제련용 코크스를 태우는 시커먼 연기와 석탄가루로 뒤덮이던 도시로 알려진 곳이었다. 이런 도시가 지금은 첨단 산업과 문화 예술의 도시로 거듭난 것이다. 1950년대 말부터 주탄종유主炭從油에서 주유종탄主油從炭으로 에너지 산업이 재편되면서 위기를 느낀 '보쿰시'에서는 60년대 들어, 수익성이 떨어지는 광산을 고집하면, 앞으로 10년도 지탱하기 힘들다고 판단하여 탄광 노조 등을 설득하고 결국 구조조정에 동참 시키는 데 성공하게 된다.

세계 문화 유산으로 지정된 졸버레인〈그림 65〉은 "세계에서 가장 아름다운 탄광"로 알려진 곳으로 오늘날 'Ruhr 지역'에서 가장 유명한 산업 기념물과 창조 산업의 중심지로 자리잡고 있다. 졸버레인은 "새로운 사용을 통해 보전을 한다"는 구호로서 역사, 문화, 창의력, 이벤트, 미식, 여가 활동 등의 다양한 범위의 관광 명소를 제공하고 있다. 겨울이면 생기는 150m 길이의 아이스링크와 졸버레인파크, 수영장, 자전거 등 레저시설루르박물관 등의 시설을 갖추고 있어서 그 결과, 졸버레인 주위에 연간 백만 명의 방문자를 불러오고 있는 것이다.

〈그림 66〉 졸버레인 본관동(ⓒ이수연:kr.blog.yahoo.com/ysy8187/1049, 평택시민신문)

졸버레인 지역은 다른 도시들이 수익성 감소를 대형화로 만회하려할 때 보쿰 시는 광산폐쇄와 첨단산업 및 대학유치 정책이라는 발 빠른 변화를 통해 살아남게 된 것이다. GM의 자동차 공장, 세계적인 통신사 노키아를 유치하고, 이 지역 최초의 종합대학인 보쿰대학을 유치하는 데 성공한다. 결국 "삶의 질 향상과 소득증대"라는 두 가지를 모두 달성하는 현재의 모습을 갖추게 된 것이다.

보통 이런 움직임과 성공적인 결과는 도미노처럼 다른 지자체로 이어지지만, 결국에는 유치하는 기업이나 대학에 제공하고 남은 폐 부지나 시설들을 어떻게 사용할 것인가를 놓고 고민하게 된다. 이때 나온 것이 역시 새로운 흐름이던 "문화시설로의 전환"이었던 것이다. 에센의 졸버레인 탄광지 시설은 2001년에 유네스코 세계문화 유산으로 지정되었다. 지정된 이유는 역사적으로 석탄광산의 온전한 하부구조로 구성되어 있는데다가 지난 150년간 필수적이었던 산업의 발달과 쇠퇴를 물질적으로 증명하는 유적이기 때문이다. 이곳은 지금 제철소 연료인 코크스를 생산하던 시설 그 자체를 돌아보는 것 외에 전시, 공연, 학술 행사가 끊이지 않고 열려 국제적으로도 유명한 곳이다.

② 뒤스부르크의 노르드파크www.landschaftspark.de와 보쿰의 웨스트 파크

'뒤스부르크'의 노르드 경관 공원은 산업 문화 유산, 자연과 매혹적인 조명-쇼를 결합한 곳이다. 이곳에서 방문자들이 발견할 수 있는 것은 십 년 이상의 기간 동안 변화되어온 다기능 공원으로서 200헥타르의 면적을 가진, 대규모 산업 황무지이다. 공원의 중심부는 문을 닫은 금속공장으로, 오래된 산업시설은 오늘날 다양한 다른 용도로 변화하였다. 이 공원은 약 200헥타르에 달하는 방대한 면적 위에 가동되던 티센제철소의 제철공장을 전부 그대로 남겨 두고 공원으로 바뀐 곳이다. 여기에는 거대한 고로高爐, 가스실, 변전소 등이 그때의 그 모습을 고스란히 간직하고 있어서 산업화시대의 유물을 보는 기괴함과 재미가 각별하다고 한다.

실제로 이곳은 레저와 레크레이션, 공연과 사진 등 예술활동이 아주 활발하다.

〈그림 67〉 노르드파크의 개조놀이시설(ⓒ이수연:kr.blog.yahoo.com/ysy8187/1049, 평택시민신문)

옛 공장 건물은 문화와 기업의 기능을 수용하기 위해 변환되었다. 이전에 가스탱크였던 곳은 유럽에서 가장 큰 인공 다이빙 센터가 되었으며, 고산 등반 공원은 전에 광석 저장 벙커를 따라 만들어졌다. 그리고 용광로였던 자리는 '파노라마 타워'로 개발되었다. 시설을 이용하는 사람〈그림 68〉들을 상상해보자. 거대한 가스탱크 안에서는 스쿠버다이버를 하고 있고, 탱크의 벽에서는 클라이머들이 암벽등반의 연습장으로 쓰

〈그림 68〉 노르드파크의 레저 활동 모습(ⓒcommons. wikimedia.org)

고 있고, 아이들은 튜브를 통해 저장벙커 속으로 미끄러져 들어가거나 단체로 놀이를 즐기는 모습[70]을. 자연애호가들은 한때 엄청난 열기와 공해로 병들었던 이 대지를 친환경적인 땅으로 되돌리는데 열중했다. 그 결과, 이 거대한 철골 구조물은 그 자체로 지역의 랜드마크가 되어 사진작가의 작품으로 수없이 등장하고, 그것을 배경으로 국제적으로 유명한 오페라가 자주 열린다. 밤에는 네온가스등이 곳곳에 형형색색으로 밝혀 조명을 통해 또 다른 세계를 창출한다.

이러한 장소의 특성으로 인근 유럽국가들의 학생들의 수학여행지로 각광받고 있다. 내용만 놓고 봐도 성공한 프로젝트로 볼 수 있을 것이다. 노르드파크는 공원으로 조성하기 위해 국제현상공모까지 해서 완성시켰다. 이후 1989년 국제도시 건축전을 여기서 개최하면서 유명세를 굳히게 된다.

70) 희망제작소, 도시칼럼, 독일산업공원, 2007.3.20.

웨스트 파크 역시 과거 제련, 제철소였던 곳으로 폐쇄한 시설을 그대로 유지한 채 시민들이 문화 예술 여가 활동을 즐길 수 있는 자연 공원으로 탈바꿈 시킨 곳이다. 산업화로 인해 파괴된 자연을 복원하고 재활용하여 문화 인프라로 사용하는 것이다.

노르드파크와 웨스트파크 두 시설 모두 공장 문을 닫은 뒤부터 계획 수립까지, 계획 수립이후 완성까지 각각 10년이 넘는 세월을 연구와 검토를 거치면서 완성한 독일다운 프로젝트로 일궈낸 곳이다.

〈그림 69〉 웨스트파크의 탄광 개조시설(http://commons.wikimedia.org/wiki/file:jahrhunderthalle_in_Bochum.jpg?uselang=ko)

〈그림 70〉 클링겐 제철소 외부모습 (ⓒ이수연:kr.blog.yahoo.com/ysy8187/1049, 평택시민신문)

(3) 클링겐 예술창작 지구

독일 남서부 '자를란트주' 클링겐Volklingen에 있는 제철소 유적지역이다. 면적이 약 6ha에 이르는 한 때 서유럽 최대규모의 제철소로 불리운 클링겐제철소〈그림 70〉는 현재 운영되지 않으나 19세기 제철소의 모습을 그대로 간직하고 있어서 1994년 유네스코문화사적으로 지정[71] 되어있다. '프랑크푸르트'에서 서남쪽으로 그리 멀지 않은 곳인 '자를란트 주'에 위치한 클링겐제철소는 우리나라와 인연이 있는 곳이다. 2차 세계대전 당시만 해도 독일병정들이 쓰던 철모의 70%를 생산했다는 이 제철소는 포항제철과의 경쟁에서 견디지 못하다가, 공해의 주범으로 인식한 시민들의 요구로 1986년 문을 닫은 곳이란다. 그러나 제철소 용광로 불이 꺼지던 날, 아이러니하게도 폐쇄를 요구하던 시민들이 앞장서서 공장시설 보존을 요구하며 출입을 금지시킨 덕에 '철강시설 그대로 보존된 곳' 으로도 유명하다. 제철소 자체 면적은 만 팔천 평 정도로, 크지는 않지만 1830년대 서유럽, 북미의 통합제철소로 지었다니 170년 전부터 그런 시설을 건립할 수 있었다는 것 자체가 놀라운 상황이다. 하지만 클링겐제철소의 놀라움은 시설보다 운영에 있다. 역겹기까지 한 기름 찌든 냄새에도 불구하고, 유럽 각국에서 대여해온 국보급 유물을 공장내부에 특별한 시설 없이 과감히 전시하고 있다. 미술관으로 사용 중인 현재에도 공장 시절의 기계들을 철거하지 않고 그대로 보존하고 있다.

71) 출처 : 뵐클링겐 제철소 [Volklingen Ironworks], 네이버백과사전

(4) ZKM www.ZKM.de

ZKM〈그림 71〉은 바덴-뷔르템베르그주의 '칼스루에Karlsurhe' 지역에 위치한 예술과 미디어 테크놀로지 센터Zentrum fr Kunst und Medien - technologie의 약자로, 예술가들의 도구가 더 이상 붓에 그치지 않는다는 것을 입증하는 곳이다. 이곳은 비디오 아트나 컴퓨터를 활용한 기술이 예술과 만나는 곳으로 볼 수 있다.

〈그림 71〉 ZKM Karlsruhe(ⓒhttp://creativecommons.org/licenses/by-sa/2.5/deed.ko)

1989년에 「하인리히 콜츠Heinrich koltz」가 총감독을 맡아 예술과 뉴미디어를 동시에 이끌어가고자 하는 목적으로 출발하였다. ZKM의 건축을 위해 부지선택을 놓고 고심

하던 중 군수공장의 건물을 보수하고 개조하는 것으로 의견을 모으고 건축가를 선정한 사례이다. 이 사례의 의미는 군수공장의 재생논의를 위해서 미디어센터 건립방안이 도출된 것이 아니라 미디어센터의 설립을 위한 연구와 기획을 위해 옛 군수공장이 미디어센터의 부지로서 적합하다는 결정에서 추진되어졌다는 것이다.[72] 이러한 계획하에 세워진 ZKM은 작가들에 새로운 작업을 할 수 있도록 시설과 발판을 마련해주고, 미디어 예술분야의 연구센터로서 작가와 과학자를 초빙하여 스튜디오를 제공해서 지식과 기술을 공유하고 교환할 수 있는 기능을 담당하고 있다.

독일뿐 아니라 전 세계 미디어 아트의 중심 센터 역할을 하는 곳이다. 길이 350m에 이르는 거대한 아우크스부르크 탄약창을 개조해 만든 ZKM의 현관 입구를 들어서면 왼편으로 기획전이 열리는 전시장이 있고, 오른 쪽으로는 미디어 극장과 뉴 아트센터가 자리 잡고 있다. 관람자들은 한 장소에서 고전적인 미술부터 20세기 새로운 실험들의 결과와 현재 진행되고 있는 첨단 미디어 아트의 다양한 면들을 경험할 수 있어서 "고전적인 미술과 새로운 미디어 아트는 서로 독립된 것이 아니라 상호 관계 속에서 제 의미를 가질 수 있으며, 둘의 평행한 관계 속에서 미래의 예술을 찾을 수 있다"는 ZKM의 기본 정신을 느낄 수 있다.

ZKM의 특징은 단순한 예술 공간이 아니라 예술과 뉴미디어의 결합, 연구와 창작 활동의 연계에 있다. 미디어 박물관, 신예술 박물관, 마디어텍, 영상미디어 연구소, 음향청각 연구소, 영화연구소, 기초연구소, 그리고 미디어 및 경제연구소로 구성된 것 외에도 시립 미술관과 칼스루에 국립조형대학이 위치하고 있다. 일년 예산이 2000년 기준 우리 돈으로 2천억 원이 넘었고 그 예산의 절반을 시가 부담하고 있다고 한다. 이렇듯 많은 예산을 투자할 수 있는 정신은 ZKM을 통해 기술 환경의 발전과 문화의 사회적 기여를 동시에 할 수 있다는 것 때문이다. 길이가 350미터에 달하는 ZKM미디어센터 내 시설은 다음과 같이 구성[73]되어 있다.

---

72) 심상민 외, 한국문화산업 상징공간 조성계획, 문화관광부, 2003. pp.92-93 재구성.
73) 김윤희, 폐채석장 부지의 예술적 재생과 운영방안 연구, 경희대학교 석사학위논문, pp.55-56.

〈표 10〉 ZKM 미디어센터의 시설현황

구성명칭	내용
미디어 뮤지엄	인터렉티브 매체 예술을 위한 박물관
현대 미술관	회화, 그래픽, 조각, 사진 등 소장품을 전시하는 공간
시각 미디어 연구소	시각적 기술의 연구와 개발
이미지 미디어 학교 및 음악음향학교	컴퓨터를 이용한 작곡, 음향조작 등의 작업, 연구, 개발, 영화음악 라디오연극까지 다양한 작업들이 포함.
매체미술연구소	디지털 영상, 통신기술, 인터렉티브 시스템, 시디롬 등의 영상기술과 매체 문화 연구 및 창의적, 비판적 토론
미디어미술관	방문자의 체험을 중시하여 기기를 갖춘 아뜰리에를 마련해두고 다양한 기술에 접근하도록 배려함. 그 특성에 따라 6개의 공간으로 구분됨.

ZKM은 첨단미디어 예술만을 위해 세워진 세계최초의 미술관으로서 작가, 학자, 기술자 그리고 관객의 체험 등이 합쳐져 공동으로 만들어내는 전문적인 미디어 미술관을 성공적으로 구축해낸 것이 가장 큰 성과라고 한다.

이상과 같이 독일의 산업공원은 낡은 시설을 개조해 공원으로 만드는데 그치는 것이 아니라 독일의 '루르' 일대의 과거 산업시설을 지금은 산업문화공원으로 만들어 새로운 관광의 명소로 만들었다는 것이다. 그것도 한 군데가 아니라 이러한 시설들을 하나로 묶어 아예 "Industrial Park Route"로 만들어 체계적인 관광코스로 개발하고 있다. 그대로 놔뒀으면, 없어졌을 과거의 산업유산을 보존하고, 오히려 장점으로 승화시켜 복합문화공간으로 창출한 점, 시민들의 참여와 적극적인 홍보작업 역시 독일의 산업공원들이 자리잡는 요인으로 작용했을 것이다. 이점은 국내의 오래된 산업단지재생시에도 고려할 수 있는 사례이며, 반영이 필요한 부분으로 볼 수 있다.

6. 채석장/광산을 바꾸다.

1) 포천 아트밸리

경기도 '포천'은 우리나라 최대의 화강암 생산지로서 22개의 채석장에서 연간 300~400억 규모의 매출을 올리고 있던 지역이었다. 이처럼 경제적으로 광산이 기여를 하였으나 세월이 흐름에 따라 결국 경제성의 하락으로 폐 채석장이 늘어갈 수밖에 없다. 실제 포천지역의 폐채석장은 11개를 넘어서서 향후에도 늘어날 수박에 없는 상황이다. 포천아트밸리〈그림 72〉는 60년대부터 화강암 채석장으로 사용되다 90년대 중반 이후 환경이 파괴된 채 폐석장으로 방치되어 있던 것을 국내 최초로 문화 예술로 치유하여 재탄생시킨 문화 예술공간이다. 당초에는 아트밸리 내에 미술대학을 유치하고, 화강암 생산지의 이미지 부각을 위해 석벽에 조각을 새기고 석조각을 특화하기

〈그림 72〉 포천아트밸리의 배치도(ⓒwww.artvalley.or.kr)

로 하였으나 지역에 거주하는 예술가들의 건의로 훼손된 자연을 그대로 보존하면서 자연치유적인 의미의 환경조성과 조각공원, 예술가들의 창작스튜디오를 조성하게 되었다.

포천채석장의 출발은 중생대의 화강암의 탄생부터 시작된다. 오랜 세월 동안 지표층이 풍화와 침식을 겪으며 깎여 노출된 것이 화강암으로 외화획득과 국내 주요 건축물의 자재로 공급하기 위하여 1960~90년대에 화강암 채석이 이루어졌다. 90년대 중반부터는 양질의 화강암이 더 이상 생산되지 않자 환경이 파괴된 채, 흉물스러운 모습의 폐채석산으로 남아 있게 되었다. 2005년부터는 아트밸리 조성사업이 시작되어 환경이 파괴된 흉물스러운 모습의 버려진 폐채석산을 국내 최초로 친환경 문화 예술 공간으로 조성되었다. 2011년까지 산업유산을 활용한 콘텐츠 중심의 예술 창작 공간 조성 사업을 추진할 예정인 곳이다. 포천시 신북면 기지리 282번지 일원으로 부지면적은 약 150,000㎡, 진입로 길이는 1.32㎞이다. 주요시설로는 주차장8,167㎡-200면, 조각공원6,710㎡, 소공연장1,165㎡, 이벤트광장1,400㎡, 야외공연장1,510㎡, 맨발체험장450㎡, 호수7,040㎡, 관람데크240㎡, 산책로200㎡, 전망대가 4개 설치되어 있다. 또한 이동수단으로 모노레일이 포천아트밸리 주 진입로로 활용되는 경사로 구간에 관람객들을 위하여 전체길이는 420m, 승강장은 3곳으로 민간자본이 유치되어 설치되어 운영되고 있다.

포천아트밸리에 올라가면 가장 눈에 띄는 것이 〈그림 73〉과 같이 푸른 빛을 띈 호수인 천주호이다. 화강암을 채석하며 파 들어갔던 웅덩이에 샘물과 우수雨水가 유입되어 형성된 곳이다. 호수의 최대 수심은 20m로 가재, 도룡뇽, 피라미가 살고 있는 1급수로서 수질 보호와 안전을 위하여 호수 출입은 금지되어 있다. 야외공연장은 화강암채석으로 절단되었던 약 40m의 화강암 직벽을 배경으로 한다. 여기에는 파고라 6개, 조각작품1점, 비가림 시설이 설치된 무대가 있으며, 관람객은 2,000명 이상을 수용할 수 있다. 또한 소공연장은 화강암 채석으로 절단되었던 약 50m의 화강암 직벽과 천주호의 사이에 설치된 무대220㎡와 약 400명의 관람객을 수용할 수 있는 곳으로 화강암 직벽을 활용한 영화상영과 소리울림 현상을 이용한 독특한 공연이 가능한 수상

〈그림 73〉 포천아트밸리의 천주호 모습 (ⓒwww.artvalley.or.kr)

공연장이 있다. 그리고 메인건물에는 작가들을 위한 '창작예술공간'이 꾸며져 있어, 방문자들은 작가들의 작품활동을 지켜볼 수 있고, 때에 따라 작품에도 참가할 수 있다.

포천아트밸리는 산업화시대의 유물이 되어버린 도심속 폐공간의 활용과 무분별한 개발로 인해 훼손된 자연의 예술적 재생이 도시재생 이념을 구현하고, 지역의 브랜드화에 기여하는 새로운 창작공간으로서 의미를 갖는다. 이러한 새로운 창작공간은 예술가만의 전유공간이 아니라 예술가와 주민들, 관광객들이 함께하는 '지역사회 참여형 문화시설'로 확대되는 과정으로서 의미가 있다. 운영프로그램과 공간 배치 등 여러 분야에서 개선해야할 과제가 산적해있음에도 불구하고, 방치되어있던 공간이 예술적 재생을 통해 지역의 새로운 활력의 장치로서 일반적인 문화예술공간과는 차별화된 전략과 목표를 가지고 있는 것이다.

2) 광산자리를 온실로 바꾸다. - 영국의 에덴프로젝트

〈그림 74〉 에덴프로젝트의 전경(ⓒwww.edenproject.com)

일반인에게 다소 생소하게 느껴질 수 있는 에덴 프로젝트〈그림 74〉는 〈런던 아이〉, 〈밀레니엄 돔〉과 더불어서 영국에서 진행된 가장 큰 밀레니엄 프로젝트중의 하나이다. 에덴동산Garden of Eden으로 불리는 이 프로젝트는 "인간과 식물이 어우러진 신세계로 이르는 길", "지구가 연출해 내는 웅장한 드라마로 살아 있는 것들의 총체"라는 수식어로 표현된다. 이 프로젝트의 실체는 최첨단 기술로 지어지고 운영되는 세계 최대의 그린하우스, 식물원이다. 이 에덴동산은 왜 인간에게 식물이 필요하고 어떻게 식물을 이용하고 돌볼 것인가를 보여주는 환경교육과 실천의 장으로 21세기 화두인 환경문제를 종합적으로 다루겠다는 기획의도로 지어졌다. '런던'에서부터 차로 약 5

시간 가량 떨어진 남서부의 '콘월Cornwall' 지역에 건설된 에덴 프로젝트는 영국을 대표하는 세계적인 건축가 중 한 명인 「니콜라스 그림쇼Nicholas Grimshaw」가 디자인 했고, 전체부지 면적이 15헥타에 이르는 세계 최대 규모이다. 〈그림 74〉에서 볼 수 있는 것처럼 전체적인 형태는 벌집 모양의 크고 작은 8개 돔들이 유기적으로 연결되어 구성된다.

(1) 도입 배경

에덴 프로젝트가 위치한 구릉지역은 과거에 도자기를 만드는 흙을 채취하던 광산자리였다. 그리고 그 자리는 멋지게 재활용하여 지금의 에덴 프로젝트가 된 것이다. 에덴 프로젝트를 쉽게 설명하자면 처음부터 끝까지 환경을 생각하며 독특한 방식으로 건축된 식물원이라고 할 수 있다. 〈그림 74〉에서도 알 수 있듯이 에덴 프로젝트가 유명세를 떨치고 있는 것에는 독특한 모양이 큰 비중을 차지한다고 할 수 있다. 축구공 같기도 하고 비닐하우스 같기도 한 독특한 모양이다. 여기에는 태양광을 최대한 활용 할 수 있고 비닐 사이에 공기층이 있어서 최소한의 인공적인 힘을 이용해 온실을 유지할 수 있다는 의미가 있다. 즉, 거대한 돔으로 이루어진 온실 속에는 하나의 거대한 자연이 숨쉬고 있다는 것이다.

〈그림 75〉 에덴프로젝트가 들어서기 전 황폐화된 광산모습(ⓒ www.edenproject.com)

한편, 에덴 프로젝트의 관심은 온실이라는 점에서 '식물'이 최우선적이다. 그러나 이 프로젝트의 관심은 식물에만 머무는 게 아니라 환경과 사회운동으로 관심 영역을 확장하고 있다고 한다. 이 사례는 훼손된 공간을 재생하여 환경보존의 교육장으로 활용하고, 관련 일자리의 창출로 지역경제에 도움이 되게 하였다는 점에 주목할 필요가 있다.

(2) 규모와 구성

총 경비 8천만파운드, 우리 돈으로 약 1,500억원이 넘는 돈이 들어간 이 세계 최대 온실의 규모와 구성은 다음과 같다. 전체 50만 평방미터의 부지 위에 모두 8개의 크고 작은 돔으로 이루어졌지만 4개씩 연결되어 크게 왼쪽의 열대우림돔과 오른쪽의 온대돔으로 구분된다. 가장 큰 왼쪽 돔은 길이가 240m, 높이가 55m, 폭은 110m로 넓이가 16만 평방미터에 이른다. 온실 내의 공기무게만 536t이다. 첨단 건축공학으로 건축되어 내부지지대는 전혀 없다. 안내책자는 '런던'의 명물 런던타워를 그 안에다 담

〈그림 76〉 에덴프로젝트가 들어선 이후의 모습(ⓒ www.edenproject.com)

〈그림 77〉 돔 안에 운영중인 기구와 돔밖에 설치된 곤충 조각(ⓒ www.edenproject.com)

고도 남을 정도이고 이층버스 11대를 쌓아놓을 수도 있다고 설명한다. 돔의 크기에 따라 8각형의 패널크기도 달라지는데 다습열대돔의 경우 직경이 11m에 달하고 500개가 넘는 패널로 연결돼 있어 밖에서 보면 거대한 벌집을 연상시킨다. 크기와 넓이 면에서 가장 큰 새집구조의 비계구조물로 기네스북에 두 가지 항목이 들어가 있다. 홍보물에는 이런 이유로 '세계 8번째 불가사의'로 불린다고 나와 있다. 여기에서는 세계 각국의 식물 약 5,000여 종이 서식하고 있는 것이다. 이 온실 프로젝트는 「팀 스미트Tim Smit」가 고안하고, 건축가인 「니콜라스 그림쇼Nicholas Grimshaw」가 건설하였다. 2년 6개월의 건설기간을 거쳐 2001년 3월 17일에 개장하여 이제 10여 년의 기간이 흘렀다. 이곳의 모든 환경은 컴퓨터 시스템으로 제어 · 관리되고 있다.

이곳은 그린하우스, 즉 온실이지만 유리 사용은 처음부터 구상에서 제외되었다고 한다. 온실 전체 크기를 고려 시 유리는 너무 무겁고 신축성이 없어 위험해서란다. 대신에 ETFE[74]가 사용되었다. 각각의 8각 패널에는 서너 겹으로 붙인 ETFE가 두께

74) 일종의 첨단 투명플라스틱으로 유리 무게의 100분의 1도 안 되고 유리보다 빛이 더 많이 통과되어 온실에 더없이 좋은 재질이다. 화학적으로는 정전기가 없어 먼지와 새들의 분비물이 빗물에 쉽게 씻겨나간다. 질기고 햇빛에 늘어나거나 하지 않으며 온도의 영향을 전혀 받지 않고, 수명은 최소 25년이나 된다.

2m로 이중으로 설치되어 공기베개 모양을 이루기 때문에 이중창보다 양호한 보온효과를 낸다. 그래서 다습한 열대 돔의 경우 실내온도가 19~35℃를 항상 유지할 수 있다.

여러 개의 돔 중 가장 큰 '열대우림 돔'에는 바나나, 커피, 고무, 자이언트 대나무 등의 열대 식물들이 있다. 다음으로 '지중해 돔'은 높이 35m, 너비65m, 길이 135m, 면적 1.6에이커로서 올리브, 포도 등의 온난 건조 지역의 식물들이 있으며, 야외에는 차, 라벤더, 홉, 해바라기 등의 식물이 있다. 2005년 9월에 개장한 '코어The Core'관은 학생들을 위한 교육관으로 사용하고 있다.

온대 온실에는 또한 다양한 형상의 조각들이 식물들과 독특한 조화를 이루며 설치되어 있다. 이 두 개의 온실 외에도 에덴 프로젝트 주변에는 수많은 종류의 나무와 꽃들이 심어져 있고 조형물들이 설치되어 있다. 따라서 주변 전체가 거대한 태초의 모습을 간직한 공원이라 할 수 있다.

(3) 에덴 프로젝트의 의의

에덴 프로젝트의 지금까지 경과는 다음과 같다. 개장 후 첫 2년간 지역사회에 6천억원의 생산유발효과를 낸 것으로 분석되었으며, 고용의 95%가 지역사회에서 이루어져서 취업율 낮은 낙후지역, 지역사회의 고용창출 효과가 매우 클 수 있음을 보여준다. 대규모 교육센타로서의 기능을 하며, 계속적인 다음 차례의 돔 프로젝트가 진행중으로 현재 돔 내부에서는 식물 외에 동물들의 도입이 실험 중에 있다. 에덴 프로젝트는 개장도 하기 전에 건설과정을 보고자 50만 명의 사람들이 다녀갔다고 한다. 이곳이 이렇게 전문가들뿐만 아니라 일반인들에게 예상을 뛰어넘는 사랑을 받는 이유는 무엇일까.

첫째, 생태학습장으로서의 교육기능 때문이다. 에덴 프로젝트의 관계자들은 이곳이 단순한 생태공원이라는 것에 동의하지 않는다. 이곳은 공원의 개념을 넘어서 실제로 체험하고 자연과 하나되는 살아있는 교육 및 실습장이다. 그리고 주요 대상은 다름 아닌 미래의 주역인 어린이들이다. 이곳에서 진행되는 교육 프로그램들을 통하여 어린이들은 자연과 환경의 소중함을 이해하고 나아가서 어떻게 그것을 보호해야 하는가를 배울 수 있다.

둘째, 다른 곳과 차별화된 쉼터로서의 역할이다. 철저하게 자연과 하나될 수 있는 분위기는 물리적인 것뿐만 아니라 심리적으로도 새로운 활력을 주기에 부족함이 없다. 통계에 따르면 이곳을 방문하는 사람들의 대다수가 1박 2일의 주말 여행객들이다. 주말을 이용하여 도심에서는 느낄 수 없는 편안한 시간을 가질 수 있다는 점에서 그 어떤 장소보다 훌륭하다는 말이다. 영국 전체에서 에덴 프로젝트보다 많은 방문객을 유치하고 있는 곳은 〈런던 아이〉밖에 없다. 〈런던 아이〉가 접근이 용이한 런던에 있고 방문객의 상당수가 외국인인 것을 감안한다면, 영국인들의 에덴 프로젝트사랑이 어느 정도인지를 충분히 짐작하고도 남음이 있다. 인류의 시조가 살았던 에덴 동산이 21세기에 새로운 모습으로 드라마틱하게 부활했고 자연과 환경의 소중함을 일깨워 주고 있음이다.

이 같은 긍정적인 효과 외에도 에덴 프로젝트는 '환경을 빌미로 한 상업적 관광상품' 이라는 평가도 받고 있다. 이는 영국 정부가 상업, 과학, 환경 및 교육의 장으로서 훌륭한 모범을 만들겠다고 했지만, 속을 들여다보면, 상업적 목적이 우선이고 나머지는 '구색 맞추기' 라는 인상을 받을 수도 있어서이다.

7. 섬을 바꾸다. – 나오시마 프로젝트(섬 전체를 아트센터로)

일본 '가가와현香川縣' 해안에 자리잡은 둘레 16㎞ 작은섬 '나오시마直島'는 1990년대까지만 해도 눈에 띄지 않는 구리제련소가 뿜어내는 각종 폐기물로 황폐해졌던 섬이다. 그러나 오늘날 세계 각국에서 33만명(2008년 기준)의 관광객을 끌어모으는 세계적 미술관으로 변신해있다. 섬 전체를 하나의 현대 미술관으로 개조, 전세계 미술애호가를 불러들인 것으로 그 결과 주민 1인당 평균소득도 가가와현 내 35개 지자체 중 1위를 차지하여 '나오시마의 기적' 이라고 불리우게 되었다. 이와 같은 나오시마의 기

〈그림 78〉 나오시마 섬의 쿠사마 야요이작품(ⓒwww.benesse-artsite.jp)

적은 2008년도 포천지 선정 '일본 20대 부호' 리스트에 이름을 올린 일본 최대 출판 · 교육그룹 '베네세'의 「후쿠다케 소이치로 회장」이 주역이다. 그는 18년이라는 긴 기간을 버티며 나오시마 프로젝트〈그림 78〉를 성공시켰다.

혼슈섬과 규슈 섬사이에 있는 나오시마 섬은 미국 유명여행지 콘데나스트 트래블러가 선정한 '앞으로 가봐야 할 여행지 7곳' 에도 선정된 바 있다. 세계적으로 유명한 일본의 유명한 건축가「안도 타다오」가 설계한 "베네세 하우스"와 "지중 미술관"이 세워지고, 해안 곳곳에 여러 작가의 작품이 설치된 현대예술의 천국이라고도 불리운다. 또한 마을전체가 미술관으로, 오래된 가옥을 개조하거나 공간 자체를 작품화한 아트 하우스 프로젝트로 널리 알려져서 국내에서도 많은 사람들이 방문하고 있는 장소이다. 주요 시설로는 호텔과 미술관이 만난 "베네세 하우스"가 있다. 1992년 오픈한 "베네세 하우스"는 자연·건축·아트의 공생을 주제로 설치된 곳으로 일본 리조트 시설 가운데 해외에 잘 알려져 있다. 이 건물은 밖을 향해 크게 열려 있는 구조와 실내에

〈그림 79〉 나오시마 지중미술관(© www.benesse-artsite.jp)

서도 항상 외부의 자연을 느낄 수 있도록 배려했다는 점에서 특색을 갖는 건물이다. 또 "베네세 하우스"는 세계 최초로 미술관이 들어 있는 호텔이다. "베네세 하우스"는 각각 다른 스타일로 꾸며진 4개의 동으로 구성돼 있는데 메인 호텔이라 할 수 있는 뮤지엄 동과 섬세한 나무 재료를 사용한 파크동은 숲으로 이어져 있다. 「백남준」, 「리처드 롱」 등 베네세 일가가 수집한 작품 40여 점이 호텔로 이어지는 미술관에 전시돼 있다. 본관보다 40m 높은 곳에 떨어진 별관 Oval동은 물, 하늘, 빛이라는 「안도 타다오」 건축의 중요한 요소들을 잘 보여주는 공간이다. 장축 20m, 단축 10m의 타원형 중정 가운데 연못이 있고 원, 사각 등 기하학적인 형태로 자연의 미를 극대화한 「안도 타다오」만의 건축기법이 살아 있다.

또한 〈그림 79〉에 있는 2004년 완공된 "지중미술관地中美術館"은 「안도 타다오」의 건축과 예술이 하나로 융합된 공간을 주제로 한 작품으로 인정받는다. 능선을 훼손하지 않기 위해 미술관을 지하에 건축한 발상과 작은 수의 작품으로도 감동을 극대화시킨 연출기법이 독특한 곳이다. '자연과 인간의 관계를 생각하는 미술관' 이라는 컨셉트에 맞춰 아름다운 능선 아래 미술관이 땅 속에 들어앉은 형태를 이루었으며, 전시공간은 인상파 화가 「클로드 모네Claude Monet」, 조각가 「월터 드 마리아Walter De Maria」, 빛을 이용한 작가 「제임스 터렐James Turrell」, 단 세 작가의 작품만 전시되었다. 특히 빛의 미묘한 변화를 화폭에 담는데 일생을 바쳤던 「모네」의 작품을 인공조명이 아닌 자연 채광을 통해 감상하도록 하였다. 스스로 본인을 '제 4의 아티스트' 라고 말하는 「안도 타다오」는 작품을 위한 전시장인 동시에 건축의 묘미까지 살린 예술적 공간을 만든 것이다. 또한 지중미술관은 작품을 관람하는 행위 자체가 '예식' 같은 과정[75] 이란 특징까지 있다.

"나오시마 사례"는 최근 국내에도 황폐화된 지역이나 섬들이 등장하고 있는 점에서 이를 반영할 필요가 있는 사례이다. 나오시마 개발사업 중 빠트릴 수 없는 프로젝트로는 1998년 시작한 이에 프로젝트로써 총 7개의 프로젝트가 진행되고 있다. 아트 하우스 이에 프로젝트는 마을 사람들이 하나 둘 떠난 뒤 남은 빈집을 활용해 아티스트들이 집 자체를 작품화 함으로써 섬 전체를 미술관화 한 것이다. LED를 이용해 숫자 0을 제외하고 1~9의 숫자를 차례대로 점등해 생과 사를 표현하는 설치작가 「미야지마 타쓰오」의 '카도야'가 이에 프로젝트의 첫 번째 주인공이고, 「안도 타다오」와 「제임스 터렐」이 완성한 '미나미 데라', 치과의사 주거지를 「오다케 신로」가 통째로 작품화한 '하이샤' 등이 있다. 결국, 세상에 하나뿐인 땅속 미술관, 예술품으로 가득한 호텔, 빈집도 문패도 안내판도 모두 예술작품인 인구 3,900명의 외딴 섬은 세계적 플레이스 브랜드를 가진 명소가 되어 연간 관광객 30만 명을 유치하고 있는 것이다. 즉, 섬 전체를 미술작품으로 바꾸어서 어느 한 곳의 장소 개발이 아닌 전체를 하나의 맥락으로 연결하여 개발하여 거주 인구에 대비한 관광객 유치 성과는 매우 성공적인 결과를 보이고 있다는 점이다.

75) 모네의 '수련' 이 있는 전시공간에 들어가기 위해서는 신발을 벗어야 하고 대리석을 잘게 깎아 끼워놓은 바닥의 질감을 최대한 느낄 수 있도록 고안해 낸 관람방법, 숭고한 미감을 유지하기 위해 메모는 연필을 써야 하는 것 등이다.

여기에서 나오시마 프로젝트는 '민간회사'가 주도적으로 진행하였다는 점에서 진행과정을 한번 더 살펴볼 필요가 있다.

먼저, '베네세그룹'의 '미래 성장 동력'을 찾는 작업으로 이루어졌다. 이 점은 타 기업에도 타산지석이 될 수 있는 동기를 줄 수 있다고 생각한다. 1986년 서점에서 시작해서, 일본학습지시장 부동의 1위였던 회사로서, 주로 학생이나 젊은 층 대상의 사업을 영위하다가 당시 일본사회가 본격적 고령화가 이루어지고 있어서 새로운 성장 동력과 기업 브랜드이미지도 바꿀 필요성이 생겼던 것이다. 이 회사는 새로운 성장동력으로 성인상대로 한 어학 교육사업, 노인간호 사업 영역에 진출하는 등 고령화에 맞춰 사업 포트폴리오 새로 구성하였고, 사회공헌활동과 기업의 브랜드 이미지를 획기적 높일 수 있는 아이디어로 시작된 프로젝트이라고 한다. 그리하여 무인도에 가까운 섬을 탈바꿈하는 프로젝트를 시작한 것이다. 1987년, 10억엔을 주고 섬의 절반 사들여서 섬을 아름다운 미술관으로 계획하고, 「안도 타다오」에게 의뢰하였다 한다. 처음에는 타 사례처럼 예외 없이 내부 반발이 많았으며, 쓸데없는 곳에 돈을 써서 그룹이 망할 것이라는 비난까지 듣는 상태였다. 그러한 도중에도 강력한 추진력을 갖고, 이색적 건축물인 "베네세하우스"와 건물을 땅속에 묻은 "지중미술관"이 완성된 것이다. 해안 곳곳엔 세계적 작가들의 작품을 설치하고, 빈집도 '아트하우스'로 다시 변화된 것이다. 이와 같이 '랜드마크'적인 건축물들이 나타나고 섬 여기저기에 나타난 변화의 모습을 사람들의 눈으로 확인하게 되자 방문객이 늘어났으며, 이후 지금과 같은 필수적인 방문지가 되었다는 점이다. 그 결과 '베네세그룹'은 섬에 쏟아 부은 투자 금액을 모두 회수가 가능한 수준에까지 이르렀다고 한다. 여기에서 멈추지 않고 '베네세그룹'은 데시마豊島와 이누지마犬島등 인근 섬에도 미술관을 지으며 제2, 제3의 나오시마를 만들어가고 있다고 한다.

8. 철로를 공원으로 -뉴욕의 하이라인 www.highline.org

개척의 시대에 미국에서는 가장 중요한 교통수단이 철도였다. 이 때 만들어진 것이 산업철도이며, 이 중의 하나인 하이라인〈그림 80〉은 1930년대 만들어진 철로이다. 그런데 이 지역이 맨하탄지역에서 가장 큰 산업단지였기 때문에 운송의 위험을 제거

〈그림 80〉 하이라인 철로의 과거 모습(ⓒwww.highline.org)

하고, 사고방지를 위해 공중으로 30피트 이상 올려서 지어졌다 한다. 그리고 뉴욕의 산업화에 앞장서는 시설로 운영되었다. 그러나 1950년대 자동차의 발달과 도로망의

확충에 의하여 화물운송이 트럭으로 넘어가면서 하이라인의 존재가치가 떨어지게 되었다. 1960년대에 하이라인의 최남단구역이 철거되었고, 이 지역의 공장들도 점차 외곽으로 이전해감에 따라 결국 1980년대 들어 어느 기차도 하이라인을 달릴 필요가 없게 되었다.

이후 주변 지역이 점차 디자인 스튜디오나 음식점, 박물관이나 주택 등으로 개조되어 갔고, 1990년대 들어서는 과거에 뉴욕의 산업화에 절대적인 기여를 하였던 하이라인은 더 이상 철도가 아니라 흉물이 되었던 것이다. 그러던 중 하이라인을 철거하고, 그 곳에 다른 건물을 세우자는 의견으로 한때, 철거위기까지 갔었으나 「로버트 하몬드」와 「조쉬 데이비드」 두 사람에 의해 하이라인은 공원으로 전환하게 되었다. 여러 번의 소송을 거쳐 2006년 기공식을 시작으로 지어져서 2009년 6월 공식적으로 오픈한 곳이다. 그 결과 뉴욕시민들이 즐거운 시간을 보내는 대표적인 공원으로서 도시의 흉물에서 허드슨강가와 도시의 전망을 제공하는 새로운 공간으로 재탄생하게 된 것이다. 이 점은 개발압력을 받고 있는 우리나라의 폐철도의 경우에서 심각하게 받아들여야 할 부분이라 생각된다. 즉, 지자체에서 철거하려는 것을 뜻있는 시민들이 힘을 합쳐 개발을 막고, 오히려 자연공원으로 돌렸다는 점에서 의미가 있다고 볼 수 있다.

하이라인 은 그 결과, 철따라 다양한 꽃과 식물을 옮겨 심어서 뉴욕시민들의 편안한 휴식처로 자리잡게 되었으며, "철로를 예쁜 공원으로 바꾼 사례"가 된 것이다.

〈그림 81〉 하이라인 철로의 시민 모습(©www.thehighline.org)

9. 기타 문화시설 개발 사례

1) 아부다비 사디야트 문화지구[76] www.saadiyat.ae

〈그림 82〉 사디야트섬 문화 특구 조감도(©www.saadiyat.ae)

아랍에미레이트연합UAE, United Arab Emirates은 7개의 아랍 토호국이 연합한 연방국가이나 최근 구성국 중에서 '두바이'가 두바이 타워, 인공섬 팜주메이라, 7성급 호텔 버즈 알 아랍 등 획기적인 아이디어와 전략을 바탕으로 세계인들의 이목을 집중시키고 있다. 아랍에미레이트의 수도는 '아부다비Abu Dhabi' 로서 아부다비 왕이 UAE 대통령을 맡고 있고, 석유 매장량 면에서도 두바이의 20배에 이르는 등 객관적 수치로 보면 '아부다비'가 주도권을 가져야 하지만 현재 인구 수나 경제규모 측면에서 '두바이'가 압도적으로 앞서 가고 있다. 역사와 전통 그리고 행정의 중심이라는 자부심을 갖고 있는 '아부다비'는 '두바이'를 따라잡기 위해 '두바이 와 차별화 된 새로운 성장 전략을 제시하기에 이르렀다. '아부다비'의 차별화된 미래전략은 세계적인 문화시설을 집결

76) 이종연(2009), 플레이스 브랜딩과 연계한 뮤지엄 브랜딩 전략 연구, 단국대학교 석사학위논문 참조글,

〈그림 83〉 구겐하임 아부다비 박물관(Guggenheim Abu Dhabi Museum)조감도(©www.saadiyat.ae)

시켜 중동의 문화허브 도시로 건설하고자 추진하고 있는 사디야트 섬 문화 특구 조성 프로젝트〈그림 82〉가 대표적이다.

'두바이'에 없는 문화적 요소를 앞세워 수도로부터의 '아부다비' 위상을 제고하기 위한 프로젝트인데, 시설 중심의 계획만으로 진정한 문화를 만들어 갈 수 있는가에 대한 회의적 시각도 있다. 사디야트 섬은 인공 섬이 아닌 자연 섬으로 면적은 약 27㎢다. 사디야트 섬 개발은 2018년 완공을 목표로 추진되고 있으며, 30여 개의 호텔 및 리조트 그리고 16만 명을 수용할 수 있는 고급 주거지역을 포함하고 있다. 섬 전체를 총 7개의 테마거리를 주제로 계획하고 있으며, 이중 가장 대표적인 사업이 '문화지구 cultural district 조성 프로젝트'다.

이 부분은 '아부다비' 에미레이트가 '두바이' 에미레이트와 가장 차별화 시킨 테마로, 바로 중동의 '문화 허브' 를 구축하는 플랜이다. 4개의 대형미술관 및 박물관 그리고 공연센터 등이 들어서는 문화지구를 계획함에 있어, 최고의 디자인과 세계의 관심을 끌어내기 위하여 국제적으로 저명한 건축가들을 동시에 참여시켰다.

문화지구에는 구겐하임 아부다비 박물관 Guggenheim Abu Dhabi〈그림 83〉, 루브르 아

〈그림 84〉 루브르 아부다비 박물관 조감도(Guggenheim Abu Dhabi Museum)조감도(ⓒwww.saadiyat.ae)

부다비Louvre Abu Dhabi〈그림 84〉, 공연예술센터Performing Art Center, 해양 박물관Maritime Museum, Sheikh Zayed 국립 박물관 등이 들어설 예정이다. 이와 함께 프랑스 소르본 대학의 아부다비 캠퍼스와 미국 예일대학의 예술 대학원도 건립될 것으로 보인다. 또 미국 영화사 '워너 브러더스'가 테마파크 · 호텔 · 영화제작소 · 방송국으로 구성된 2400만㎡ 규모의 미디어 엔터테인먼트 센터도 조성할 예정이다.[77]

구겐하임 아부다비 박물관Guggenheim Abu Dhabi Museum[78]은 박물관의 기능을 소장품, 기획전시장, 미술과 기술 센터, 현대 이슬람 문화센터, 어린이 미술 교육 시설, 기록보관소, 도서관, 연구 센터와 보존 연구소로 구성하였다. 41,000㎡ 규모에 16,000㎡의 전시 공간으로 세계에서 가장 큰 구겐하임 시설로 미국의 건축가 프랭크 게리가 설계한다.

루브르 아부다비Louvre Abu Dhabi는 프랑스 역사상 최초로 외국에 소장품을 빌려주는 케이스로 '두바이'가 갖지 못한 기능을 '아부다비'가 먼저 선점하는 가장 차별화된

77) 저자미상 두바이로 세계를 놀라게 한 UAE 진짜 승부는 아부다비에 건다'
78) http://blog.daum.net/jinos25/17441917?srchid=BR1http%3A%2F%2Fblog.daum.net%2Fjinos25%2F17441917

사업이다. '아부다비'는 30년간 '루브르'라는 이름을 사용할 수 있는 브랜드 사용권을 부여 받고 루브르 박물관의 작품 수 백 점을 6개월에서 2년간 대여하는 조건으로 4억 유로한화 7천 52억 원을 루브르 박물관 측에 지불키로 했다. "루브르 아부다비"는 사디야트 섬의 자연 환경을 최대한 고려하여 프랑스 건축가 「Jean Nouvel」이 아랍 전통 양식인 돔 형태로 설계한다.[79)]

'아부다비 2030 계획The Plan Abu Dhabi 2030'을 통해 아랍 에미레이트는 수도 '아부다비'를 세계적 규모의 도시로 조성하기 위해 향후 5년간 200억 달러를 투자할 계획이다. 현재 '아부다비' 시의 인구는 93만 명인데 앞으로 300만 명으로 늘어갈 것에 대비한 이 계획이 완성되면 '아부다비' 시는 또 하나 세계적인 문화 플레이스 브랜드를 가진 명소로 탄생하게 될 것으로 기대된다.

2) 영암 F1경기장과 페라리 테마파크

(1) 페라리 테마파크 http://www.ferrariworldabudhabi.com

다음 〈그림 85〉를 보면, 건물의 모양자체만으로도 강력합 흡인력을 가졌음을 알 수 있다. 2010년 10월 28일, 세계 최대 페라리 공식 테마파크가 오픈한 곳으로 공식명칭은 페라리 월드 아부다비Ferrari World Abu Dhabi이다. 페라리 월드 아부다비는 높이 45m짜리 건물로, 20만㎡의 면적으로 펼쳐진 붉은 색 지붕을 갖고 있다. 독특한 이 지붕의 형상은 페라리 스포츠카의 클래식한 이중 곡선에서 영감을 얻어 디자인된 것으로, 여기에는 65m×48.5m나 되는 규모를 자랑하는 페라리 로고가 새겨져 있다. 안쪽에는 온 가족이 즐길 수 있는 각종 놀이기구와 식당, 쇼핑센터가 자리하고 있다. 세계 최대 규모의 실내테마파크로 손꼽힐 이 시설은 아랍에미레이트의 아부다비 본 섬 북동쪽, 야스 섬Yas Island에 위치하고 있다. 입지적 특성으로는 포뮬러원 경주의 '아부다비' 그랑프리

79) 이왕기 '아부다비 사디야트 섬 문화 특구 조성계획' 인천발전연구원 웹진 아뜰리에. 2009년 1월호: http://blog.naver.com/jdyi8589?Redirect=Log&logNo=70041449632

〈그림 85〉 페라리월드 아부다비의 모습(www.aldar.com)

가 펼쳐지는 야스 마리나 서킷 인근에 위치하며, 아부다비 국제공항에서는 자동차로 10분 거리, '두바이'에서는 50분 거리라는 점을 들 수 있다. 페라리 월드 아부다비의 첫 번째 놀이기구인 'GT 레이싱 코스터'는 독립된 스포츠 시트에 네 명의 승객을 태운 뒤, 나란히 배열된 옆 레일의 롤러코스터와 경주를 벌이듯 코스를 질주하도록 되어 있다. 페라리의 가속성능을 체험할 수 있으며, 외관은 지붕을 여닫을 수 있는 페라리의 스포츠카 F430 스파이더를 본떴다. 이어서 페라리 월드 아부다비의 대표적인 놀이기구인 '포뮬러 로사Formula Rossa'라는 이름의 롤러코스터는 빨간색 페라리 F1머신을 본뜬 모양으로 설치·운영 되고 있다. F1머신처럼 가운데에 혼자만 타는 것은 아니고, 4인용 코스터를 4대 연결해 한번에 16명이 탑승한다. 항공모함에서 전투기를 이륙시킬 때 쓰는 캐터펄트 유압 시스템을 사용해 무려 2만 800마력의 힘으로 추진되는 것이 특징이라 한다. 그 결과 0-100km/h 가속에는 2초가 걸리고 최고점인 52m 높이까지는 5초 안에 도달하는 세계에서 가장 빠른 롤러코스터라고 한다.

여기에 더하여 지붕 너머로 60m 높이까지 솟구쳤다가 떨어지는 'G포스 익스피리언스'를 통해 4.9G를 경험할 수도 있다. 이외에도 페라리 F1팀의 것과 흡사한 본격 레이싱 시뮬레이터, 페라리 스포츠카의 엔진 속을 항해하는 후룸라이드 등 다양한 연령층을 만족시킬 수 있는 20가지 이상의 놀이기구가 들어설 예정이다. 성인과 어린이들을 위한 레이싱 스쿨도 열린다. 사상 초유의 규모를 자랑하는 페라리 관련 상품 쇼핑몰에서 각종 기념품을 구입할 수도 있다. 따라서 입장객은 페라리 월드 아부다비에 오는 순간부터 시설에 압도당하면서 빠져들 수밖에 없는 상황인 것이다.

이처럼, 건물로서 강력한 인상을 풍기면서, 다른 곳에서는 볼 수 없는 놀이기구 등을 통해서 이용객들을 끌어들이고 있는 것이다. 거기에다 '페라리'라는 자동차의 꿈의 브랜드를 이용한 것도 이 시설의 흡입력을 높이는 요인인 것이다.

(2) 영암 F1경기장

우리나라에도 세계 3대 스포츠종목 중 하나인 국제 공인 F1 경주대회장이 만들어져서 지난 2010년 10월 22일부터 24일까지 코리아그랑프리가 벌어졌다. 입지적 차원에서 보면, 대도시와는 거리가 먼 전라남도 '영암'이라는 지역에서 열린 것이다.

코리아 그랑프리는 '2010 포뮬러원 월드 챔피언십'Formula 1 World Champion ship'의 19개 대회라운드가운데 17번째(10월22~24일)로 열리는 첫 대회로, 경주가 열린 영암 서킷은 2010년 국제자동차연맹FIA의 경주장에 대한 최종 검수를 통과, 서킷과 안전시설 설치 후 대회가 개최되어 우리나라에 처음 F1경주대회를 보여주었다. 대회 조직위원회는 F1 대회가 단순한 자동차 경주대회가 아닌, 역사와 다양한 문화가 스포츠와 어우러진 최고의 온 국민 문화대축제로 만들겠다는 정신으로 대회를 개최하였다고 한다. 3일간 16만명의 관중이 경기를 즐겨서 많은 문제점에도 불구하고 대회결과는 성공적이라는 평가였다. 이로서 세계 18번째의 F1경주 개최국이 된 것이다. F1 머신경주용자동차들은 고막을 찢는 굉음과 함께 일제히 튕겨져 나간다. 750마력짜리 엔진 수십대가 동시에 출력을 최고로 높이자 시속 100km에 도달하는 데 걸리는 시간은 불과 2.4초밖에 안 걸리는 폭발적인 모습을 관중들에게 선사한다.

〈그림 86〉 영암 F1 경기장의 군중모습

영암 F1경기장은 세계3대 스포츠경기의 하나로 대회 1회당 관람객 20만 명, 고용창출 2,500명, 경제파급효과 연간 2,500억 원이 예상되며, 우리나라의 자동차산업과 부품산업 등 연관산업의 질적 발전을 촉진하고, 서비스·유통·소비재산업 등 사회경제 전반에 커다란 파급효과를 형성할 것으로 예상된다.

전체면적이 4.3km^2(약 130만평)으로 공사비용만 총 3,400억 원이 투입되었고, 연간 활용이 가능하게 복합문화공간으로 조성이 되었다고 한다. 이에 따라 '전라남도'는 경주장의 시설을 F1대회 말고도 다른 각종의 자동차 경주대회장으로도 쓰이고, 자동차의 성능을 실험할 때 그리고 문화시설로도 활용도 할 예정이라고 발표한 바 있다. 그러나 투입비용에 비해서 공간의 활용도는 낮을 수밖에 없다. F1보다 아랫단계의 경주들을 유치하고, F1 경주장을 자동차메이커 또 관련기업 대상으로 트랙임대를 하고, 주행서비스 등 여러 행사를 한다고 해도 대회 유치 당시 기대했던 경제적 · 문화적 효과를 얻어낼 수 있는 수준도달에는 한계가 있을 수밖에 없다. 그러나 여기에 페라리 테마파크 같은 성격의 시설이 함께 한다면, 거기에다 교육이나 훈련의 의미까지 도입이 된다면, 시설의 활용도와 방문자를 많이 수용한다는 차원에서 많은 변화를 볼 수 있을 것이다.

3) 인젤 홈브로이히 Insel Hombroich

인젤 홈브로이히〈그림 87〉는 미술관의 섬으로 미술관이 한곳에 옹기종기 모여 있는 것이 아니라 드넓은 자연 속에 마치 던져놓은 것처럼 띄엄띄엄 위치한다는 특징을 갖고 있다. 입구에서는 동선을 따라가게끔 지도를 나눠주고 있다.

〈그림 87〉 인젤홈브로이히 내의 전시관과 자연조명이 적용된 내부(ⓒwww.inselhombroich.de)

인젤홈브로이히 미술관www.inselhombroich.de은 「뮐러Karl-Heinrich Muller2」가 유럽과 아시아 지역을 여행하며 수집한 작품들을 보관, 전시하기 위해 독일의 '홈브로이히 섬'에 설립한 미술관이다. 1982년에 설립된 미술관은 섬 전체 조경은 「B.코르테Bernhard Korte」가 설계하고, 미술관 구조물은 조각가인 「E.헤리히Erwin Heerich」가 구축하였다. 특히 코르테가 설계한 조경은, 섬 전체를 역사적인 지역, 늪지와 공원 지역, 정원으로 구분하고, 자연 상태 그대로와 개간한 것이 서로 공생하며 조화를 이루도록 설계하였다. 뒤셀도르프 미술대학의 교수인 조각가 에르빈 헤리히Erwin Heerich가 1983년에서 1993년 사이에 만든 이 건축물들은 그 자체로 뛰어난 조각품이다. 즉, 조각적인 개념에 의해 설계되어 외부 조건이나 용도, 역할과 관계없이 각기 독립적으로 존재한다. 이 구조물은 단순하지만 아무 장식 없이 벽돌만을 사용한 외관에 인공조명이 없는 전시내부공간의 흰 회벽이나 나무 바닥, 밝은 태양 광선과 대조를 이루고 빛의 변화에 따라 달라 보인다. 그 결과, 건축물 자체가 조각이기도 하고, 작품이기도 하여 관람자가 곧바로 작품의 하나가 되는 곳이기도 하다. 각각의 건축물 안에는 고대 중국과 캄보디아의 불

〈그림 88〉 인젤 홈브로이의 야외 작품(©www.inselhombroich.de)

상, 아프리카 조각들이 전시되어 있다.

미로로 된 전시장에는「G.그로브너」,「A.헤르츠펠트」,「J.보이스」,「K.슈비터스」,「Y.클라인」등의 작품과 함께 페르시아 조각, 크메르 청동 제품, 아프리카 나무 조각과 중국 한나라, 당나라 때의 도자기와 석조, 마오리의 여러 도구가「세잔」,「아르프」,「그라우브너」의 회화와 함께 시대나 문화적 배경과 관계없이 전시되어 있다.

인젤 홈브로이히의 가치는 점차 대형화되고, 외관중심주의에 사로잡혀가는 현대의 미술관에 반발해 '자연'과 함께 하며, 누구나 즐길 수 있는 장소를 마련하자는 취지를 가지고 탄생한 곳이라는 점이다. 즉, 관람자가 미술관을 들어가는 부담을 덜고 자연스럽게 접근할 수 있다는 점에서 미술관의 다음 세대의 모습이라 불리운다. 연못과 늪 등이 자연 그대로 미술관을 이루고 있어서 자연속에서 자연과 함께하는 우리가 아는 일반적인 미술관과는 다른 모습을 보여주는 곳이다. 미술관의 입구는 미술관외관 대신 막 자란 풀과 나무들, 오솔길이 펼쳐져서 마치 이상한 나라의 동화 속에 들어온 것 같은 느낌을 준다. 특이한 것은 일반적인 미술관과 다르게 그 어떤 그림이나 조각에도 누구의 작품인지, 언제 만들어졌는지, 제목이 무엇인지 적혀 있지 않다는 것이다. 미술관을 완성한 뮐러는 오히려 작품을 보는 데 방해가 된다고 여겼으며, 중요하게 여긴 것은 오직 자연 속에 공간이 있고, 공간 속에 작품이 있으며, 보는 사람 또한 그 속에서 또 다른 작품이 될 수 있다는 사실을 강조하였다.

4) 유메부타이Awagi Yumebutai : あわじゆめぶたいwww.yumebutai.org

유메부타이〈그림 89〉는 일본의 효고현兵庫 '아와지시淡路市'에 있는 복합문화 리조트 시설이다. '아와지섬' 동쪽 해안의 바다를 바라볼 수 있는 높은 곳에 있다. 약 28헥타르의 부지 내에 온실식물원, 야외극장, 레스토랑, 국제회의장, 호텔 등의 시설이 점재해 있다. 이외에도 백단원 을 비롯해 여러 개의 개성적인 정원이 존재하며 이것들은 산책로 등으로 연결되어 있어 전체가 회유식 정원처럼 되어 있다.

〈그림 89〉 아와지 유메부타이의 전경(ⓒwww.yumebutai.org)

전망대테라스는 전망대에는 백단원, 조개의 정원, 옥상 전망 테라스로 구성되어 있는 약 20,400 m2의 공간이 있다. 여기에 있는 '백단원'은 방문자의 눈에 가장 먼저 들어오는 아래 〈그림 90〉의 모습이다. 산의 경사면에 따라 1구역이 4.5㎡의 화단이 3

〈그림 90〉 유메부타이 화단(ⓒwww.yumebutai.org)

개의 Group으로 묶여서 총 100 구획이 계단 모양으로 늘어서 있다. 여기에서는 연중 사계절의 세계 국화과 식물을 감상할 수 있어서 장관을 연출하고 있다. 그림처럼 백단원의 정사각형 화단은 급경사에 조성되어있다. 위에서 보면 정사각형의 그리드가 반복되고 있으나 실제로는 각각의 그리드가 수직적인 단차를 이루고 있다. 각 그리드에는 각국의 꽃들이 심어져서 하나의 상징성을 나타내주고 있다. 이는 원래 '아와지 섬'이 꽃이 많이 피는 섬으로 지역의 특성을 형상화한 시설로 배치되었다는 특성을 보여준다.

그리고 '조개가든'은 물로 가득 채운 약 1만 ㎡의 부지에 1장씩 손으로 깔아 붙인 100 만장의 가리비가 장관을 이룬다. 그리고 주변에는 천개의 분수로 이루어져있다. 백단원의 가장 높은 곳에서는 유메부타이와 오사카만을 한눈에 바라볼 수 있다. 또한, 부지 내에 있는 '기적의 별 식물관'은 새로운 생활방식과 도시공간을 창조하는 21세기의 실험형 식물원으로 기존의 온실과는 다른 다채로운 공간을 만들고 있다. 2000년 개최되었던 국제원예 조원造園박람회인 저팬플로라2000의 회장이 되었다. 인접한 국영아카시해협공원, 효고현립 아와지시마공원, 아와지쿄류노쓰바사항 등과 함께 아와지시마국제공원도시淡路島·際公園都市를 구성하고 있다. 설계는 그 동안 많은 사례에서 등장한 건축가「안도타다오」가 했다.

아와지섬에는 '물의 사원Water temple'이 있는 곳으로 많은 관광시설들이 있다. 유메부타이의 전체 건물구성은 Resort & Conference center가 주를 이루고 있다. 여기에 웨스틴 호텔과 레스토랑 · 숍, 식물박물관, Open-theater 등이 펼쳐지고 있다. 이 곳은 원래 아카시해협대교가 개통했던 1998년에 맞춰 완공할 예정이었으나 Kobe대지진으로 준공이 연기되어, 결국 2000년에 완공되었다. 이 곳은 2002년 한일월드컵때 England선수단이 이곳에서 숙박하면서 유명세를 타게된 곳이다.

Awaji Yumebutai내의 건물들은 모두 내부동선으로 연결되어 있다. 이는 건축가인「Ando Tadao」특유의 건축적 산책로 형성을 보여주는 것으로 외부공간의 전체적 조경소재로 활용된 물은 건물의 내·외부를 넘나들고, 충돌한 Mass는 종종 삐져나와 전망공간을 형성하고 있다.

5) 브랜드랜드

많은 기업들이 브랜드를 알리고, 생활 속에서 체험하면서 브랜드의 가치를 체험하게 하는 장소로 '브랜드 랜드'를 활용하고 있다. 브랜드 전시장인 '브랜드랜드'는 일반적으로 기업이 브랜드를 알리기 위해 자주 활용하는 박람회장에 비해 몇 가지 유리한 점[80]이 있다. 우선 예산이 적게 든다는 이점이 있다. '브랜드 랜드'는 한번 건립해 두면 몇 해가 지나도 더 이상 추가 비용이 들지 않는다. 게다가 전시장에 비해 또 다른 이점이 있는데 그것은 건축학적 관점에서 볼 때 훨씬 인상적이라는 것이다. 대부분 '브랜드 랜드'의 내부는 최신식이고 목적에 맞게 설계가 되어 있다. 반면에 세월이 갈수록 전시장은 더욱 더 규모가 커져서 그 안은 미로처럼 되어간다. 브랜드는 전시장 내부로 들어가기 때문에 전시회장만 보고는 브랜드를 감지할 방법이 없고 전시회장 안으로 들어가고 난 다음이라야 브랜드를 접할 수 있게 된다. 여기에서는 대표적인 브랜드랜드로서 자리잡은 독일의 명차브랜드인 'BMW'와 '폭스바겐'의 브랜드 랜드를 살펴보도록 한다. 이를 통해서 앞으로 기업체들이 나아가야 할 길을 점검해볼 수 있을 것이다.

(1) BMW 벨트

① BMW-벨트Welt

독일어로 벨트Welt는 세상World이란 뜻이다. 그곳을 다녀온 사람은 BMW의 모든 것을 체험할 수 있는 놀이터 같은 세상이었다고 입을 모아 얘기한다. BMW 벨트를 엄밀히 말하면, 이 곳은 BMW차량의 딜리버리센터 및 통합 커뮤니케이션 공간이다. 2007년 10월에 모습을 공개한 BMW-벨트〈그림 91〉은 새로운 개념의 복합 공간으로 BMW 그룹의 정신과 실체를 이어주는 역할을 주목적으로 하였다. 그리고 오픈 100일 만에 50만명 방문이라는 숫자가 그 시설의 실체를 보여주고 있다. 이곳에는 광활한 공

80) 제3의 공간 P.78

〈그림 91〉 BMW 벨트

간 안엔 차량 딜리버리센터, 문화회견장, 영화관과 콘서트홀, 전시장, 레스토랑 쇼핑몰뿐 아니라 기술 및 디자인 스튜디오, 어린아이들이 다양한 기관과 감각을 이용해 '이동성'을 체험할 수 있는 '주니어 캠퍼스'가 마련돼 있다. 무엇보다도 이곳에서 가장 시선을 끄는 건 소용돌이치는 물살 형태의 더블 콘과 벨트를 유리와 스틸로 뒤덮인 지붕인 클라우드 루프라고 할 수 있다. BMW-벨트가 완성된 이후 뮌헨 시의 경제가 큰 폭으로 성

〈그림 92〉 BMW 헤드쿼터 (http://commons.wikimedia.org)

장했다고 한다. 이 점은 우리나라의 기업체와 지자체에서 해야 할 일이 무엇인지도 알려주고 있는 것이다.

② BMW 박물관

4실린더 빌딩으로 알려진 뮌헨의 랜드마크, BMW 헤드쿼터 옆에 사발모양의 건물이 있다. 이곳이 BMW박물관이다. BMW박물관을 둘러보는 방식은 2가지이다. 하나는 사발의 최고점까지 원을 그리며 걸어 올라가는 것이다. 이는 돌면서 관람하게 되어있는 뉴욕의 구겐하임 미술관과 굉장히 유사하다고 볼 수 있다. 또 다른 하나는 각각의 방을 찾아다니며, 그 곳에서 BMW의 과거사를 따라가는 것이다.

BMW박물관은 2년이 넘는 리노베이션을 마무리하고 세상에 공개됐다. 재개관된 이곳은 기존보다 5배이상 확대된 규모로 세계적인 명품 자동차 브랜드로서 BMW의 과거, 현재, 미래를 천하에 알리고 있다.

체험공간과 콘서트홀, 레스토랑 등을 건물 내에 비치해 일반 관람객도 자연스럽게 BMW에 익숙해지고, BMW오너들이 차를 몰고가는 것을 지켜보도록 만들어졌다. 연간 방문객이 200만이 넘는 곳으로 여기에서는 BMW의 엔진구조를 눈으로 보고, 손으로 만져가면서 배우고, 시뮬레이션을 통해 눈길 주행방법을 익힐 수 있도록 BMW 차량에 대한 교육의 장으로 활용하고 있는 것이다.

(2) Autostadt

독일 중북부에 위치한 작은 도시 볼프스부르크에는 숲으로 둘러싸인 한적한 곳에 아우토슈타트Autostadt〈그림 93〉라는 거대한 자동차 테마파크가 자리 잡고 있다. 유럽 최대의 자동차 메이커인 폴크스바겐이 건설한 아우토슈타트는 차량 구매자가 자신의 차를 직접 출고하면서 관광을 즐기는 자동차 박물관이자 체험장이다. 이곳은 자동차에 관련된 다양한 주제의 전시관들과 호수, 연못, 다리와 울타리 등이 어우러진 공원으로 물과 도로, 광장, 뮤지엄, 호텔, 레스토랑 등이 연출되어 있다.

〈그림 93〉 Autostadt의 야경(ⓒwww.autostadt.de)

① 시설의 개요

1994년 시작된 아우토슈타트 프로젝트는 모두 4억 3,000만 유로가 투자됐다. 용지 규모는 25ha, 축구장 25개를 합쳐놓은 크기다. 완공까지 6년이 걸려 2000년 6월에 문을 열었다.

세계 최대 자동차 테마파크에 걸맞게 아우토슈타트는 다양한 볼거리로 넘쳐난다. 독일의 유명 건축가인 군터 헨이 기획과 건축을 맡은 주요 건물은 그 자체로서 조형물적인 가치를 지닌다. 메인 빌딩인 콘체른포름, 브랜드별 전시관, 폭스바겐의 상징으로도 유명한 카 타워가 인상적인 '쿤덴센터KundenCenter : Car Distribution Center'는 당장 눈길을 끈다. 세계 자동차 역사의 주요 모델이 전시되어 있는 '자이트하우스ZeitHaus : Museum'는 각각 독립적인 조형미를 자랑하면서 총체적인 앙상블을 이룬다. 여기에서는 자동차와 관련된 다양한 체험도 할 수 있다. '오토랩'에서는 컴퓨터 시뮬레이션을 통해 고객들이 직접 자동차를 디자인해 볼 수 있다. 자동차를 타고 여행을 하는 듯한 3차원 입체 공간도 적지 않은 즐거움을 선사한다. 어린이들을 위한 어린이 면허취득

프로그램, 경제적 운전법 트레이닝 코스, SUV의 성능과 차량 역학을 동시에 즐길 수 있는 비포장도로 체험은 인기 코스다.

이처럼 아우토슈타트는 단순히 자동차 테마파크가 아니다. 디즈니랜드가 디즈니 영화사의 꿈을 파는 곳이라면 아우토슈타트는 폭스바겐그룹의 철학과 비전, 그리고 고객을 향하는 마음을 전달하고 공유하는 장이라고 할 수 있다.

② 시설 탄생의 배경

이와 같은 화려한 자동차테마파크로 자리잡고 있는 폭스바겐 Autostadt의 탄생에 대해서 다음과 같은 이야기가[81] 있다. "1994년 어느 날, 폭스바겐그룹 회장인 「페르디난트 피에히」는 계약한 신차를 폭스바겐 본사에서 인도해 가는 고객들은 어떤 느낌일까라는 궁금증이 생겼다 한다. 그는 즉시 폭스바겐 본사인 '볼프스부르크'에 위치한 출고장을 방문했으며, 그의 자서전에 쓰여 있는 방문 당시 느낌은 다음과 같았다. "출고장은 초라했으며, 기차역에서 공장으로 이어지는 터널은 어두침침했고, 출고대기실의 좌석은 낡았으며, 홍보 영상물은 진부했다. 본사에서 직접 차를 받아간 고객이라면 팬이 되어야 마땅한데, 그럴 가능성은 낮아 보였다. 해결책이 필요하다고 생각했다는 것이다." 그 결과 「피에히」가 생각한 해결책은 바로 단순한 출고장이 아닌 거대 자동차 테마파크를 건설하는 것이었다. 여기에서 고려된 것은 본사까지 와서 차를 받아가는 고객들에 초점을 맞췄다는 것이다. 어떻게 보면, 그런 고객이야말로 가장 중요한 고객이며, 마케팅대상으로 가장 훌륭한 상대임에도 불구하고 이를 놓치고 있었다는 점이다. 결국 그 결과 아우토슈타트라는 자동차테마파크가 생겼으며, 방문하는 고객에게는 기대감과 만족감을 주고, 일반고객에게는 나도 저 차를 사고 싶다는 마음을 들게 하고, 마찬가지로 어린이 상대의 자동차 관련 교육프로그램을 통해서는 미래의 고객으로 양성시킬 수 있었다는 점이다. 이 점은 많은 고객을 상대하는 회사들도 적극적인 반영을 고려해야 할 점이라 생각한다.

81) 중앙일보, 2009. 6. 23일자 기사

〈그림 94〉 Autostat의 전경 및 부속건물(자료 : http://www.wolfsburg-tourist.de)

1. KonzernForum,
2. Zeithaus (Museum),
3. Premium Clubhouse-ehemals Bentley,
4. Hotel Ritz-Carlton,
5. Lamborghini,
6. Skoda,
7. Audi,
8. Seat,
9. VW,
10. Glasturme,
11. Kundenzentrum,
12. Nutzfahrzeuge,
13. Verwaltung,
14. GelandeParcours

③ 아우토슈타트의 개장 효과

개장 후 아우토슈타트에 대한 고객들 반응은 폭발적이었다. 첫 해에만 당초 예상의 2배가 넘는 230만 명의 관광객이 방문했다. 평일 매일 5,500명이 방문하고, 주말에는 1만 5,000명이 찾는다고 한다. 2010년 2월에는 누적 방문객 수가 2000만 명을 돌파

〈그림 95〉 쿤덴센터의 자동차출납고 모습(©http://www.flickr.com/photos/doommeer/2340829271/)

했다. 아우토슈타트를 방문하기 위해 구입한 차를 본사에서 직접 수령하는 고객 비중이 무려 30%에 달한다고 한다. 덕분에 아우토슈타트 내에 위치한 '리츠 칼튼 호텔'은 객실 구하기가 가장 어려운 호텔 중 하나가 됐다고 한다. 그 결과 지역의 가치는 지속적으로 증대되고 있는 곳이기도 하다.

폭스바겐의 아우토슈타트는 먼저 그 외관에서부터 사람들의 정서에 호소하는 효과[82]를 낸다. 우선 그 곳은 거대한 규모로 눈길을 끈다. 거대한 원형탑처럼 지어진 두 동의 건물에는 출고대기중인 차가 400대씩 전시되어 있다. 다음으로 건물들과 여러 시설물의 배치가 공간인식과 활용이라는 면에서 아주 인상적이다.

아우토슈타트에서는 공원 이곳저곳에 다양한 건물들이 흩어져 있다. 그런데 이 각각의 건물들은 폭스바겐이라는 브랜드에 대해서는 입도 벙긋하지 않으면서도 방문

82) 제3의 공간, 크리스티안 미쿤다 지음, 최기철 · 박성신 공역, 미래의 창, p.79-83.

객의 정서에 호소하고, 브랜드의 이미지가 선명히 드러나게 함으로써 브랜드를 각인시키는 것을 목적으로 하는 일명 '브랜드랜드'[83] 이다.

특히 아우토슈타트는 제품을 인도하는 과정에 초점을 맞추어 제품을 인도받기 전에 느끼는 서스펜스와 기대감을 극대화시키는 연출효과가 유명한 곳이다. 아우토슈타트의 자랑은 뭐니뭐니해도 '카 타워'다. 아우토슈타트의 타워에는 출고를 기다리는 신차들로 가득 차 있다. 각 층마다 20대의 차량이 전시된 20층 짜리 투명 타워 두 동은 이곳의 랜드마크라 해도 손색이 없다. 차량을 인도받을 고객이 이곳에 도착하면 차량이 자동으로 이동되고, 고객은 차량에 번호판을 직접 부착하고서 기념사진을 찍는다. 폴크스바겐 차량에 자부심을 느끼지 않을 수 없게 한 초고도 전략이다. 폴크스바겐 구매자 중 약 30%가량이 이런 '의식'을 치르려고 먼 곳에서 직접 아우토슈타트를 찾는다고 한다.

즉, 여기에서 폭스바겐은 욕망의 대상인 자동차를 탑에 쌓아둠으로써 '서스펜스' 를 연출한다. 계약을 하고 나면, 세 시간 뒤에 이 거대한 탑의 리프트가 내려오면서 그 차를 인도받을 수 있다는 생각을 하게 되면, 이 탑을 쳐다볼 때 특별한 기대감을 갖게 된다. 이런 기대감이나 호기심은 다른 사람에게도 전이되어 차를 살 생각이 전혀 없었던, 단순하게 구경 온 사람들도 자신도 모르게 구매욕구를 느끼게 되는 것이다.

그리고 대부분의 자동차회사들이 그러하듯 공장견학을 희망하는 사람들을 대상으로 안내원이 딸린 견학서비스를 제공하고 있다. 견학자들은 공장 내에서 실제 행해지는 것들을 자신의 눈으로 실제 보게 함으로써 기업체는 제품들에 대해 익숙하고 친근한 느낌을 갖게 한다.

차량 구매자가 아닌 일반 관광객이 많아지면서 독일에서 두 번째로 인기가 좋은 테마파크일 뿐 아니라 독일 관광청으로부터 10대 관광명소로 꼽힌 곳이기도 하다. 폴크스바겐에게 있어 이곳은 관광지로서의 수입원이기도 하지만 마케팅을 위한 최접경

83) 사람들이 작접 몸소 겪는 생생한 체험을 통해서 단순한 광고나 재래식 홍보에 비해 특정 브랜드에 대해 훨씬 더 기억에 남게 하는 브랜드를 알리는 장소.

에 놓인 장소이기도 하다. "우리 차가 좋으니 사달라"는 직접적인 설득이 아니라 대중과의 직접적인 소통을 통해 자연스레 자신의 브랜드를 각인시키는 공간이라는 것이다.

6) 건축가의 작품으로 공장을 꾸미다 - 비트라 가구단지[84]

'비트라'는 1950년 설립된 가구 디자인 전문 브랜드이다. 별도의 디자이너 없이 유명 작가들과 프로젝트 형식으로 작업해 컬렉션을 완성하는 '콜라주' 작업방식으로 유명한 회사이다. 비트라의 가구단지는 프랑스, 독일과 국경을 맞대고 있는 바젤에서 가까운 독일의 '바일 암 라인Weil am Rhein'에 위치하고 있다. 1981년에 있었던 큰 화재로 인해 비트라의 공장들이 거의 소실되는 사건이 있었다. 건물을 잃은 '비트라'는 그 자리에 세계적인 건축가의 작품들로 채우기 시작하였다. 이를 통해 공장을 단순한 생산기지가 아니라 세계에서 여행객들이 몰려오는 관광명소로 만든 것이다. 공장단지에

〈그림 96〉 비트라미술관 앞 래스 올덴버그의 조각(ⓒ http://www.vitra.com./en-lp/campus/)

〈그림 97〉 비트라하우스의 모습(ⓒhttp://www.vitra.com./en-lp/campus/)

디자인박물관과 쇼룸을 배치했다는 점, 그 건물이 유명 건축가의 작품이라는 점에서 또하나의 문화개발이라 볼 수 있다. 그 결과 「바일 암 라인」은 독일의 작은 마을에서 일약 유명관광지로 자리 잡게 되었으며, 그를 통해 지역 경제가 활성화된 사례이다.

(1) 비트라 캠퍼스

독일에 있는 비트라의 가구공장을 비롯한 생산기지와 디자인센터를 아우르는 약 24만m^2에 달하는 부지에 명성을 막 쌓기 시작한 건축가들로 하여금 건물을 설계하도록 한 것이 시초이다. 그 결과 비트라 캠퍼스는 스타 건축가들이 설계한 건물들을 집결시켜 관광 명소로 이름을 날리고 있다. 「프랭크 게리」가 디자인한 비트라 디자인 뮤지엄, 「안도 타다오」의 콘퍼런스 파빌리온, 「자하 하디드」를 스타로 만든 소방서, 장 프루베의 주유소 등이 대표적이다. 따라서 비트라 캠퍼스는 세계의 건축가, 혹은 건축학도들의 필수방문지가 되어 많은 방문객들이 있는 관광코스로 자리잡고 있는 것이다.

84) 자료 : 비트라 홈페이지(www.vitra.com)

(2) 비트라 하우스

비트라는 2004년에 새롭게 론칭한 홈콜렉션을 전시할 공간이 필요했다. 그래서 의뢰한 곳이 스위스의 바젤에 기반을 둔 '헤르조그 앤 드 뫼롱'[85] 이다. 그 결과 독일의 '바일 암 라인'에 있는 비트라 캠퍼스에 새로 들어선 것이 비트라 하우스이다. 이 곳은 사람이 살고 있는 것처럼 가구들과 소품이 자연스럽게 배치되어 있어서 비트라하우스는 방문객들이 디자인감각을 살리게 하고, 이 곳에서 자신들의 집을 어떻게 꾸밀 것인지에 대해 영감을 얻을 수 있다. 비트라캠퍼스의 새로운 명물로서 5개층으로 총 12채의 박공지붕의 집이 겹겹이 쌓여 있는 형태로 가구전시장과 기념품숍, 카페가 들어서 있다. 최고 길이 57m, 너비 54m, 높이 21.3m의 비트라 하우스는 마치 거인 나라의 어린아이가 12개의 긴 장난감 집을 아무렇게 끼워 맞추며 5층으로 쌓아 올린 듯한 기발한 형태가 돋보이는 쇼룸인 것이다. 모습 자체가 시골 전원 풍경에 걸맞지 않는 기하학적인 형태와 색감이라 낮에도 눈에 확 띄지만, 밤이 되면 사방으로 난 각 집의 전면 유리창을 통해 나오는 불빛이 마치 외계인이 타고 온 UFO처럼 보이게 한다.

(3) 비트라 디자인 박물관

지금까지 비트라캠퍼스에서 제일 눈에 띄었던 것이 '빌바오 구겐하임 미술관'을 설계한 「프랭크 게리」의 비트라 디자인 박물관〈그림 98〉이다. 1989년 오픈한 비트라 디자인 뮤지엄은 '의자 박물관' 으로도 잘 알려져 있어서 세계 3대 건축가인 「르 코르뷔지에」, 「미스 반데어 로에」, 「프랭크 로이드 라이트」가 디자인한 의자를 비롯해서 해체주의 건축가 「프랭크 게리」, 「찰스&레이 임스」, 「베르너 판톤」, 「필립 스탁」까지 '대가'라 불리는 디자이너들이 만든 거의 모든 의자가 전시되어 있다. 따라서 여기에서 디자인적 영감을 얻기 위해 많은 디자이너들이 오늘도 방문하고 있는 것이다.

85) 자크 헤르조그와 피에르 드 뫼롱이 1978년 설립한 설계사무소. 주요작으로는 이미 다룬 바 있는 테이트모던 갤러리와 베이징올림픽 주경기장 등이 있다.

〈그림 98〉 비트라 디자인 박물관(ⓒhttp://www.vitra.com./en-lp/campus/)

(4) 소방서

찌그러진 사각형 모양의 소방서〈그림 99〉 건물은 「자하 하디드」가 설계한 것으로 건물의 모든 문과 벽, 바닥이 약간씩 기울어진 게 특징이다. 이 건물로 인해 당시 무명이던 「자하 하디드」는 소위 '스타' 건축가가 되었으며, 그녀는 최근 서울 동대문 운동장을 재개발한 동대문 디자인플라자 앤 파크의 설계를 맡은 바 있다.

〈그림 99〉 비트라 소방서(ⓒhttp://www.vitra.com./en-lp/campus/)

(5) 비트라의 의미

세계적인 유명 생활가구 생산업체인 비트라의 공장은 많은 의미를 우리에게 주고 있다. 흔히 공장이라 하면, 최대한 경제적으로 지어야 한다는 생각이 우리를 지배하고 있다. 특히 우리나라의 경우 지하는 거의 없이 2개층 정도로, 조립식으로 마감하는 등, 그러한 경향이 더하다. 따라서 건축설계 시에도 공장에 대해서는 최소한의 비용이 들 수 있도록 하는 경우가 대부분이다. 그러한 차원에서 이러한 사고방식을 거부하고, 공장이지만, 이를 문화적 산물로 거듭나기를 원했으며, 건물을 좀 더 가치있는 문화의 대상으로 전환하였던 것이다. 앞에서 언급한 세계적인 건축가들이 그들의 작가성을 드러내며, 완공한 결과 건축물은 단순한 공장이 아니라 문화적 의미가 있는 대상으로 그 곳에서 일하는 근로자들은 하나의 예술품을 생산한다는 자긍심까지 갖게 된 것이다.

일반적으로 유명 건축가에게 의뢰시 걱정하는 것이 기능보다는 작품성을 강조한다는 선입관이 있다. 그러나 비트라의 건물들은 공장의 기능은 여전하면서도, 그 각각의 건물은 기능을 뛰어넘는 위대한 미술품으로서 자리잡았다. 그 결과 이 건물들을 보기위해서 많은 관광객들이 끊이지 않고 방문하게 되어 결국은 공장이 아니라 '건축미술관단지' 가 되어 버린 것이다. 그리고 비트라공장이 있는 지역은 그 혜택을 고스란히 보고 있는 것이다.

이 같은 시도는 다른 '제조회사' 들의 입장에서도 많은 의미를 갖게 한다. 먼저, "비트라" 는 건축가들에게 고액의 설계비를 지불하였으며, 공사비 역시 다른 건물 짓는 비용보다 많은 액수가 투입되었다. 그러나 전 세계에 "비트라"라는 회사는 상징적인 문화를 가진 회사로 인식되었으며, 공장방문자들은 자연스럽게 "비트라"를 문화적 가치가 있는 굉장한 작품을 생산하는 가구브랜드로 여기게 된 것이다. 결국 "비트라" 라는 명성을 확인시키고 널리 알리는 데 있어서는 오히려 저렴한 홍보비용으로 작용하였다는 점[86] 이다. 그리고 그 같은 상황은 건물이 있는 한 계속될 것이라는 점에서 개

86) 홍성용, 스페이스 마케팅, 삼성경제연구소, pp.284~289 정리.

별기업만이 아닌 지역 또는 도시에도 커다란 긍정적 효과를 이끌어낸다는 점을 간과해서는 안 될 것이다.

10. 사례분석을 통한 문화로 부동산가치 올리기

우리는 그동안 많은 다양한 사례를 통해서 문화가치를 부여하여 부동산가치를 올리고, 그를 통해 지역의 활성화를 일궈내면서 그 결과 국가전체의 브랜드가치에도 영향을 미칠 수 있다는 것을 살펴볼 수 있었다. 한편, 이 같은 성공사례를 보고 벤치마킹을 하여 많은 지역에서 유사한 시도를 하고 있다. 그러나 많은 사례들이 시작만 하다가 멈추거나, 진행하다가 중단 또는 완공 후에 성대한 기념식까지 했지만 세월이 흘러감에 따라 이를 유지하지 못하고, 쓸모없는 공간이 되어 투입비용만 날리게 되는 경우도 많은 경우를 보아왔다.

다음에서 문화로 부동산 가치를 올린 사례가 성공적으로 안착하기 위한 방안을 살펴볼 수 있을 것이다. 이를 정리해보면, 다음과 같다.

첫째, 강력한 랜드마크를 만들어라.

이를 통해 사람들이 올 수 있도록 동기부여를 해줘야 한다. '랜드마크'는 어떤 지역을 식별하는 데 목표물로 적당한 사물을 의미한다. 그 조건으로는 주위의 경관 중에서 두드러지게 눈에 띄기 쉬운 특이성을 가져야 한다. 이 것은 단순히 건물이 크다고 되는 것은 아니다. 거기에 역사성이 문화가치화 될 수 있어야 한다. 서울 광화문의 세종문화회관이나 교보빌딩, 남산 타워나 역사성이 있는 서울 남대문, 부산의 부산타워 등이 이에 해당된다. 이는 표지물이라고도 한다. 이때의 특이성은 건축상의 형태나 배경과의 대비성, 공간적 배치의 우수성 등에서 찾을 수 있으며, 특히 배경과의 대비성은 색채 · 역사성 · 청결감 · 디자인의 특수성, 움직임 · 음향 등으로 이루어지게 할 수 있다. 방법으로는 새롭고, 눈에 띄는 건축적인 차원의 접근도 가능할 것이고, 주변의 역사성, 장소의 특색을 활용할 수 있을 것이다.

둘째, 프로젝트를 널리 알려야 한다.

아무리 좋은 작품을 만들어도 모르면 오는 사람이 없다. 즉, 이를 알리지 않으면 그 곳의 존재 자체를 모를 수밖에 없다. 특히 부동산자산의 경우는 구전효과를 볼 수 있는 대표적인 상품이다. 따라서 이러한 효과를 노릴 수 있는 마케팅방안을 도입하여 꾸준한, 인상이 남는 홍보작업을 해야 한다. 여기까지는 많은 사례에서도 이루어지고 있다. 그러나 프로젝트의 성공을 좌우하는 것은 철저히 계획적인, 시나리오에 의한, 그리고 이어지는 지속적인 작업이다. 많은 사례들이 문화와 관련한 시설을 만들어 놓고, 만드는 비용이나 노력보다 훨씬 강력한 이를 알리고 유지하는 조직구성과 작업에 심혈을 기울이는 것을 볼 수 있다. 그러한 노력하에 성공적인 결과를 볼 수 있는 것이다. 이 점에서 우리는 흔히 보는 '전시행정' 이라는 차원에서 우리도 이런 행위를 했다에 그치는 것이 아니라, 이를 알리는 작업이 꼭 필요한 것임을 알 수 있다. 예를 들면, 제주도의 의자마을인 '낙천리' 사례에서 시도한 "명칭공모와 포상" 을 그 훌륭한 사례로 들 수 있을 것이다.

셋째, 체험하게 해라.

보고만 가는 프로젝트는 그 수명이 짧을 수밖에 없다. 이미 많은 프로젝트에서 겉모습에만 치중해서 만들기만 하고, 체험을 하거나 이용자가 방문해서 할 거리를 만들어내지 못해 실패의 길에 접어든 경우를 수없이 보아왔다. 따라서 스토리를 만들고, 체험하게 하고, 이를 통해 재미를 느끼게 해야 한다. 그리고 이를 꾸준히 개발해서 제공해야만 할 것이다. 그렇게 되면, 알리지 말라고 해도 방문자들이 먼저 널리 알릴 것이다. 즉, 컨텐츠의 충실성과 지속적인 개발이 필요할 것이다.

넷째, 정체성의 확립과 헤게모니 장악이 필요하다.

하나의 시설이나 사례가 생기면 많은 곳에서 비슷한 시도들이 이어질 것이다. 이러한 점에서 설치시설에 대한 확고한 정체성 확보가 중요해진다. 이용고객, 건물 구성, 운영 프로그램 등 해당시설만의 정체성을 확립하고 나서 아류나 후발주자가 접근하기 어려운 "진입장벽" 이 필요하게 된다. 이를 달성하기 위해서는 다른 곳에서 따라

올 수 없는 즉, 기존의 시설과 유사하지 않은, 전혀 다른 모습과 이미지를 창출하여야 할 것이다.

다섯째, 끊임없이 변화시켜야 한다.

하나의 독특한, 거대한 시설 구축이나 프로그램 운영으로 사람들을 끌어당길 수 있다면, 그 다음으로 필요한 것은 지속적인 새로운 프로그램과 운영방법, 그리고 시설의 개선이 필요하다. 여기에는 이야기가 있는 스토리텔링의 개발 등도 활용될 수 있다. 그대로 멈춰있어서는 계속적인 경쟁력 확보에 어려움을 겪을 수밖에 없다. 다른 곳에서 비슷하게 만들어 쫓아왔더니 이미 그 자리에 없는, 변화속에서만이 지속적인 경쟁력을 갖게 되는 것이다. 많은 사례들이 독특함으로 사람들을 끌어 모아, 한두번은 더 오게 할 수 있으나 지속적으로 오게 하지는 못한다. 하나의 시설이 지속적인 경쟁력을 가지려면, 한 번 온 사람이 또 오고, 계속 기대감을 가지고 올 수 있게 해야 하는 것이다. 하나의 작품이나 사진을 남겨서 그 곳에 다시 와야하는 이유를 만드는 것도 활용할 수 있는 방법중 하나일 것이다.

이를 최근 조용히 인기를 끌고 있는 제주도의 의자마을에 적용해보면, 다음과 같다. 제주에서도 거의 알려지지 않았던 제주시 한경면 '낙천리'[87] 는 최근엔 가장 널리 알려진 마을 중에 한 곳이 됐다. 1,000여 개의 다양한 의자를 마을에 설치해 '의자마을' 로 유명해진 곳이다.

첫째, 랜드마크를 만들었다는 차원은 다음과 같이 정리할 수 있다. 유명관광지도 아닌 낙천리는 〈그림 98〉의 지도에서 보듯이 위치 자체도 가기 힘든 곳에다가 제주에서 흔한 '오름' 조차 없는 곳이다. 이처럼 열악한 상황에서 낙천리에서는 이야기를 만들어 자원으로 만들었다. 안락하고 넉넉한 마을의 이미지를 활용해 '의자만들기'에

87) 낙천리는 2003년 농촌진흥청의 농촌전통테마마을로 지정됐으며 '아홉굿(연못)' 마을로도 불린다. 과거 풀무업(대장간)이 성행해 틀을 만드는 데 필요한 흙을 채취하면서 9개의 연못이 생겼다는 유래에서 비롯됐다. 보리빵과 보리수제비 만들기 체험뿐만 아니라 연못낚시, 오이와 방울토마토 등 각종 농산물 수확 체험도 할 수 있다. (ninegood.go2vil.org)

〈그림 100〉 제주시 한경면 낙천리 아홉굿마을(의자마을) 위치

나서서 주민들이 직접 의자를 제작해 2009년 마을 구석구석에 설치했다. 낙천리 의자마을〈그림 101〉에 가면, 커다란 대형의자가 방문객의 눈을 사로잡는다. 그리고 주변에는 다양한 형태의 의자들이 모여 있는 독특한 장면이 연출된다. 그 결과 타 지역에서는 볼 수 없는 장면으로 인해 많은 방문객들을 끌어들이고 있는 것이다. 수년 전만 하더라도 마을에서 외지인을 보기조차 어려웠지만 근래엔 하루 방문객이 최대 300여 명에 이르고 한달에 두 번꼴로 방송을 타기도 하는 등 '격세지감隔世之感' 이란 말이 실감이 날 정도로 마을이 활력 있게 변했다.

둘째, 널리 알렸다는 차원에서 특히 인터넷을 통해 별명닉네임을 공모하여, 각각의 의자에 '핑계 없는 의자', '국 데워라 금순아' 등의 애칭을 부여한 것 등을 들 수 있다. 많은 사람들이 이에 참여함으로써 제주에 의자마을이 생겼다는 사실과, 그리고 자신이 명칭을 응모해 당선된 사람은 그 곳을 가고 싶은 생각이 들 수밖에 없다는 점에서 성공적인 홍보작업이라 할 수 있다. 이외에도 꾸준한 이벤트를 만들어 홍보작업과 연계되어 진행되고 있다.

〈그림 101〉 의자마을 전경과 다양한 의자 모습

셋째, 체험하게 한다는 점이다. 낙천리 의자마을은 이러한 차원에서도 많은 노력을 기울이고 있다. 단지 마을에서 의자를 보는 것만으론 모자라다고 인식해 '의자공방'이라는 새로운 아이디어를 냈다. 방문객이 의자를 직접 만들어 보는 체험장을 만들었다. 이를 통해 방문객이 다시 마을을 찾도록 하자는 복안이었던 것이다. 또 마을 주민들의 아이디어로 시작된 보리빵 음식이 인기를 얻고 택배 주문도 이어지자 식품제조업 허가 신청을 통해 본격적인 판매에 나서자는 사업까지 추진하게 됐다.

넷째, 정체성확립차원이다. 정체성 부문에서는 끊임없는 스토리를 만들어간다는 데 주목할 수 있다. 의자에 대한 이야기 만들기에 더하여 계속적인 스토리텔링만들기가 이어졌다. '아홉굿[연못] 마을인 '낙천리'는 그 중 한 연못이 '멧돼지가 팠다'는 유래가 전해 오는 점을 활용해 '제주 흑돼지의 원조가 '낙천리'라는 이야기를 만들어 마을 어르신들을 해설사로 활용한다는 계획까지 세웠다. 또 최근에는 마을 건물 벽이나 울타리에다 부조浮彫로 마을의 유래나 전통, 제주 신화 등을 표현하는 작업이 한창 진행중이다. 여기에 「육십갑자 의자」 (갑자년부터 계해까지 60개 의자에 한자로 갑자를 새긴뒤 반타원형으로 모아 놓음)를 설치하여 자신이 태어난 해에 해당되는 의자에 앉아 보고, 기념사진도 찾는 역할을 하게하는 것이다. 이같은 정체성확립과 주요컨셉은 주변과 연관이 있는, 하나의 맥락을 가져야 한다는 것은 기본적으로 요구되는 사항인 것이다.

다섯째, 끊임없이 진화하고 있다는 점이다. 처음에는 단순한 의자마을로 시작해서 또, 계속 방문할 이유를 만들어주고 있다. 마을 주민들이 끊임없는 시설과 운영의 변화에 힘을 합치고 있다. 또한, 낙천리는 외부 도움도 적극 활용하였다. 의자 아이디어는 마을을 알릴 방안이 없어 어려웠던 당시에 공공미술가인 「양기훈」 씨가 제공한 것이다. 또 연꽃이 있는 연못과 낚시할 수 있는 연못 등 연못마다 9개 테마를 설정할 수 있었던 아이디어도 「김희주」 제주관광대 교수에게서 나왔다. 특히 마을로 올레 코스를 유치해 올레꾼들의 방문이 잦아진 것도 마을 이장의 수차례 부탁끝에 이를 들어준 「서명숙」 (사)제주올레 이사장 덕분이었다고 한다. 아울러 서부농업기술센터의 도움 덕분에 보리빵 샌드위치와 보리빵 버거 등을 개발할 수 있었다.

“지금도 낙천리는 진화중” 이다. 이제 비상飛上하기 시작한 낙천리는 물론 앞으로도 갈 길은 멀지만, 하나의 마을 단위에서 이러한 결과를 보인 것은 높이 평가되어야 할 것이다. 그리고 다른 지자체들도 이를 통해 창조적 모방을 할 수 있을 것이다.

제 6장. 부동산의 환경변화와 대응

그동안 부동산과 문화가 만나는 상황에 대해 그 의미를 살펴보았다. 주로 부동산에 문화를 입혀서 점포 자체의 가치를 올리고, 건물의 가치를 올려 결국에는 그 장소로 인해 지역을 넘어 해당 국가의 가치가 올라간 사례를 살펴보았다. 그리고 이러한 현상과 사례를 바탕으로 향후에 필요한 부동산 가치올리기와 살리기에 대해 살펴볼 것이다. 제6장에서는 첫째, 그 동안 문화와는 거리가 멀었던, 주거용부동산의 변화모습을 통해서 문화가 필요하고, 그에 따른 주택공급업체들의 움직임과 향후 대응방안에 대해 서술하였다. 그 결과 많은 주거용부동산공급업체들이 이미 '문화'를 팔고있음을 알 수 있을 것이다. 또한, 주거 개념의 변화, 모델하우스의 변화, 조경의 영향 등을 살펴보고, 결국은 주거도 주거가치에 집중할 수밖에 없다는 것을 보여준다. 다음으로는, 잿빛문화로 대변되는 산업단지는 어떤가? 정말 궁금해진다. 실제는 산업단지도 우리가 모르는 사이에 많은 문화접합을 시도하고 있다. 우리가 알고 있는 산업단지는 문화의 여유로움과는 가장 멀게 느껴지는 대표적인 곳이다. 그런 산업단지에서도 문화를 도입하기에 나섰다는 것은 변화하는 산업환경 속에서 적응하기위한 몸부림이라고 표현해도 무리가 아닐 것이다. 그 결과 산업단지 내에서 벌어지는 다양한 문화요소 도입운동이 기술되어있다. 비보이공연과 음악공연, 노래자랑 등 다양한 공연들이 이루어지고, 젊은이들의 대표적인 문화인 '그래피티' 경연대회와 공단벽면에 그래피티 작품이 그려지고, 보통 백화점 등지에서 주부들을 대상으로 이루어지는 '문화센터'가 열리고 있는 것이다. 이어서는 우리 시대를 덮고있는 "그린, 녹색" 에 대한 의미와 최근 외국에서 불고있는 "리그리닝" 운동의 개념과 내용도 살펴본다. 이를 통해서 향후 부동산분야에 필요한 "그린" 의 접합을 고민해보았다. 마지막으로는 이 같은 내용의 정리와 이 책의 주제인 문화와 부동산의 융합이 단지 부동산의 가치 상승만을 위해서 단발성 접근이 아니라 이제는 필수인 시대로 접어들 수밖에 없다는 부분을 살펴보면서 정리하고자 한다.

1. 주택을 파는 것이 아니라 문화를 판다.

주택시장에도 '문화'에 대한 관심이 늘고 있다. 각 업체에서 앞다퉈 문화시설을 아파트단지에 설치하거나 주거공간에 문화적 요소들을 도입하고, 또는 문화마케팅을 통해서 주택의 가치를 높이고 있는 것이다. '롯데건설'에서 내놓은 '롯데캐슬 루미니'의 경우, 꾸준히 늘어나는 중소형 수요층에 대응한 소형 주거상품으로 가장 큰 특징은 30㎡(10평형) 정도의 작은 공간을 2배 이상 활용할 수 있도록 설계했다고 한다. 이 특별한 공간은 평소에는 평범한 벽과 바닥이지만 문을 여는 순간 4개 방향에서 침대, 옷장, 책장, 미니바, 테이블 등 다양한 가구가 나타난다. 또한, 작은 공간에서는 생각할 수 없었던 공용공간의 벽면 자체를 예술품으로 연출할 수 있도록 마련했다. 바닥에는 오브제 형식의 다양한 작품을 설치해 로비 자체를 갤러리로 만들 계획을 발표한 바 있다. 이밖에도 고객 맞춤형 스포츠 시설로 웰빙 라이프 공간을 설계하고 게스트룸, 실내카페, 도서관, 스카이라운지, 멀티미디어룸 등 다양한 커뮤니티도 도입한다고 한다.

여기에서 누구나 의문을 가질 수 있다. 상업시설은 문화시설로 방문객을 확대시켜 활성화시킬 수 있다는 점을 어느 정도 받아들일 수 있을 것이나 과연 그 효과가 주거시설인 아파트에서도 나올 수 있느냐 하는 것이다.

'문화'를 단순한 '문화시설'을 벗어나서 마케팅이나 문화적 요소, 생활양식 등 넓은 의미의 '문화'로 확장한다면, 얼마든지 그 사례들이 있음을 알 수 있다. 아파트단지에도 문화적 요소를 도입하여 아파트 투자수익이 올라간 사례는 다음과 같다. 아시아경제신문에 따르면, 인천 송도국제도시의 웰카운티 4단지가 2010년 입주한 수도권의 새 아파트 가운데 수익률이 가장 높았던 곳으로 꼽혀 많은 부러움을 사고 있다고 한다.[88] 2006년 12월 분양돼 2010년 입주한 이 아파트는 현재 125㎡형의 실거래가가 6억 1,055만 원으로 분양가(3억 8,110만 원) 대비 2억 2,945만 원이나 올라 화제가 됐다. 이 아파트를 산 사람들은 입주한 지 1년도 안 돼 60%의 고수익을 올린 것이다. 담당기자

88) 김봉수 기자, 아시아경제신문 2011.01.07일자 기사. 〈이 불황에 2억3천 오른 아파트, 직접 가보니…〉

는 그 원인을 파악하기 위한 현장방문결과 다음과 같은 표현을 썼다. “아파트 투자를 하려면 바로 이런 곳에 하라는 모범답안을 봤다”는 것이다. 즉, 뛰어난 입지 · 단지 설계, 향후 발전 전망, 잘 갖춰진 첨단형 주민 편의 시설 등은 불황기에도 값이 오를 수 밖에 없다는 결론을 도출하게 되었다고 한다.

우선 아파트 앞에는 넓이 16만 m^2의 거대한 녹지공원이 자리 잡고 있었다. 이 점은 요즘 아파트를 찾는 이들이 녹지 등 단지 주변 환경에 매우 민감하다는 점에서 최근 아파트에서 강조하는 ‘자연환경’을 반영한 것으로 해당부지가 매립지로서 녹지가 부족할 것이라는 선입견을 깰 수 있었다고 한다. 아파트 단지로 들어서자, 보행자와 차량을 완벽히 분리하기 위해 이중 설계 방식으로 설계된 단지 내 보행 데크와 주차장이 있으며, 1층과 지하에 설치된 주차장은 모두 900여 면으로 최첨단 관제시스템을 자랑했다. 각 가구에서 등록해 놓은 차량이 단지 내로 진입 시 홈네트워크 시스템을 통해 알려주며, 내 차가 어디에 주차되었는지도 알려 준다. 지상 1층의 단지 내 광장은 공연장 형식을 갖춰 평상시에 아이들이 뛰어 놀기에 적합하였다. 주차장 위의 보행데크는 입주민들에게는 지상 1층과 마찬가지로 활용되고 있었다. 차량 통행이 전혀 없어 놀이터 · 산책로 · 녹지 등의 공간으로 활용되고 있었는데, 미니단지임에도 불구하고 테니스장이 있어 인기라고 한다.

친환경과 관련해서는 가구별 쓰레기 집하 장치가 마련되어 있다. 음식물을 비롯한 모든 쓰레기를 이 곳에 버리면, 진공 장치에 의해 ‘송도국제도시’ 내 집하장으로 자동 이송된다고 한다. 그리하여 아파트 주민들의 가장 고민인 쓰레기 냄새와 처리, 특히 음식물쓰레기 처리에 대한 고민이 해결된다. 각 가정 내 홈네트워크 시스템은 정부로부터 최우수 등급을 받는 등 최고의 기능과 품질을 자랑했다. 외출한 상태에서 집안의 난방과 조명을 끌 수 있고, 전력과 가스 등의 사용량도 원격 검침할 수 있다. 연회장, 문화센터, 갤러리, 헬스클럽 등 주민들을 위한 문화시설까지도 잘 갖춰져 있어 기존의 ‘공공 아파트’에 대한 선입견을 깼다.

건축의 기본이라는 측면에서 뛰어난 설계와 시공도 중요하다. 이 아파트는 2010

년 인천시가 주는 건축물 우수상을 받은 바 있다. 특히 30층의 타워동과 10층의 저층형 주거동이 한 단지에 배치하여, 각각 고층과 저층을 선호하는 입주민들의 취향을 동시에 만족시키는 동시에 조화로운 스카이라인을 형성한 독특한 단지 설계가 칭찬을 받았다. 이러한 점은 평소에 많은 사람들이 아파트의 가치로 여겼던 학교나 학원, 지하철역, 대형유통시설 등의 입지조건 외에도 아파트의 가치를 올릴 수 있는 요인들을 제시해준다.

1) 아파트의 역할과 변화

우리나라의 대표적인 주택의 종류는 모두가 아시다시피 '아파트'이다. 실제 공급되는 주택의 종류 중 아파트의 비율은 1985년의 경우 13.4%에서 1990년에는 22.6%, 1995년의 37.5%, 2000년의 47.5%로 전체 주택의 절반에 육박하는 등 계속 비율이 상승하다가 마침내 2005년 기준으로 아파트는 53%를 차지할 정도로 중요한 위치를 차지하고 있다. 그리고 통계청의 2010년 인구주택총조사 잠정집계 결과 발표에 따르면, 전체 주택 형태에서 아파트가 차지하는 비율이 58.3%인 것으로 나타났다. 특히 국내에서 신규 공급되는 주택중 아파트의 비율이 80% 이상임을 감안하면, 앞으로도 그 비율이 더욱 늘어날 것이다. 물론 이 비율은 다른 나라에 비하면 아주 높은 편이며, 상대적으로 유럽이나 미국 등에서는 단독주택의 인기가 압도적이다.

우리나라의 아파트 선호사상은 프랑스의 지리학자 「발레리 줄레조」 교수에 의해서 "아파트공화국"이라는 저서까지 나오게 되었다. 그러면, 프랑스의 지리학자가 왜 한국의 아파트에 대해 연구한 것일까? 그것은 한국, 특히 수도 서울의 아파트 문화가 전세계에서 유례를 찾아볼 수 없는 매우 특이한 존재이기 때문이다. 1993년도에 서울을 처음 방문한 「줄레조」 교수는, 서울의 거대한 아파트 단지의 규모에 놀라고, 또 아파트가 중산층의 주거로 환영받고 있다는 점, 거기에다 '부의 상징' 으로 받아들여진다는 점에 놀라게 된다. 그런 연유로 그녀는 자신의 박사학위 논문주제로 한국의 아파트를 선택하게 된 것이다. 프랑스에서는 60~70년대에 지어진 아파트는 주로 저층민의 생활공간, 도시문제의 진원지로 전락한 상태여서 그녀는 프랑스의 동료학자들에게 자신의 연구 대상인 한국 수도 서울의 아파트가 빈민계층의 주거형태가 아니라는 사실을 납득시키는 데 매우 어려움을 겪었다고 한다.

(1) 시대로 본 아파트 브랜드[89)]

주거 공간은 시대를 따라 조금씩 바뀌기 마련이지만 급격한 변화를 가져오는 것은 아니다. 주택은 자연 환경이라는 것을 고려해서 만들어지기 때문이다. 그럼에도 불구하고 우리나라에서는 아파트가 공급 된 역사는 오래 되지 않았지만 비교적 빠른 기간 동안 대표적 주거 형태로 정착되었다고 할 수 있을 것이다. 그런데 국내에서 아파트의 주거 비율의 확대보다 더 빠르게 변하고 있는 것이 있는데, 바로 '아파트 브랜드'이다. 이는 다른 부동산상품과는 다르게 나타나는 현상으로 이것은 아마도 각 아파트브랜드마다 가지고 있는 고유한 주거문화가 반영된 결과라 할 수 있을 것이다.

① 초창기 아파트 : '지명 + 아파트'

우리나라 최초의 아파트는 일제 강점기의 서울 서대문 풍전 아파트, 종로구 적선동 근처의 내자아파트 정도로 알려져 있다. 광복 이후로는 58년 서울 종암동의 종암아파트가 최초였고, 62년에는 주택공사가 최초의 대규모 아파트 단지를 조성한 마포아파트가 조성된다. 주택공사는 이 외에도 공무원들의 사택 마련 등으로 공무원아파트 등을 만들게 된다. 60년대 말부터 70년대 초까지 소위 시민 아파트 사업으로 많은 아파트들이 만들어지게 되는데 그중 대표적인 것인 것이 붕괴 사건으로 유명한 서울의 마포 와우산 밑 와우 아파트이다.

해방 이후로부터 60년대 말까지 아파트의 이름들을 보면, 대부분 그 지명을 가지고 있거나 특수한 목적으로 생긴 아파트를 이름으로 그대로 설명하는 경우가 대부분

89) 출처 : 디자인 뉴팝 스토리, 시대로 본 아파트브랜드, http://blog.naver.com/sopy400/120005271265

이다. 이즈음의 아파트 건립은 대부분 국가가 관장하는 것이 많았기 때문에 지명으로 아파트명을 구분하는 것이 당연한 일이기도 했을 것이다. 그런 도중에 건설업체가 국가의 지원을 받아 시영아파트라는 이름으로 아파트 건립에 나서게 되는데, 이때도 대부분 와우아파트같은 지명을 이용하게 된다. 그러나 1970년 4월 8일 준공된 지 석달 만에 일어난 와우아파트 붕괴로 시민(영)아파트의 건립이 주춤하면서 73년에는 AID Agency for International Development 차관을 통해 아파트가 건립되게 된다. 지금은 AID의 모든 권리와 의무가 주택공사로 넘어가 주공아파트라는 이름으로 정식명칭이 바뀐 상태이지만 많은 사람들은 아직도 AID아파트로 부르고 있다.

② 과도기 아파트 : '회사명 + 아파트'

이후 한강변에 공급된 평수가 넓은 고급아파트가 이름을 한강맨션아파트라고 지어서 주택공사가 공급하였다. 한강맨션아파트의 성공적 결과와 당시 강남권 개발과 맞물려 아파트의 건설은 많은 건설업체가 참여하게 되었다. 1976년 10월부터 '한신공영'이 24차로 나누어 모두 126개동 11,429가구분을 건립했으며 그 사이 사이에 대림, 한양, 경남, 우성, 롯데, 설악 등의 아파트가 들어서서 현 강남고속버스터미널 북편 일대에 대규모 아파트단지가 형성되었다. 그리고 반포아파트 남쪽 '이수구획정리지구'에는 1977년에 삼호아파트 17개 동 1,264가구분이 들어선 데 이어 방배동 방면에 걸쳐 궁전아파트, 경남아파트, 삼익아파트 등이 차례로 들어서서 역시 대규모 아파트단지를 형성하였다. 이때의 아파트 이름은 대부분 기업이나 모기업 이름을 그대로 적는 것이 대부분이었다. 그러나 서울 도곡동 일대의 개나리아파트와 진달래아파트, 그리고 최근 재건축 문제로 자주 오르내리는 한보주택의 은마아파트, 잠실에는 라이프주택의 장미 · 미주 · 미성아파트등이 사명을 쓰지 않고 개별 브랜드를 사용하는 형태도 있었다. 이때도 꼭 '개별브랜드+아파트'라는 공식이 따라 다녔다.

③ 성숙기 아파트 : '브랜드'

국내에 '아파트'라는 주거형태가 자리잡은 기간이 짧은 관계로 아파트개념이 그렇게 친숙하지도 않았기 때문에 뒤에 '아파트'라는 말을 당연히 사용해야만 했을 것이다. 그리고 그 구분 역시 '지명'이나 '건설회사'의 이름이면 또한 충분했을 것이다. 이후 1997년의 외환위기를 맞으면서 건설업계에 닥친 불황과 어느 정도 자리잡은 주택 보급률이 건설업계를 긴장시키게 된다. 따라서 무엇인가 차별화 되지 않으면 생존이 어렵게 된 것이다. 사실 주거시설로 아파트는 집을 잘 짓는 것이 무엇보다 중요하다. 그러나 잘 짓는 것 외에 무언가 다른 것이 건설사에게 추가로 요구된 것이다. 이때 중견 건설업체인 '월드건설'이 경기도 파주에 메르디앙이라는 이름으로 분양을 시작하면서 본격적인 탈脫 '회사명+아파트' 바람이 불게 된다. 이처럼 뒤에 따라오는 '아파트'가 없어진 아파트의 이름은 또 몇 가지 패턴을 가지게 되는데, 'village' 에서 따온 'ville'들이 가장 많이 유행하게 된다. 이런 예로는 센트레빌동부, 쉐르빌삼성중공업, 아크로빌대림, 이노스빌우미, 상떼빌성원, 하이빌동일토건, 에버빌현진 등이 있다. 또 언덕을 뜻하는 'hill'도 많이 애용된 것인데, 대표적인 것이 굿모닝힐동문이다. 이와 같은 이름의 도입이 주는 의미는 다음과 같다. 그것은 '빌'을 사용해서 이전의 아파트가 의미하는 '아무나 살 수 있는' 대단지와는 좀 거리가 있어 보이고(이 점은 실제로는 그렇지 않더라도) 특별하면서도 고급화된 이미지를 주려 했다는 것이다. 또 '힐' 이라는 것도 언덕 위의 '그림 같은' 풍경과 조망을 강조한 것이라고 할 수 있다.

이 점이 시사하는 바는 다음과 같다. 아파트가 건립 된 이후로 물론 시민 아파트나 시영 아파트, 임대아파트 등 이른바 서민 아파트들이 있었지만, 아파트는 도시에서나 볼 수 있는 또 웬만큼 사는 사람들이 사는 곳으로 인식되어져 있었다. 이러한 인식하에 소형 아파트는 상대적으로 적었고, 대부분은 대형 평수대의 것이었기 때문에, 아파트는 점차 투기의 대상이 된 것이다. 즉, 이로 인해 아파트는 자꾸만 고급화되어가야만 했고, 다른 사람들과는 차별화되고, 고급감을 주어야 하는 것이 아파트의 주요 속성이 되어 온 것이다. 이런 점들이 다른 많은 요인들에 불구하고 외환 위기라는 기폭제를 만나 아파트 이름에 변환을 가져 왔다고 해야 할 것이다. 거기에다 시대가 바야흐로 이미지의 시대가 된 것도 '빌' 이나 '힐' 이라는 이름이 붙은 아파트의 출현을 부추긴 것이다. 결국 구체적인 아파트 건축물과 주변 조건도 중요하지만 전혀 그렇지 않더라도 왠지 그럴 것 같은 느낌이 주는 것이 이른바 아파트의 브랜드화 시대를 연 것이다.

④ 보다 차별화된 이름 : 고급과 환경

이런 경향은 이후 계속 진행되어 오면서 몇 가지 속성들이 추가된다. 즉, 환경적인 쾌적함, 편안함, 첨단 느낌 등이다. 여전히 교통의 편리함은 중요한 요소지만, 자동차의 보급과 함께 상대적으로 이 요소는 줄어들게 되고, 모닝사이드고려산업개발, 이안에 행복대우자동차판매 등의 친환경적인 요소와 여가를 즐길 수 있는 아파트가 각광 받게 된다. 이와 함께 인터넷 시대에 맞춰 e-편한세상대림산업같은 디지털화된 이름을 선보이게도 한다. 2000년 이후의 아파트 이름은 매년 그 주류를 다르게 하고 있다고 해도 과언이 아닐 것이다. '빌', '힐'이 식상해지면서, 한글 형태의 이름이 주류를 이루게 되는데, 앞서 e-편한세상이나, 이안에행복, 꿈에 그린등이 대표적인 예이다. 여기에 한자를 이용하거나 한글과 한자를 합성시킨 브랜드들이 한창 유행하게 된다. 그 대표적인 것인 '삼성'의 래미안來美安은 상당히 파격적인 것으로 받아들여진다. 코아루樓 한국토지신탁, 낙천대롯데 등도 이런 예들이다. 또한 브라운 스톤이수건설, 루미아트우림건설와 같이 영문 합성표현을 활용하여 고급감이라는 속성을 부각시키거나 더샵the #, 포스코, 자이Xi, 어울림[ㅓ]ullim, 금호건설등 기호를 포함한 독특한 형태의 표현을 통해 고품격 삶을 위한 주거공간으로서의 이미지를 한층 부각시키고 있다. 이런 기호화와 더불어서 아직까지 친환경적인 아파트가 호평을 받고 있어, 푸르지오대우 같은 브랜드들이 개발되고 있다. 최근의 경향들은 깔끔한, 도시적인 이미지와 친환경성 등이 아파트에 요구되고 있다. 거주 의미의 그냥 살기 위한 아파트시대는 이미 지나가고 말았다. 아파트의 브랜드 역시 이런 경향을 쫓고 있어서 향후로는 어떤 요소가 첨가된 아파트시대가 될지

궁금하다.

과거 프랑스가 인도차이나를 정복하고 위생적이지 못한 인도차이나의 주택을 밀어버리고 북반구에 있는 자기들의 주택을 위생적이라는 이유로 도입했다 한다. 그러나 얼마 못가 그것이 오히려 남반구의 인도차이나에는 훨씬 더 비위생적이라는 것을 알게 되었다고 한다. 그 이유는 인도차이나의 '비위생적인 건축물'들은 사실 오랜 시간 동안 자연에 적응하면서 그 지역에 맞게 만들어 온 그들의 문화였다는 점을 간과한 결과였다. 그런 면에서 연계하면, 국내 주거문화에서 기존의 주택들과 '아파트'의 가장 큰 차이는 '입식부엌' 과 '화장실', 그리고 '난방문화', '흙벽'등을 들 수 있다. 국내에 아파트가 도입된 시기에는 쪼그려서 일하는 부엌과 서서 일하는 '입식부엌'이 대표적인 차이로 인식되었고, 기존에는 항상 주거지와 멀리 떨어져 있었던 '화장실'이 방과 가까운, 그것도 부엌과도 가깝게 자리잡았다는 점에서 충격적이었고, 또한 '온돌문화' 대신 가스나 전기, 스팀을 이용하여 공기를 덥히는 방식의 난방방식이 도입되게 된 것이다. 그러나 최근의 사례를 보면, 온돌이 다시 살아나고, 황토방 등이 다시 도입되고 있다는 면에서 오랜 기간 형성되어온 각 지역 고유의 '주거문화'의 중요성을 다시 한번 생각하게 해준다.

주거 형태는 자연 속에 살아가는 사람으로서, 적어도 하루의 1/3 이상을 보내야 하는 곳으로서 아주 중요한 영역이다. 때문에 '문화'의 중요한 코드임은 분명하다. 또 그것에 대한 명칭 또한 그 시대에 있어서의 적절함 그리고 위상을 표현하는 차원에서 아파트 이름을 통한 '문화 읽기'는 아주 의미있는 일이라 생각된다.

2) 집을 파는 것이 아니라 문화를 판다.

우리 주변의 환경은 급변하고 있음을 익히 알고 있다. 건물도, 집도, 자동차도, 그리고 경제흐름도, 그리고 유행도 점점 급변하고 있다. 우리가 앞에서 살펴보았듯이 과거 아파트개념이 단순히 삶의 보금자리로서의 아파트는 이제 사라지고, 아파트에서도 점차 차별화되는 삶의 가치를 높여주는 긍지높고 고급스러운 아파트들이 점점 등장하고 있는 것이다. 고급 주택시장 차별화가 뚜렷해지면서 각 지역마다 랜드마크landmark 역할을 하는 명품아파트가 속속 등장, 주거문화의 트렌드를 바꾸고 있다. 서울 삼성동의 아이파크와 대치동 동부센트레빌, 도곡동 도곡렉슬에 이어 최근에는 서초구 반포자이, 래미안 퍼스티지 등 명품아파트들이 완공돼 주변 아파트 시세를 주도하는 것은 물론, 우리 주거문화의 수준을 한 단계 높여놓고 있는 것이다. 여기에 더하여 또 하나의 의미있는 변화를 살펴볼 수 있다.

그동안의 아파트공급회사는 "튼튼한 아파트", "고급스러운 아파트", "첨단 시설의 아파트"등 대부분이 고객이 살 집을 지어서 공급한다는 차원에서 주로 물리적인 차원의 건축부문을 강조해왔다. 그러던 것이 어느 순간부터 달라진 모습들을 보이고 있는 것이다. 입주도움 서비스인 '오렌지 서비스'와 '헤스티아 서비스' 등 업체마다 다양한 명칭의, 다양한 내용의 주거문화를 도입하고 있는 것이다.

(1) 이상한 건설회사

최근 TV광고 중에 재미있는 장면을 보게 되었다. 그 내용은 "이상한 건설회사"라는 멘트로 시작되어 직원들이 옷에 "오렌지 서비스"라는 마크를 부착하고 시작되는 내용이다. 내용이 독특해서 집중해서 들어보니 그 멘트는 다음과 같다. "이상한 건설회사가 있습니다. 화분 갈아주고, 창문 닦아주고, 침대 살균해주고, 가스레인지 씻어주고, 전등 갓 청소해주는 이

〈그림 102〉 대림 e-편한 세상의 오렌지서비스 광고 캡처

상한 건설회사, 아파트가 아닌 만족을 건설한다는 이상한 회사, 이상한 진심 e-편한 세상"으로 끝난다. 여기에서 계속 반복되는 '이상한'이란 단어는 아무래도 정상과 비교되는 '이상한' 이 아닌, "다른 아파트회사들과 다른" 의 의미로 볼 수 있을 것이다.

그 내용을 들여다보면, 화분을 갈아준다? 일반 아파트에서 화분갈이는 정말 어려운 일이다. 이러한 어려운 일을 해준다? 얼마나 입주자의 마음을 읽는 말인가? 아파트회사들이 건설 잘 하는 것이 우선이었는데, 이제는 사용자의 욕구를 만족시켜주는 한 층 개선된 아파트의 가치를 찾아낸다는 의미이다. 소비자의 입장에서 보면, 그 내용도 아파트 값에 포함된 것으로 볼 수 있고, 같은 아파트공급회사 입장에서는 기존의 건물만 팔아서는 안 된다는 것을 인식한 결과일 것이다.

사실 '대림산업'의 이러한 접근은 아파트에 실제 거주하고, 운영을 하는 '주부' 입장에서는 가장 필요한 부분을 찾아서 긁어주는 것이라는 점에서 소비자에게 많은 어필을 할 수 있는 분야라 생각한다.

(2) 삼성 래미안 스타일[90)]

① 집에 대한 래미안의 컨셉 변화

2004년부터 '삼성물산'은 매년 "다음 해의 래미안스타일" 을 발표해왔다. 그 중에서 2006년 봄, 삼성물산은 매년 업계에 주거문화의 새로운 트렌드를 제시하는 래미안스타일 발표회에서는 'Housing Convergence'라는 다소 생소한 개념을 선보인 적이 있다. 여기에서 'Housing Convergence' 는 사람-집-미래의 융합을 통해 새로운 생활공간과 Lifestyle을 구현하여 신개념의 미래 주거문화를 창출해 나가겠다는 의지의 표현이었다.

'Housing Convegence'의 개념을 구사한 모델로 시도된 프로젝트가 경기도 용인에 있는 래미안 동천이스트팰리스라고 한다. 인구 과밀화와 급속한 도시화로 인한 환경오염, 이웃과의 단절 등 삶의 본원적 가치를 상실해가고 있는 현대사회에서 '집'과

90) 삼성 래미안 동천 홍보자료, 삼성물산 건설사업부

'인간 생활'의 본질을 회복하고자 하는 시도로서 상품의 컨셉을 변화시켰다. 래미안 동천의 상품컨셉 진화는 아래 〈그림 103〉과 같다. 즉, 최초에 제안했던 '사람, 집, 미래의 융합'에 생태Eco, 자연 에너지Energy 등의 개념을 결합, 진화시켜 결국은 처음의 구성요소 중 집이 결국은 자연으로 바뀌었다는 중대한 변화를 보여준다. 이를 통해 사람과 자연, 미래의 공존이라는 한 차원 높은 삶의 가치가 구현되도록 했다.

〈그림 103〉 래미안 동천(이스트팰리스) 상품 컨셉 진화도 (ⓒ삼성물산)

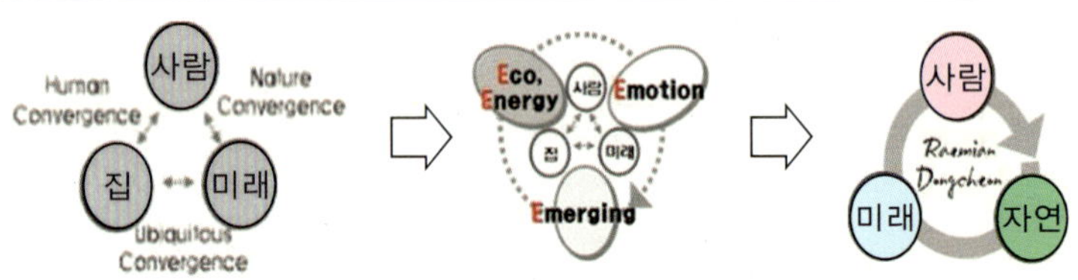

이같은 변화는 향후 "주거상품"의 개발에 주는 시사하는 바가 크기에 래미안 동천(이스트팰리스)의 상품개념을 살펴볼 필요가 있다.

② 래미안 이스트팰리스에 반영된 주거 개념

"사람들 사이에 정이 넘쳐 흐르고 대자연의 품에 안긴 공간에 생활의 편의를 위한 각종 시설이 어우러져 있는 주거 공간"이 현대인이 열망하는 이상적인 집의 모습이다. 이를 달성하기 위하여 래미안 이스트팰리스에 반영된 아파트단지의 주거개념은 다음과 같다.

첫째, 단지 배치의 다양성 도입이다. 109m²에서 338m²까지 다양한 세대형에 총 2,393세대로서 한국적인 미美를 살린 주동 배치와 외관 디자인을 갖추고 있다. 4개의 블록 안에 들어선 48개 동은 타워형, 판상형, 빌라형 등으로서 외관 디자인, 높이, 평면 구성의 다양성을 최대한 살리고 창호 패턴의 변화를 강조한 주동 계획을 통해 기존 아파트의 반복성과 획일성을 완전히 탈피했다는 평가를 받고 있다.

〈그림 104〉래미안 에비뉴(ⓒ삼성물산)

둘째, 집에 가족과 가족, 이웃과 이웃의 교류의 장을 도입했다는 것이다. 즉, 지금까지의 아파트는 생활 편의성은 최대화되었으나 이웃과의 소통이 없는 삭막한 환경이라고 볼 수 있었다. 그래서 동과 동을 하나로 연결하는 '허브형 로비'를 도입한 것이다. 즉, '허브형 로비'는 자신이 사는 동의 출입구로 각자 들어가고 나면 그만인 단절된 생활 방식을 바꾸기 위해, 2개 동의 출입로비를 한 곳으로 통합한 것이다. 그리고 여기에서는 무인택배시스템, 각종 생활 정보 검색이 가능한 키오스크KIOSK 등 편의 시설을 늘려 이웃이 자연스럽게 모이는 장소로 설계했다고 한다. 또한, 국내 아파트단지에서는 보기 힘든 유럽형 생활 가로인 래미안 애비뉴를 설치하여 주민의 동선이 길을 따라 학교, 상가, 공원, 광장, 커뮤니티가 연결되도록 구성되어 있다. 이 길을 광장 삼아 사람이 모이고 서로 교류하는 場, 걷고 싶은 거리를 만들었다. 또, 4개 블록을 휘감듯 연결하는 1.5km의 순환형 산책로를 두어, 2천 3백 여 세대의 대단지가 하나의 마을이 되도록 했다.

셋째, 원형 그대로의 '자연'을 단지에 남겼다는 점이다. 최근 도시민들이 가장 그리워하는 것이 '자연'이기에 현대인은 '인공의 조경'이라도 집 가까이에 두지만, 이걸로는 부족할 수밖에 없다. 따라서 자연 그대로의 생태환경과 감각적이고 현대적인 조경 예술의 조화를 최대한 추구하였다는 점이다. 즉, 3면을 둘러 싼 광교산과 단지의 북쪽을 가로지르는 손곡천을 설치하여 멀리까지 자연을 찾아가지 않아도 이미 자연이 사는 사람들 곁에 와 있는 것이다. '삼성물산'은 이러한 컨셉을 바탕으로 특히, 식재 조성은 여러 층을 이루는 자연군락과 정형식재定型植栽를 조화시켜 자연스러움 속의 질서를 반영하였다. 또, 광교산에서 떨어지는 높이 20m의 대형 벽천壁川에서 시작하여 단지를 순환하는 총 연장 500m의 순환수로, 통합로비에 위치한 거울못과 단지 내부의 캐스케이드형 수로 등이 강약과 높낮이를 달리하였다. 이는 '자연'을 그대로 주거에 앉힌 것으로 볼 수 있다.

넷째, 친환경 라이프타운을 조성하였다는 것이다. 자연 에너지의 리사이클Recycle을 통해 단지 내 공동 시설유지 비용 또한 절감해 주었다. 우선, 태양광을 이용해 커뮤니티 시설의 에너지원으로 사용하고 옥외 조명의 불을 밝힌다. 이를 위해 태양전지모듈이 단지 곳곳에 설치되고 태양광을 통해 생성된 전기는 곧바로 상용 전력으로 공급된다. 여름에는 시원하고 겨울에는 따뜻한 지중열地中熱도 에너지원으로 활용되어 커뮤니티 센터 등 공동 시설에 사계절 일정한 온도의 공기를 공급하는 등 냉 · 난방에 이용한다고 한다. 빗물 또한 그냥 흘려 보내지 않아서 빗물을 저장해 두었다가 조경과 수경 시설의 용수로 활용하는 우수雨水재활용시스템을 통해 자연그대로의 순환을 재현하여 친환경 생활을 완성하게 된다.

다섯째, 유비쿼터스 환경 구성이다. 이를 위해 '삼성물산'은 마이크로소프트 Microsoft社와 전략적 제휴를 맺고 차세대 유비쿼터스 아파트 구현을 위한 하우징 프레임워크Housing Framework를 공동개발했다. 그 성과가 '주택전시관'이 아닌 실제 주택에 구현되는 첫번째 단지이다. 이 가운데 입주민들의 생활 가까이에서 활용성이 가장 클 것으로 예상되는 것이 '원패스 시스템'〈그림 105〉이다. 원패스라는 작은 키홀더에는 공동현관이나 세대 현관 출입 인증 기능뿐 아니라 무선 비상 호출, 무선 방식의 주차 위치 확인, 엘리베이터 호출, T-Money 서비스 등 다양한 생활 편의 기능이 통합되어 있다.

〈그림 105〉 원패스 개념도

이 중 국내 최초로 적용되는 무선 비상 호출 기능은 사용자가 단지 내에서 위험한 상황에 처했을 때, 관리실과 해당 세대의 월패드로 정보가 전달되고, 호출자의 위치 추적 기능이 가동되기 시작한다. 또, 추적된 위치를 따라 CCTV가 자동 녹화를 시작하는 등 강력한 생활 안전 기능을 가지고 있다.

이상을 정리하면, 단절된 도시민의 생활이 아닌 열린 공간의 구성으로 소통을, 인공적인 자연분위기가 아닌 자연과 함께하는 주거환경 조성이다. 그리고 이러한 환경 조성을 위해 친환경과 유비쿼터스를 이용한 것으로 볼 수 있다. 물론 여기에서 예시로 든 주택단지개발에 반영된 개념과 실제 구현된 시설들은 많은 다른 아파트시공사들도 준비하고 실현하고 있는 것들도 많다. 따라서 예시된 사례는 주거문화의 변화를 보여준다는 점에서 참고한다는 의미로 보면 되겠다.

3) 모델하우스의 진화

(1) 아파트 모델하우스의 개념

사전적 의미로서 '모델하우스'란 아파트 등을 지을 때 견본용으로 실제와 똑같게 지어 놓은 집으로 국어사전에서 정의하고 있다. '네이버백과사전'에서는 아파트 등을 건축할 때 원매자願買者들에게 보이기 위해 미리 지어놓는 견본용 집으로 그 의미를 담고 있다. 이를 정리하면, 일반적으로 아파트 모델하우스는 주택건설사가 입주계약을 목적으로 아파트가 완공되기 전에 입주자를 모집하여 원매자들이 선택하는 데 참고가 되도록 평수坪數에 따른 집의 구조를 완공시의 구조와 똑같은 1가구용의 집을 전시하는 견본주택이라고 할 수 있다.

따라서 아파트모델하우스는 소비자와 건설사가 직접적으로 교류할 수 있는 역할을 하기 때문에 그 교류의 방법은 구체적이고 실질적이며, 검증할 수 있는 것이어야 한다. 즉 모델하우스에서 건설사가 가능한 한 모든 전달매체와 서비스를 통하여 강한 설득력을 제공하는 것에 대해 소비자는 모든 감각을 통하여 이해할 수 있고, 수용할 수 있는 것이어야 한다. 이러한 이유로 인하여 건설사와 주택시장을 둘러싼 정보와 자료들을 일반 소비자들에게 전시 제공하여 분양성 향상을 위한 직간접적인 수단으로서 아파트모델하우스가 이용되고 있다. 여기에서 설치된 견본세대와 마감자재의 전시, 그리고 분양과 관련된 서비스 제공을 통하여 자사 주택의 우위성과 경제성을 소개 홍보하여 분양을 유도할 수 있는 공간으로써의 역할을 수행하여야 한다. 그런다고 해서 모델하우스에서 전달하는 정보가 허위성을 띠거나 모델하우스가 소비자를 기만하는 장소가 되어서는 안 된다. 실제로 일부 시공사의 경우는 모델하우스에서 쓰였던 자재나 기구 등이 실제 아파트에는 다른 내용으로 설치되어 소비자와 분쟁을 일으키기도 한다.

(2) 모델하우스의 발전과정[91)]

대한주택공사는 1970년도에 한강변 서울의 동부이촌동에 한강맨션아파트 23개동 700가구분을 건립하고, 동시에 거기에 인접한 한강 외인아파트 18동 500가구분을 건립하였다. 한강맨션아파트는 가구별 주거규모가 27평에서 55평까지로 당시로는 지나치게 호화롭다는 평을 받아 국영기업체에서 사치성을 조장한다하여 물의를 빚었다. 그러나 이 아파트는 1970년대 이후의 아파트 대형화를 선도하면서, 아파트 모델하우스의 전신인 Mock-up[92)] Room을 설치하여 이후 아파트 판매방법의 변화를 예고하였다.

80년대에 들어와서 모델하우스 변화는 영화관을 능가하는 최고의 블록버스터 전시장이 되었다. 1982년 10월에 문을 연 개포아파트 모델하우스에는 단 하루 만에 2만 명의 사람들이 몰려들었다. 복덕방 관계자와 복부인들이 후끈 달아오른 투기 열기로 극성을 부리는 가운데, 내집 마련의 꿈에 부푼 이들에게 자신이 거주할 미래의 주거공간을 관람하는 일로 즐거움을 주었다. 건설 회사들도 이러한 수요자의 바람을 반영해, 3-4백 여 평의 대지 위에 초호화판의 모델하우스를 짓기 시작했다. 샹들리에를 달고 양탄자를 깔아 관람객을 모시는 것은 기본이었고, 따로 휴식을 취할 수 있는 장소를 만들기도 했다.

90년대에는 수도권지역에 분당, 군포 등 신도시가 개발되어 비슷한 구조의 많은 수의 아파트가 지어졌다. 이 시기는 빠른 시간에 많은 아파트가 들어서게 되어, 평면구조가 정형화(가족단위 중심의 주거에서 부부공간의 독립화 30평형 이상의 평형대는 주 침실에 욕실이 따로 추가)되는 시기로 아파트의 대규모 양산이 시작되었다.[93)] 따라서 다양한 기능과 형태의 공간 필요성을 인식한 아파트 시장은 많은 수의 아파트 모델하우스와 상시 전시되는 주택 상설관을 필요로 하게 된다.

---

91) 오세길, 아파트 구매력 향상을 위한 모델하우스디자인 연구, 건국대학교 산업대학원 석사학위논문, 2005. pp.12~17

92) 목업은 기계 · 기구 · 무기 따위의 외형이나 칼라 등을 직접 실물처럼 보기 위하여 디자인한 제품을 실크기 혹은 축소를 해서 제작하는 것

93) 박지선외 3인, 아파트가 진화한다, 스피드뱅크, http://estate.chol.com/CP/chol/news/

2000년대에는 주택건설업체들이 각종 홈 네트워크와 홈오토메이션 시스템을 활용할 수 있는 초고속통신망을 이용한 지능형 아파트를 모델하우스를 통해 새로운 모델로 제시하고 있다.

다음의 〈표 11〉는 지금까지 언급된 국내모델하우스의 발전과정을 정리한 것이다.

〈표 11〉 모델하우스의 발전과정

1970년대	처음으로 아파트 견본주택이 도입된 시기 아파트문화에 대한 이질적 감정으로 아파트 보급에 관한 긍정적 성과를 거두지 못함 1970년 대한주택공사에서 한강맨션 아파트에서 목업 룸을 설치
1980년대	본격적인 아파트 전문 전시관의 모습을 갖춘 형태가 등장하는 시기 해당시설과 규모면에서 새로운 경향을 보이며 다양하게 발전 1987년 한신공영에서 최초의 도심 내 전시관 건립 1989년 건영에서 건설과 자재전시에 관한 전문적인 전시문화 공간 설치
1990년대	대기업을 중심으로 전문 주택상설관 설치로 변화하는 시기 다양한 기능과 형태의 공간에 대한 연구의 필요성을 인식 시작
2000년대	테크놀리지를 중심으로 전시공간으로 발전 자연친화적인 재료를 이용한 공간구성 시작

(3) 모델하우스의 유형 및 특징

① 모델하우스의 유형

모델하우스의 유형은 크게 상설 주택전시관과 지역 주택 모델하우스 및 분양사무소로 나눌 수 있으며, 그 유형은 다음의 〈표 12〉와 같다.

〈표 12〉 모델하우스의 유형

상설주택전시관	지역주택모델하우스	분양사무소
기업이미지PR 및 공공적 성격부여	분양촉진을 목적으로 함	분양촉진 및 분양업무를 목적으로 함
기업이미지 홍보나 주택에 대한 상담, 서비스등과 같은 외적인 활동을 통하여 서비스와 교육 그리고 봉사를 위주로 한 형태	분양촉진의 수단으로 직접소비자를 대상으로 주택과 관련된 자료를 전시공개를 목적으로 하는 형태	분양을 목적으로 하는 직접적인 영업형태이나 분양세대 수가 적거나 기업의 입장에서 중요도가 떨어질 때 단순 계약업무 및 관련정보 서비스의 단순 업무 수행을 위한 소규모의 형태
간접적인 기업홍보 및 분양의 목적을 가짐	아파트의 구조 및 마감재의 특성, 분양가, 지역의 발전가능성 및 입지여건에 대한 홍보 등의 직접적인 분양활동이 목적	아파트의 구조와 마감재에 대한 대략적인 자료들을 비치하여 계약을 위주로 하는 것이 주목적임
일반 아파트 구매자를 대상으로 분양뿐만 아니라 홍보적 차원에서 교육이나 이벤트를 위한 전시장으로 공공적인 성격이 강조됨	주택업무와 구매자의 상호연결 매체인 견본주택을 통하여 실제공간의 규모와 마감자재 및 관련정보를 체험하게 함으로써 궁극적으로 분양을 촉진하여 기업매출을 확대하는 영업적 성격이 강조됨	주로 소규모의 조합주택에서 운영되는 형태이며 조합원과 일부 일반분양세대 신청자를 위한 업무의 성격임

② 아파트 모델하우스의 특징

우리는 앞에서 모델하우스의 목적과 역할에 대해 언급한 바 있다. 앞에서 살펴본 바와 같이 모델하우스는 견본주택의 기능과 주택상품의 홍보 및 분양기능을 모두 포함하고 있으며, 해당아파트의 분양기간 동안 한시적으로 운영된다. 내부적으로 아파트의 구조 및 마감재, 인테리어의 특성, 분양가, 지역의 발전가능성 및 입지여건에 대한 홍보 등의 직접적인 분양활동을 위한 전시, 판매, 홍보의 기능을 가지고 있다. 그리고 그 외관은 소비자가 쉽게 인지할 수 있어야 하고, 건축과 해체가 용이하도록 건립된다. 주택업자와 구매자의 상호 연결매체인 견본주택을 통하여 실제공간의 규모와 마감자재 및 관련정보를 체험하게 함[94]으로써 궁극적으로 분양을 촉진하여 기업매출을 확대하는 영업적인 성격이 강조되는 것이 모델하우스의 특징이라 할 수 있겠다.

(4) 아파트 모델하우스 내의 공간구성요소

아파트 모델하우스는 다양한 성격의 공간과 평면요소에 의해서 구성되어있으며, 특히 공간계획에 있어 중요한 것은 다양한 성격의 공간을 유기적으로 연계시키고, 기능적으로는 제 기능을 발휘하게 하는 것이다. 이에 오세길2005은 견본주택을 구성하고 있는 핵심공간을 규명하기 위해 사례조사를 통하여 모델하우스 공간을 전시공간, 교육 · 문화 공간, 휴식 공간, 사무공간으로 구분하였다. 모델하우스는 일반적으로 이들 4개의 공간으로 구성되어 있으며, 해당 주택공급업체의 마케팅 및 상품화 전략에 따라 특정한 기능이 강조되거나 차별화 될 수 있다. 기존 모델하우스의 평면분석 결과를 종합하여, 향후 모델하우스의 평면계획 시 고려해야 될 주요쟁점을 〈표 13〉과 같이 정리하였다.

① 전시 공간

모델하우스에서 전시공간은 주택상품의 분양을 위한 주택상품의 개념 및 기술적 특정을 홍보하는 매우 동적인 공간이다. 시설의 특성상 많은 인원들이 동시에 출입하기 때문에 공간의 규모, 동선, 피난에 대한 세밀한 계획이 필요하다. 따라서 전시공간은 모델하우스에서 가장 중요한 기능으로 이는 공간의 구성과 연계방식에 따라 수평적으로 확장되는 방식과 수직적으로 확장되는 방식으로 구분할 수 있다. 아파트 모델

---

94) 성기원 • 김자경(2004), 최근 수도권 모델하우스에서 나타난 공간구성에 관한 연구, 한국실내디자인학회 학술발표 대회 논문집 제6권 2호 통권7호, p.73__

하우스는 이러한 전시공간의 구성방식에 따라 평면구성, 전시 공간 계획, 외관형태가 달라지는 것이다. 또한 대지면적에 따라서 수직과 수평적 요소가 달리 고려되어졌다. 전시공간이 수평적으로 확장되어 있는 경우에는 대지 면적이 상대적으로 높았고, 대지가 협소한 경우에는 전시공간이 수직적으로 확장되는 경향을 보이고 있었다. 즉, 대지 면적이 넓을 때 주로 이용되는 수평적 확장은 전시공간의 연계적 측면에서는 장점이 있으나, 방문객이 동시에 몰릴 경우 기능이 상실될 수 있다. 전시장의 수직적 확장은 전시공간을 성격 및 기능에 따라 구획을 세분화할 수 있으며, 보다 정적인 공간으로 계획할 수 있는 장점이 있다. 그러나 전시공간의 연계 및 유기적 흐름을 지속 하기는 어려운 문제점을 갖고 있다. 최근에는 도심 내에서 넓은 모델하우스 부지를 구하기가 어려워 수직적 확장형이 증가하고 있다.

〈표 13〉 모델하우스의 유형

구분	공간구성	시설특성	평면요소
모델 하우스	전시 공간	견본주택 전시 및 분양 기능 전시 공간 핵심상설 전시, 보다 정적이며 가시적 공간	- 모델하우스 - 테마하우스
	교육 문화 공간	고객과 인근주민의 교육과 문화공간으로 각종 강의실 및 AV 실, 인터넷실 등으로 구성되어 있다. 대부분의 경우 디자인이 정형화 되어 있으며, 딱딱한 느낌을 준다	- 이벤트/홀 로비 - 강의/세미나실 - A/V실 - 인터넷 강의실
	휴식 공간	고객과 인근주민의 친목 및 휴식 공간으로 사용 된다. '휴식 공간 ` 전체적으로 잘 구성되어 있으며 인위적이다.	- 로비 - 휴게실 - Cafe
	사무 공간	업무의 종류와 기능에 따라 구분 될 수 있으며, 모델하우스 성격 및 업무에 적합하게 계획 되어져야 한다.	- 분양사무실 - 주부상담실 - 일반사무실

② 교육·문화 공간

아파트 모델하우스는 점차적으로 교육 및 문화공간에 대한 기능적인 요구가 증대되고 있다. 이는 주택공급자와 소비자사이에 지속적으로 정보를 교류할 수 있는 공간에 대한 요구가 증대되었기 때문이다. 따라서 교육 및 문화시설은 모델하우스에서 전시 공간 다음으로 그 중요성을 인정받고 있다. 교육. 문화시설은 주로 강의실, 세미나실, 인터넷 강의실 등의 소그룹 활동을 위한 공간과 A/V실, 이벤트 홀 등의 문화공간으로 구분할 수 있다. 교육 및 문화공간은 전형적이고 획일화된 공간에서 탈피하여 보다 개성 있는 다목적 공간으로 계획하는 것이 바람직하다.

③ 휴식 공간

아파트 모델하우스는 고객과 주민의 문화 및 휴식공간으로 거듭나야 하며, 특히 휴식의 기능 및 개념에 대한 새로운 해석이 요구된다. 아파트 모델하우스에서 '휴식공간'이란 단순히 남는 공간을 고객에게 제공하는 것이 아니라, 모델하우스의 각 기능 등을 연결시켜주는 연결 공간이자 매개공간역할을 한다. 더불어 휴식 공간 본래의 기능과 소비자가 요구하는 품격을 유지해야 한다. 사례 조사한 결과, 휴식공간은 가구 및 마감재 수준으로 계획한 경우가 대부분이었다.

④ 사무 공간

아파트 모델하우스에서 사무공간은 분양사무실, 고객 상담실, 상주직원의 업무를 위한 사무공간으로 구분할 수 있다. 분양사무실은 모델하우스의 그 기능과 업무상 유기적인 관계를 갖고 있으므로, 위치와 규모선정에 고려해야 한다. 상주직원을 위한 사무공간은 파견인원 및 부서를 고려해야 하며, 기존 전시 및 교육 문화시설과의 동선에도 유의해야 한다.[95]

95) 박일우 · 조금령(2003), 주택문화관의 디자인 및 운영방식에 대한 쟁점, 한국실내디자인학회 논문집. p.67

〈그림 106〉 복합문화공간 크링의 외관모습

(5) 모델하우스의 변화 - 금호건설 크링

서울 강남구의 삼성역에서 남쪽으로 언덕을 올라가면 나타나는, 대치동 휘문고 4거리, 우뚝 솟은 별난 건물 하나가 행인들의 시선을 빨아들인다. 이 건물은 파사드 facade건물의 정면에서 풍기는 첫인상부터 예사롭지 않다. 외벽에 서로 다른 크기의 거대한 원형창 7개가 뚫려 있고, 창마다 컴퍼스로 그린 것 같은 동심원이 몇 개씩 패어 있다. 잔잔한 호수에 돌멩이 대여섯 개를 여기저기 던져 생긴 파동 같기도 하다. 커다란 스피커에서 내뿜는 음파처럼도 보인다. 옆에서 비스듬히 올려다보면 계단식으로 패어 있는 동그라미들이 끝이 안 보이는 블랙홀 같다. '빌딩'보다는 '예술구조물'이라는 표현이 더 어울림직한 이 건물은 2008년 문을 연 금호건설의 복합문화공간 크링Kring 〈그림 106〉 이다.

크링은 일반 모델하우스가 아닌 '문화의 사회환원'이라는 취지로 세워져서 금호건설의 아파트를 소개하는 견본주택이라기 보다는 "복합문화시설"이다. 내부엔 무료로 이용할 수 있는 영화관과 갤러리, 콘퍼런스룸 등이 있다. 크링은 네덜란드어로 '원'을 뜻하는데 이름 그대로 건물 외벽에 거대한 스피커 형상의 원이 조각돼 있다. '2008 한국공간디자인대상'에서 대상을 받기도 하였다. 이곳에서는 매월 다른 신진 예술가들의 작품을 무료로 감상할 수도 있고, 일반 멀티 플렉스 극장에서는 볼 수 없는 비상업영화를 5천원의 이용료로 즐길 수 있다. 즉, 단순하게 아파트의 견본주택을 보여주는 공간을 뛰어넘어서 여러 가지 다양한 문화공간을 도입함으로써 모델하우스의 또 다른 세계를 보여준 사례이다.

건물 외관과 내부를 디자인한 건축가인 「장윤규」와 「신창훈」(건축가그룹 '운생동'[96] 공동대표)는 크링을 '도시의 기氣가 통하는 울림통'이라고 표현했다. 도시를 향해 이미지를 발산하고, 도시의 에너지를 빨아들이기도 하는 커다란 울림통을 생각했으며, 금호건설의 기업철학인 '어울림'에서 '울림'이란 모티브를 얻었다고 한다. 또한, 네모난 성냥갑빌딩, 바둑판 도로…, 회색도시의 '사각형 기하학'과 차별화하기 위한 실험을 건물 곳곳에 녹인 것이라 한다. 건물내부에서 벌어지는 관념의 형식 파괴는 문으로 들어선 순간 눈으로 체험할 수 있다. 눈앞엔 온통 순백의 인조대리석 타일로 둘러싸인 공간이 펼쳐지고, 머리 위로는 구멍 숭숭 뚫린 타공 철판으로 된 원통과 유리원통이 가로지른다. 공상과학영화의 한 장면에 뛰어든 느낌이다. 자로 잰 듯한 명확한 구획도 없어 몇 층으로 이뤄졌는지, 천장이 어디쯤인지 한눈에 파악할 수 없는 모호한 구조다. 일반 건물 8~9층에 해당하는 37.38m의 높이지만 실제로는 3층으로 이뤄졌다. 옥상정원도 건물을 관통하는 원통에 맞추다 보니 완곡이 있는 입체 정원으로 꾸며졌다.

한편, 크링 내에서 운영되는 '크링시네마'는 이윤추구를 원칙으로 하는 대기업과

96) '운생동'은 실험적인 작품으로 세계적인 건축상인 'AR(Architectural Review)어워드'를 수상하고, 2006년 미국의 저명잡지 건축레코드(Architectural Record)에서 수여하는 뱅가드(Vanguard)상도 수상했다.

비상업적인 작가주의 예술영화 전문 영화인들이 결합한 형태로서 운영의 성공여부가 주목되는 부분이다. 특히 이 극장은 티켓 수익 전액을 사회단체에 기부하는 것으로 돼 있어 비영리사업이 목표이다. '크링시네마'는 64석의 단관 소극장으로, 유럽의 예술영화와 독립영화를 전문적으로 상영하는 곳이다.

이처럼 최근의 모델하우스는 기존의 개념인 단순한 주택상품 알리기를 뛰어넘어, 여러 가지 다양한 문화시설을 복합하는 추세이다. 그 결과 직설적인 상품소개보다는 고객이 편하게 접하면서, 브랜드에 접근할 수 있도록 변화하고 있다.

(6) 모델하우스 체크리스트[97)]

다음의 내용은 '대림산업'의 아파트모델하우스에서 소비자가 살펴야 할 '체크리스트' 이다. 그 내용을 보면, 아마도 우리가 모델하우스에 갔을 때, 화려한 겉모습에 이끌려 많은 부분을 놓치고 있다는 것을 새삼 깨닫게 해준다.

① 주방

- 주부의 가사동선에 맞게 가구가 배치됐나
- 주방발코니의 수납공간이 적절한가
- 음식물 조리 시 냄새가 잘 빠지는 구조인가
- 가전제품을 놓을 공간이 있나
- 주방과 발코니 사이 출입문이 세탁기를 움직이기에 적절한가
- 가구몸통 두께가 충분하고 견고한가
- 문짝과 서랍이 부드럽게 열리고 닫히나
- 싱크대 상판, 벽이 청소하기 쉬운 자재(타일, 인조대리석, 불연판넬 등)인가
- 플랩도어(위로 열리는 도어)는 열린 상태를 유지하나. 소음완충 패드가 있나
- 코너부분의 수납이 편리한가

97) 대림산업의 소비자용 아파트 평가 기준표

- 물과 닿는 모든 철제 제품은 녹슬지 않는 것인가
- 렌지후드는 풍량이 많고 소음이 작은가
- 조명기구의 위치와 밝기가 적당한가
- 주방 싱크대에 작업등이 있나
- 빌트인 가전제품의 구성과 배치가 적절한가
- 가전제품을 사용할 수 있는 콘센트 위치가 적절한가
- 보조주방에도 콘센트가 있나. 위치는 적절한가
- 분양가 포함의 가전제품을 확인해 봤는가
- 서로 다른 마감재간의 이음부위는 잘 마무리 됐나

② 거실

- 침실과 주방으로 움직이는 동선이 편리한가
- 거실 소파를 배치하기 위한 공간이 적절한가
- 전체적인 인테리어와 조명기구의 디자인이 어울리나
- 거실가구의 모양과 크기가 적절하고 실용적인가
- 거실장의 부속 철물(손잡이, 서랍 레일 등)은 내구성이 있는 재질인가
- 거실창의 복층유리는 내부 김서림이 없나
- 에어컨용 전원이 마련되어 있나. 위치는 적당한가
- 에어컨과 실외기를 연결할 수 있는 에어컨 배관용 구멍이 있나
- 거실 내 전화코드, 콘센트 등의 위치와 수량이 적절한가
- 바닥재는 어떤 재질로 시공되나
- 걸레받이와 마루판의 색상이 조화로운가

③ 침실

- 침실 문이 다른 실의 문과 간섭이 없는가
- 가구를 원활하게 배치할 수 있나

- 각 실의 전구를 쉽게 교체할 수 있나
- 전화, 콘센트, TV전원의 수량과 위치가 적정한가
- 창문의 잠금장치가 잘 작동되나
- 빛이 잘 들어오고 환기가 잘 되는가
- 창문의 폭이 충분한가
- 바닥재 재질

(본 시공시 장판지로 시공되나 모델하우스에는 마루판으로 시공되는 경우가 많음)

④ 욕실

- 수납장 크기와 부피가 적당한가
- 문을 열고 닫을 때 슬리퍼가 걸리지 않나
- 환기시설 위치가 적당한가
- 욕실바닥과 욕조바닥은 물에 젖어도 미끄럽지 않은 재질인가
- 샤워기 작동 및 사용방법이 쉽고 편리한가
- 샤워부스가 강화안전 유리인가
- 전기 콘센트의 위치가 안전한가(너무 낮은 데 있거나 뚜껑이 없으면 위험)
- 콘센트는 KS 제품을 사용하는가
- 전기용품을 사용하고 수납할 수 있는 공간과 콘센트가 충분한가
- 세대 양변기 배수관은 소음이 적은 주철재 배관을 사용했나
- 수납장의 재질이 썩지 않는 재질인가. 모서리가 날카롭지 않나

⑤ 발코니

- 에어컨 실외기를 두는 공간이 별도로 있나. 위치는 적당한가
- 세탁기용 수전, 잡용수전 등 용도별 수전 위치가 적절한가
- 세탁물을 건조할 수 있는 공간이 있나
- 발코니 출입문 폭이 90cm 이상 되나

- 발코니 창문 잠금장치가 내부에 있나
- 도장이 고르게 돼 있나
- 발코니선홈통은 나선형 선홈통(배수관 내부가 나사모양을 적용했나[98] 여부)

⑥ 수납공간
- 키 큰 수납공간이 있나(카페트, 청소기 등 대형 물품 보관용)
- 수납장 문짝이 부드럽게 잘 열리고 닫히나
- 수납장 문짝이 충분히 열리는가
- 먼지 막이 패드가 제대로 부착되어 있나
- 수납가구 내 선반 높낮이를 조절할 수 있나
- 반침, 옷장 등의 높이와 폭이 적정한가
- 가구문짝의 손잡이가 사용 편리한가. 어린이 안전사고 위험 없나
- 반침 내부 선반은 이동이 가능한가

⑦ 현관
- 현관등이 에너지절약형 센서등인가
- 현관턱과 현관바닥이 한눈에 구분되는가
  (높이의 차이가 있어 구분되지 않으면 허리 다칠 수 있음)
- 신발장 선반의 높낮이 조절이 가능한가
- 신발장 내부에 환기 기능이 있나
- 신발장 내부에 구두주걱, 먼지솔을 보관할 수 있나

⑧ 공통사항
- 단지가 자동차 진출입에 편리하게 배치됐나

98) 소음이 줄어 드는 효과

- 세대당 1대 이상 주차대수가 확보됐나
  (85평방미터 이상인 세대는 1대이상 주차가 법으로 규정)
- 단지 내 중앙정수 시스템이 있나
- 단지 내 부스터펌프 급수시스템이 있나
- 보일러 설치공간이 제대로 확보됐나
- 모델하우스 물품 중 분양가 포함 품목과 단순 전시품은 무엇인지 확인
  (안내문구가 부착됨)
- 선홈통 및 배수구의 위치 확인 (모델하우스에서 잘 설치되지 않는 곳이므로 확인)

(7) 모델하우스 속의 연출[99)]

마찬가지로 주택공급업체는 "모델하우스"를 운영시 다양한 연출을 하고 있다. 그 내용은 이미 '모델하우스의 비밀'이라는 내용으로 이슈화되었던 적이 있다.

① 바닥재에서부터 가구나 설비까지 모든 색상은 모노톤으로 통일시킨다.

소형인 66m²대(과거 20평형대) : 화이트나 민트 그린 등의 밝고 가벼운 색상, 99.14m²(과거 30평형 대) : 밝은 브라운 계열로 안정감, 165m²대 이상(과거 50평대 이상) : 짙은 브라운 계열로 중후한 느낌을 갖게 한다. 색깔로는 밝은 브라운과 그레이색, 또는 민트 그린과 짙은 브라운이 뒤섞여 있으면 혼란스러워 보여, 공간을 좁아 보이게 하는 경우가 있으므로 이를 피하고 있다.

② 모든 발코니를 없애고 바닥재를 통일시킨다.

방을 실제보다 크게 만들어 안목치수를 크게 인식토록 한다. 그러기 위해서는 바닥재 색깔을 통일시킨다. 그리고 작은 표지판에 '실제로는 발코니로 시공됩니다.' 라

99) 출처 : http://www.hani.co.kr/section-014010000/2002/08/014010000200208281603013.html, 하니리포터 서윤영/ reekazzang@hanmail.net, "모델하우스의 비밀"

는 표시로서 나중에 각 수분양자가 알아서 베란다를 터서 방을 넓히도록 유도한다. 그런데 베란다의 기능을 고려 시 고민을 하여야 할 부분이 있다. 베란다는 안방과 거실 등의 실내와 외부 공간 사이 완충 작용을 하고, 여름에는 일사, 겨울에는 바람과 냉기, 소음과 먼지도 걸러 주는 역할을 한다. 베란다 개조시 베란다와 거실 사이의 벽을 헐어낸다는 것은 구조적으로 심각해질 수 있다. 화재시에는 피난 통로로도 활용가능하므로 발코니 개조는 충분한 고려 후 실시해야할 것이다.

③ 가구는 언제나 출입문에서 대각선 방향에 배치시킨다.

모델하우스에 있는 아이들 방은 크기가 작아서, 작은 방을 되도록 넓어 보이게 하기 위해 출입문에서 대각선이 되는 곳 책상을 딱 하나만 두고 있다. 이런 이유로 시선이 그 쪽으로 유도되어 방이 매우 넓어 보이게 된다. 그리고 책상은 실제보다 조금 작은 것을 사용하는데 결국 작은 가구는 상대적으로 방을 넓어 보이게 할 목적인 것이다.

④ 신발을 벗고 납작한 실내화로 갈아 신은 뒤에 입장하게 한다.

모델하우스에는 납작한 실내화가 배치되어 있어서 들어갈 때 실내화를 신은 상태에서 곳곳에서 손님을 안내하는 키가 큰 도우미에 많은 사람들이 위축되게 된다. 이는 처음 경험하는 공간, 또는 낯설고 잘 알지 못하는 공간에서는 자신이 위축되게 함으로서 실제보다 크고 장엄하게 느끼는 경향을 유도하는 것이다. 이점은 어린 시절에는 키가 작아 모든 것이 올려다 보이기 때문에 실제보다 공간을 크고 넓게 느끼다가 어른이 되어서 그 공간에 다시 찾아가면, 실제보다 무척 작게 느끼게 되는 것을 이용한 것으로 볼 수 있다. 따라서 모델 하우스에서 신을 벗고 납작한 실내화를 신게 하는 이유는 몇 센티라도 고객의 키 높이를 낮추기 위함이다. 키 큰 도우미를 배치이유는 위축감으로 모델하우스를 실제보다 넓게 보이게 한다는 차원인 것이다.

⑤ 모든 소품은 가사 노동을 연상시키지 않도록 배치한다.

국내 아파트의 주된 공략층은 여성이다. 따라서 모델하우스는 주부들이 가장 신경써서 보게 되는 주방을 가장 화려하게 꾸며 놓는다. 그리고 최고급 가전제품을 배치하고 뚝배기나 김치 항아리, 커다란 곰국 냄비 등은 무의식중에 주부들이 고된 가사노동을 연상시키므로 절대로 보여주지 않는다. 식탁 위에는 언제나 꽃이 있고, 과일, 빵과 포도주 등 별다른 손질없이 그대로 먹고 마시기만 하면 되는 음식이 놓여 있다. 옷가지는 절대로 빨래줄에 걸어 놓지 않는데 이는 빨래줄에 걸린 옷을 보면 무의식중에 본인이 직접 빨래를 개고 다림질 할 일을 떠올리기 때문이다. 따라서 옷은 바로 입을 수 있도록 항상 옷장 안에 걸려져 있는 장면을 연출하고 있는 것이다.

이상에서 살펴본 바와 같이 이제 주거는 단순하게 주택이라는 건축물을 공급하는 것에 그치지 않는다. 건축양식, 서비스, 생활편의시설, 커뮤니티, 첨단기능, 조경, 재생에너지 사용 모델, 그리고 우리나라에 유난히 발달된 모델하우스까지도 다양한 형태로 진화하여 또 하나의 '주거문화' 가 되어 각기 부동산의 가치를 높이고 있다.

4) 조경으로 아파트가치를 올리다.

아파트단지 내 조경시설은 더 이상 부수적인 요소가 아니다. 이제 아파트들은 건물만 짓는 것이 아니라 정원을 꾸미고 광장을 넓힌다. 그뿐만 아니라 이런 점을 널리 알리고 있다. 즉, 조경으로 아파트의 경쟁력을 높이고 있는 것이다. 이는 어느 한 회사에 한정된 내용이 아니고, 거의 모든 회사들이 이에 동참하고 있다.

이처럼, 아파트 단지 내 조경이 아파트의 경쟁력을 높일 것이라는 인식이 본격화된 것은 1990년 중반까지 거슬러 올라간다. 이 때, 아파트의 분양가 자율화로 아파트의 고급화 경쟁이 시작되고 시공사들이 앞다퉈 아파트 브랜드를 만들면서 단지 내 조경의 차별화를 통해 소비자의 눈길을 끌려고 했던 것이다. 물론 그 이전에도 아파트 단지 안에는 어느 정도의 조경 시설이 있었다. 그렇지만 최소한의 조건만 충족했을 뿐 요즘 건립되는 아파트처럼 적극적인 의미의 조경은 없었다. 심지어는 언급조차 없던 일이다. 아파트 조경의 초기 역사에서 새로운 전환점을 준 단지는 1990년대 후반 준공

〈그림 107〉 삼성래미안 퍼스티지의 1,000년된 나무
(ⓒ www.cyworld.com/cysomi/3457102)

된 수원 금곡 LG빌리지다. 이 단지는 '테마공원'의 개념을 도입하고 보행과 차도를 분리하는 시도를 했다. 또 주변 자연환경과 조화를 이루는 분수광장과 동산을 조성했다. 이 시기 아파트 조경은 각종 테마가 화두였다. 주차장이 지하로 들어간 것도 이 무렵이다. 차량이 없는 지상에는 각종 테마공원이 등장했고 자투리 공간에는 나무와 꽃들이 심어졌다. 이후부터 단지 내에 시냇물이 흐르거나 폭포를 만드는 등, 이 단지 이후 나무와 꽃, 개천이 어우러진 광장과 정원은 그 이후 아파트 건설 분야에서 하나의 '유행'이 된 것이다.

조경에 대해 또 하나의 이슈가 있었다. 그것은 1,000년된 나무를 아파트조경에 사용했다는 것이다. 그 곳은 서울 '반포' 지역의 삼성래미안 퍼스티지이다. 이 느티나무〈그림 107〉는 경북 의령에서 가져온 1,000년 된 나무로 가격은 10억 원이다. 운반비 등 제반비용까지 포함하면 20억 원 가까이 들어간 것으로 알려져 있다.

다음은 이와 관련된 '삼성물산'에서 제작한 〈뿌리깊은집 - 래미안 퍼스티지(Storytelling Book & Guide Map)〉에 실린 내용이다. "잔디광장에 심어진 천년 느티나무는 경북지역에서 자라기 시작했으며 수령은 1000여 년에 이릅니다. 커다란 목혈구멍이 있는 느티나무는 한국전쟁 시 마을 어귀에서 할머니가 어린 손자를 데리고 인근 정자에서 쉬던 중, 폭탄이 근처에 떨어졌지만 나무가 대신 맞으면서 두 명은 목숨을 건지고 대신 나무가 지금처럼 커다란 목혈이 생겼다고 전해집니다. 그 후 마을의 수호신으로 여겨져 안녕을 기원하는 제사를 지냈다고 합니다. 마을 인근이 댐 건설로 나무가 침수되어 수몰될 처지에 있는 것을 전문가가 옮겨 살려, 래미안 퍼스티지로 다시 옮겨오게 된 것입니다. '천년수'는 과거 마을 사람들을 구했던 것처럼, 주민들의 안녕을 기원하는 새로운 1000년의 징표가 될 것입니다." 즉, 회사는 스토리마저도 마케팅의 일환으로 사용하고 있는 것이다.

최근에는 단지 내 정원이 아예 더욱 넓은 광장으로 바뀌는 추세다. '경기 화성'의 동탄신도시 내 '예당마을 우미 린 제일풍경채'는 중앙광장을 만들기 위해 건물이 들어설 자리까지 포기했다고 한다. 2개 동 건물에서 나오는 분양 수입을 포기하고 대규모 중앙광장을 조성한 것이다. 그 결과 국제규격 축구장 2개 크기의 광장 정원이 생겼고 단지 전체 부지에서 조경이 차지하는 면적 비율도 53%에 달했다. 조경 공간이 부지 전체 면적의 절반을 넘어선 것이다. 넓은 중앙광장에는 수령 50년 이상인 우람한 소나무와 각종 꽃, 실개천 등이 곳곳에 자리잡고 있다. 이 아파트의 널찍한 중앙광장은 조경이 아파트 단지를 건립할 때 부수적인 요소가 아니라 가장 중요하게 생각해야 할 핵심적인 부분이라는 사실을 다시한번 보여주는 생생한 사례[100]가 되고 있다.

이상과 같이 조경이 아파트의 가치형성에 미치는 영향은 더욱 중요해지고 있는 것을 알 수는 있다. 그러나 이 점 역시 겉으로 화려한 조경이나 공원 등을 많은 돈을 들여 꾸며놓고, 이를 광고해 아파트의 분양에 이용만 하고 끝내는 경우도 있다. 애초부터 나무를 살릴 자신이 없으면서도, 무리하여 심어놓고, 꾸준한 관리가 이어지지 않아 나무가 죽고, 차별점으로 강조했던 시냇물이 마르는 등의 부작용도 끊임없이 발생하고 있다. 무릇 모든 일은 만들기는 쉬워도, 이를 유지하는 데는 훨씬 더 많은 노력이 필요하다는 점을 인식하고 있어야 할 것이다.

100) 장박원 · 이유진, 조경을 선도한 아파트들, 매일경제신문 기사

5) 주거도 사용가치가 기본이다.

이 같은 맥락하에 향후 주거분야는 다음과 같이 정리될 수 있다. 지금까지 국내에서 아파트는 주거라는 기본적인 사용가치보다는 파생되는 가치인 매매가치를 중시하는 상품이었다. 즉, 주거로서의 효용가치보다는 매입 후 되팔 때 얼마나 붙여서 팔 수 있느냐 하는 투자가치로만 평가되어졌다. 거기에다가 서울의 강남아파트는 강남아파트가 지니는 상징 가치 때문에 그 가격이 더욱 높게 형성되고 있다. 강남지역에 아파트를 갖고 있다는 상징적 의미 때문에 동일 아파트라 하더라도 브랜드의 가치에 따라 부동산의 가치가 달라지고 있으며, 소비자는 가격이 비싸다 하더라도 상징가치를 소비하기 때문에 자신이 지불하는 대가를 비싸다고 생각하지 않는다는 것이다.

그러나 2008년 세계의 외환위기 이후 국내부동산시장에 변화가 일어나고 있다. 기존의 아파트 광고 시에는 가격과 관련된 매매가치를 강조하는 문구가 많았으나, 과거처럼 부동산가격이 올라가기 힘들다는 차원에서 점차 아파트의 사용가치를 강조하는 경우가 많아지고 있는 것이다. 즉 가격과 관련한 문구들, 예를 들면, 주변보다 가격이 1000만 원 이상 저렴해서 분양받자마자 오른다는 문구에서, 단지 내의 조경시설이나 친환경적인 부분, 입주자를 위한 서비스 등 주거자체와 관련된 가치를 강조하고 있는 것이다. 거의 대부분의 주거시설에서 '자연으로 돌아가자'는 부분을 강조하는 이 같은 경향은 시간이 흐를수록 정도가 더해질 것으로 판단된다.

결국 이를 다시 표현하면, 과거의 매매가치에서 반영되지 않던 주거기능과 관련된 가치들이 이제는 매매가치에 반영될 수밖에 없다고 볼 수 있다. 따라서 앞으로 주거시설은 주거시설 본연의 사용가치에 집중하는 방식의 개발이 되어야 할 것이다. 즉, 그동안 중시하지 않았던 기본에 충실해야 한다는 것이다. 물론 이 점은 다른 모든 부동산상품에서도 적용될 수 있어야 할 덕목으로 이를 기획에서부터 반영하여야만이 경쟁력을 가질 수 있을 것이다.

2. 산업단지도 문화가 필요하다.

'산업단지'는 주로 제조업을 하는 공장들의 집합체로 지난 40여 년간을 우리나라의 경제를 이끌어 온 주체라는 사실에 많은 분들이 동의할 것이다. 그런데 이렇게 중요한 역할을 하고 있는 "산업단지'의 이미지는 어떤가?

이미지 하나, 다음은 젊은이들 대상으로 물어본 산업단지의 이미지이다. "무겁고, 회색에, 다니는 사람이 없고, 시끄럽고, 청년들은 없고 나이가 든, 작업복, 공장들만 모여있는 곳 등등". 산업단지라는 공식 명칭이 도입된 지 10년이 지났지만 아직도 과거의 이름인 '○○공단' 으로 불리는 게 자연스러운 현실이다.

이미지 둘, 수도권의 산업단지에서는 출근길부터 교통대란이 일상화되어 있고, 도착하면 곧 주차전쟁이 시작된다. 손님이 찾아와서 함께 점심식사라도 하려고 하면 12시가 되기 3~40분 전에 차를 타고 단지 외곽으로 나가야 한다. 일과 후 자기계발을 목적으로 어학과 자격증관련 학원에 가기 위해선 또 한번 교통수단의 힘을 빌려서 멀리까지 가야 한다. 가장 큰 문제는 이러한 현상들이 산업단지를 회색빛 이미지로 고착시키고, 나아가 실제 개별 기업경영의 발목을 잡고 있다는 점이다. 결국 현재의 산업단지는 우리가 흔히 생각하는 '문화' 와는 가장 거리가 먼 곳으로 자리잡고 있는 것이다.

1964년 구로공단이 최초 단지로 지정된 이후, 산업단지는 지난 40여 년간 우리경제의 성장을 견인하며 2만불 시대를 이끌어왔다. 그리고 전체 제조업 생산의 60%, 수출의 72%, 고용의 40%를 담당하면서 국민 경제의 중요한 부분을 차지하고 있는 것이다. 그런데 산업단지에 대해서는 생산 기능이 주로 강조됨으로써 산업단지의 일자리 매력을 높이고 일하고 싶은 공간으로 만들기 위한 노력은 상대적으로 부족했다. 즉, '산업단지내 근로생활의 질Quality of Working Life'에 대한 관심과 투자가 부족하여, 그 결과 산업단지는 낡은 생산공간으로 인식되어 왔다. 실제로 2010년 6월 기준으로 착공 후 20년 이상 경과한 노후 산업단지가 51개로써 가동중인 국가·일반 산업단지(227개)의 22%에 육박하여 생산성이 저하되고 있다. 또한, 노후 단지에 대한 투자 부족으로 단지에서 단순 생산기능 외에 산업단지 입주 근로자를 위한 문화 기능이 부족하고, 공간 디자인에 대한 배려도 미흡해 무미건조한 회색빛 이미지가 고착화된 것이다.

이는 결국 청년층이 "산업단지"에 취업을 기피하는 요인으로 작용하고 있어서 현장의 인력난은 갈수록 심화되어 가고 있다. 이 같은 산업단지의 부정적 이미지는 조성단계에서부터 미래의 변화를 미리 대비하지 못한 과오가 크다. 그러나 20~30년 전에는 당장 생산과 수출을 확대시켜 산업화 기반을 마련하는 것이 지상과제였다. 근로자들을 위한 편의시설이나 주변의 지원기능은 그 당시에는 나중 문제였던 것이다.

반면, 미국의 실리콘밸리나 스웨덴의 시스타, 프랑스 소피아 앙티폴리스 단지, 핀란드 울루 테크노폴리스 등 선진국은 이미 산업단지를 쾌적하고 세련된 첨단 산업공간으로 조성하여 근로자를 위한 수준 높은 일터를 제공하고 있는 상황인 것이다. 이들이 경쟁력을 갖추게 된 이유는 이곳들이 '선진 클러스터'이기 때문만은 아니다. 휴양지처럼 드넓고 쾌적한 환경에 주거, 쇼핑, 학습, 탁아 등 일상생활을 하는 데 전혀 불편함이 없는 시설이 갖춰져 있어 근로자들의 의욕과 만족도가 높기 때문이다. 더불어 주변에 위치한 대학은 끊임없이 젊고 우수한 인력을 공급하고 산학협력을 활성화하는 역할을 수행하고 있다. 그러나 국내 산업단지의 열악한 근로환경은 다르다. 실 사례를 보면, 경기도 안산의 반월산업단지는 지원시설 용지가 단지 전체면적의 2.5%에 불과하고, 그 결과 지원시설의 부족으로 50여 개의 불법 판매시설과 식당 등이 간이 컨테이너 형태로 난립하고 있는 상황이다. 또한 인천 남동산업단지의 경우 주차장의 부족으로 하루 9천 여 대의 차량이 노상에 불법 주차하고 있는 상황이며, 구미산업단지는 단지내에 있는 1,900여 세대 기숙사 중 70% 이상이 20년 이상 노후화되어 근로자들로 하여금 산업단지를 떠나게 하는 이유 중의 하나가 되고 있다.

이러한 문제의식 속에 '지식경제부'에서는 산업단지 관리기관인 '한국산업단지공단'과 공동으로 2010년부터 "산업단지에 문화입히기"라는 사업명으로 〈산업단지 브랜드 명칭 도입, 산업단지의 날 제정 및 문화행사 개최, 산업단지 공공디자인 적용, 그래피티 아트 경진대회 등〉의 시책을 추진하고 있다. 구체적 사업내용은 다음과 같다.

(1) 산업단지 브랜드 명칭 도입

전국의 6개 주요 국가산업단지인 인천남동, 반월·시화, 구미, 창원, 광주첨단, 울산 등을 대상으로 각 단지의 특성과 미래상을 반영하는 브랜드 명칭을 시범적으로 도입하였다. 기존의 산업단지 명칭은 획일적으로 지명과 결부되어 있어 산업단지 입주 업종의 특색을 드러내기 곤란하고 입주 근로자들이 산업단지에 대한 애착과 소속감을 형성하기도 어려워 명칭 변경에 대한 건의가 빈번이 제기되어 왔다. 이는 서울 구로공단이 디지털산업단지가 되면서 "G-밸리"라는 애칭으로 불리우는 것을 기준으로 하여 위의 6개 국가산업단지를 대상으로 해당 산업단지의 법적인 명칭은 그대로 유지하되, 브랜드 명칭(애칭)을 선정하기 위해 전국민 대상으로 공모를 실시했다. 각 단지별로 1차로 10개의 브랜드 명칭 후보군을 선정했으며 최종적으로 입주근로자와 지역민이 투표를 통해 다음 〈표 14〉와 같이 브랜드 명칭이 선정되었다.

여기에서 선정된 브랜드 명칭에 대해 '지식경제부'와 '한국산업단지공단'은 엠블럼 등을 작성할 계획이고 새 브랜드 명칭이 산업단지 내(도로표지판 등)에서 통용될 수 있도록 지자체와 협의할 예정인 것이다. 물론 새로운 브랜드를 만들었다고 해서 모두가 성공적으로 자리잡는 것은 아니기 때문에 앞으로도 갈 길이 멀지만, 첫발을 내딛었다는 면에서 그 의의를 찾을 수 있다.

〈표 14〉 산업단지별 브랜드 명칭

법적 명칭	브랜드 명칭	
	국문	영문
남동국가산업단지	남동테크노밸리	Namdong Techno Valley
구미국가산업단지	구미아이티파크	Gumi IT Park
창원국가산업단지	창원그린테크밸리	Changwon Green-Tech Valley
울산국가산업단지	울산유밸리	U-valley
광주첨단과학국가산업단지	광주사이언스밸리	Gwangju Science Valley

(2) 산업단지의 날 제정

산업단지별로 산업단지의 날을 제정하고 연 1회 음악회, 체육행사, 기능경진대회 등의 문화행사를 꾸준히 입주 근로자들의 선호 순으로 선별 개최해 근로자들이 산업단지에 대한 소속감과 자긍심을 고취할 수 있는 계기를 마련한다. 2010년에는 '한국산업단지공단'을 관리기관으로 두고 있는 48개 산업단지 중 입주업체의 수요가 많은 8개 산업단지에 대해 우선적으로 산업단지의 날 제정을 추진하고, 여기에는 지자체·지역민이 함께 참여하는 행사가 될 수 있도록 산업단지의 날 행사에 대한 지역적 공감대를 확보해 나갈 예정이다. 즉, 산업단지 근무자와 입주회사만을 위한 산업단지가 아닌 산단 내 근무하지 않더라도 참여가 가능토록하여 그 문호를 넓힌다는 차원으로 볼 수 있겠다. 실제 행사의 내용으로는 서울 'G밸리'의 경우 산업단지 음악회(5, 6월), 거리축제(6월), 초단편영화제(9월), 체육행사(G리그 축구대회, 넥타이마라톤, (9월), 금천예술공장 작품전시제(10월), 연극제(11월) 등이 계획되어 진행되고 있다. 또한, 정기적인 행사로만 그치는 것이 아니라 '도시락 공연'이라는 이름으로 점심시간을 이용해 즐길 수 있는 다양한 공연을 진행하고 있다

〈그림 108〉 길거리 공연모습(ⓒ한국산업단지공단)

〈그림 109〉 도시락 공연모습(ⓒ한국산업단지공단)

(3) 산업단지 내 공공디자인 적용

회색빛 담, 벽 등으로 인한 삭막한 작업 환경이 대표적인 산업단지에 대한 인식이었다면, 이에 생기를 불어넣고 각 산업단지만의 독창적인 이미지를 구현하기 위해 '산업단지 디자인 개발' 사업이 필요하게 된다. '지식경제부'가 디자인개선사업의 일환으로 추진하고 있는 '2010 디자인기술개발사업'을 2010년 8월부터 1년간 남동, 반월·시화, 구미, 녹산 등 4개 산업단지에 대해 우선적으로 실시하였다. 이 같은 산업단지 디자인 개발사업을 통해 각 산업단지의 전반에 대한 디자인 정체성identity을 확립하고, 그에 따라 산업단지 내 공공시설 등 시설물에 대한 디자인 가이드라인도 수립하게 된다. 디자인 가이드라인 등 단지별 디자인 개발 결과물에 대해서는 향후 산업단지 내 시설물의 개선·확충 시 동 디자인이 반영될 수 있도록 지자체와 협의한다고 한다.

(4) 문화센터 운영

산업단지 안에 '산업단지 문화센터'를 설치하고 주요 근로계층인 젊은 여성층을 겨냥해 사진, 천연 화장품, 예쁜 글씨쓰기(POP) 등 입주업체의 선호도가 높은 문화강좌를 선별 선정하여 지속적으로 운영 중에 있다.

(5) 그래피티 아트 경진대회

산업단지 내 개별 사업장과 공공시설에 대한 디자인 개선 요구를 만족하기 위해 3개의 시범단지를 선정해 '그래피티 아트[101] 경진대회'를 개최하였다. 미술대학과 각 대학의 디자인학과 등과 연계해 경진대회를 개최함으로써 대학생이 산업단지에 대해 친숙함을 느낄 수 있는 계기로 활용하고, 기존 회색빛 산업단지에 색채감을 불어넣고 있는 것이다. '예술과 산업단지의 만남'이란 주제로 열린 이번 대회는 예선을 거친 16개팀이 참여, '구미'와 '창원산업단지'에서 본선전을 거쳐 '반월시화산업단지'에서 결선을 벌였으며, 2010년 11월 '구로디지털단지'에서 그래피티 아트 분야 전문가 및 교수 등으로 심사위원진을 구성해 산업단지와의 조화, 창의성, 예술성 등을 평가하여 최종우승자에 대해 시상한 바 있다. 특히 '구로'에서는 참가자들은 물론 일반시민들도 직접 락커를 이용해 그래피티를 그려보는 '시민참여 그래피티' 이벤트도 실시하여 호응을 끌어낸 것으로 알려졌다. 참가자들은 산업단지 내 공공시설, 입주업체(희망사에 한함) 시설물 등을 대상으로 산업단지 벽면에 직접 그래피티 아트를 그려 넣으며 산업단지를 새롭게 단장했다. 산업단지 내에서의 그래피티아트 경진대회는 첫째, 산업단지에 화려한 색채와 그림을 접목해 기존의 어둡고 무거웠던 산업단지 이미지를 개선시켰으며, 둘째, 산업단지에 문화의 기운을 불어넣는 활력소가 되었다는 점, 셋째, 산업단지내를 대상으로 하는 행사가 아닌 일반시민들에게도 문호를 개방하여 산업단지의 폐쇄적 이미지를 개선하였다는 의미를 가진 것으로 볼 수 있다. 특히나 '그래피티'

101) 벽 등에 스프레이 페인트를 이용해 그리는 그림으로 유럽에선 '거리의 예술(street art)'로 자리매김한 문화활동

〈그림 110〉 그래피티 작업중인 작가들의 모습(ⓒ한국산업단지공단)

가 젊은이들의 문화라는 점을 감안하여 사회자를 "래퍼"로 선정하여 진행했다는 점도 재미있는 시도였다고 생각한다. 다만, 이러한 단속적인 행사로 '잿빛 산업단지'의 이미지를 바꾸기는 어렵기 때문에 지속적이고, 참가자들 입장에서 많은 행사들이 기획되고 이를 충분히 홍보한다면, 점진적인 개선이 가능할 것이다. 그 결과 우리나라의 산업단지도 전국에서, 또는 전 세계에서 산업단지에서 양성된 '그래피티작가'들 - 제1장에서 언급된 뱅크시같은 - 에 의해 그려진, 벽에 있는 그래피티작품을 보러 방문하는, 또는 작품이 그려진 공장의 가치가 올라가는 상황이 되었으면 하는 바람을 가져본다.

이와 같은 산업단지 인식 개선과 문화적 요소 확충 시책 외에도 '지식경제부'는 2010년년 하반기부터 4개 단지에 대해 3년간 추진하는 산업단지 구조고도화 시범사업을 추진해 산업단지 내 문화·복지시설, 지원시설 등이 확충될 수 있도록 할 계획을 발표한 바 있다. 이는 일하고 싶은 산업단지 만들기 시책 'QWL밸리Quality of Working Life Valley'은 산업단지를 생산과 문화가 공존하는 곳으로 육성함으로써 향후에도 산업단지가 국가경제의 중추적 역할을 담당하도록 하기 위한 첫걸음이라는 의미로 볼 수 있겠다.

〈그림 111〉 제주 초콜릿박물관 외관

이와 같은 산업단지 관리기관차원의 '문화' 이미지 도입활동 외에도 생산의 역할을 하는 장소인 산업단지 내에서 벌어지는 의미있는 활동들이 있다. 먼저, 제주특별자치도 서귀포시 대정읍 일과리에 가면, 2002년 5월 5일 개관한 제주도 초콜릿박물관〈그림 111〉이 있다. 세계여행정보 커뮤니티인 버추얼투리스트닷컴virtualtourist.com이 선정한 '세계에서 가장 훌륭한 초콜릿박물관 10곳' 가운데 하나로 뽑힌 곳으로 아시아에서는 유일하게 선정됐으며, 버추얼투리스트닷컴측은 선정 이유로 카카오가 초콜릿으로 바뀌는 과정을 보여주는 '빈 투 바Bean to Bar' 쇼룸과 아트갤러리가 설치된 점 등을 들었다. 초콜릿박물관은 화산활동으로 생성된 제주 고유의 송이석으로 지어진 박물관건물로 European Style의 이국적인 고성의 느낌으로 조성되어 있다. 여기에서는 초콜릿의 역사와 오늘날 유럽을 필두로 한 지구상의 모든 초콜릿에 대하여 잘 살펴보고 알 수 있도록 '기초 문화의 전당' 역할과 더불어, 초콜릿의 품질과 맛을 볼 수 있는 동양권에서 유일한 초콜릿 전문박물관이며, 독일 '쾰른'의 초콜릿박물관에 이어 세계에서 두 번째 규모라고 한다. 대지 5,000m^{2}에 지하 1층, 지상 3층 규모로, 메인전시관, 영상실, 카페, 작업실, 판매할 수 있는 매장 등을 갖추고 있다. 메인전시관에는 초콜릿 생산기계와 책자, 세계 명품 초콜릿 등 초콜릿에 대한 역사와 세계의 초콜릿 문화 등에 대한 자료가 전시되어 있다. 작업실에서는 각양각색의 수제 초콜릿을 직접 제조·판매하고 있으며, 초콜릿 만드는 과정을 구경할 수 있다. Chocolate Theater영상실에서는 150인치 대형화면으로 초콜릿의 발전과 전개, 초콜릿이벤트, 초콜릿 종류 등 초콜릿에 대한 프로그램을 상영한다.

그런데, 이 박물관이 위치해 있는 곳이 '산업단지' 인 것이 이채롭다. 초콜릿박물관은 제주특별자치도의 '대정농공단지' 내에 위치하고 있는 것이다. 박물관이 웬 산업단지안에 있나하고 의아해 하실 분도 있을 것이다.

우리나라에서 법적인 산업단지는 아래 〈표 15〉에서 보는 바와 같이 국가산업단지, 일반산업단지, 농공단지, 첨단산업단지의 4가지로 분류되고 있다.

〈표 15〉 산업단지의 분류

구분	국가산업단지	일반산업단지	도시첨단산업단지	농공단지
정의	국가기간산업·첨단과학기술산업 등을 육성하거나 개발촉진이 필요한 낙후지역이나 2 이상의 특별시·광역시 또는 도에 걸치는 지역을 산업단지로 개발하기 위하여 지정된 산업단지	산업의 적정한 지방분산을 촉진하고 지역경제의 활성화를 위하여 지정된 산업단지	지식산업·문화산업·정보통신산업, 그 밖의 첨단산업의 육성과 개발촉진을 위하여 도시지역 안에 지정된 산업단지	농어촌지역에 농어민의 소득 증대를 위한 산업을 유치·육성하기 위하여 지정된 산업단지
관리권자	지식경제부장관	시·도지사	시·도지사	시장·군수 또는 구청장

초콜릿박물관이 자리한 '농공단지'는 의미대로 농어촌지역에 농어민의 소득증대를 위한 산업을 유치 · 육성하기 위하여 지정된 곳이다. 즉, 지역 주민들이 취업하거나 참여하면서도, 생산활동을 통해서 지역의 소득증대에 기여해야 하는 역할이 주어진 것이다. 그런 면에서 본다면, 제주의 초콜릿박물관은 산업단지 내에서 생산되는 상품에 대해 판매, 홍보, 전시를 같이 한다는 점에서 이 같은 역할을 충실히 하면서도, '박물관' 이라는 문화시설을 통해 방문객을 불러일으켜 부가가치를 창출했다는 의미가 있다. 즉, 생산의 기능에 판매를 연계한다. 그리고 그 판매의 내용에 문화를 포함하였다는 것으로 해석이 가능하다.

한편, 산업단지 내에는 입주할 수 있는 업종과 행위에 대해 많은 제한적 요소들이 있다. 따라서 많은 기업들이 제한적으로 산업활동을 하고 있는 것이다. 따라서 소극적인 대응보다는 초콜릿박물관처럼 얼마든지 입주의도와 목적를 살리면서도 '문화' 시설을 이용해 부가가치 창출을 통해서 결국 기업가치를 올릴 수 있을 것이다.

박지성선수가 뛰는 팀이 어느 팀인가? 많은 분들이 알고 있다시피 "맨체스터 유나이티드" 이다. 이 팀이 뛰는 경기장이름이 무엇인가? 바로 올드 트래포드이다. 올드 트래포드 경기장이 있는 맨체스터의 트래포드지역은 명문 축구팀이 있다는 사실 외에도 '산업단지'에 대해 관심이 있거나 도시재생에 관심있는 분들은 또 다른 사실을 알고 있을 것이다. 바로 성공적으로 오래된 산업단지를 재생한 지역인 것이다. 이 같은 트래포드 지역에 가면, 한 가운데에 트래포드센터라는 대형 쇼핑센터가 있다. 여기에는 매주 화요일 오후 4시부터 6시 30분까지 벌어지는 지역민들에게 유명한 '티댄스 타임'이 있다. 쇼핑센터의 식당가에 옛 음악이 흘러나오고, 춤을 출 수 있는 공간이 마련되어 있고, 주변에는 무료로 제공되는 커피와 홍차, 오이샌드위치 등이 준비되어있다. 노인들이 푸드코트 근처에 있는 음악을 연주하는 증기선을 배경으로 오케스트라의 반주에 맞추어 50쌍 이상되는 노부부들이 댄스를 즐길 수 있다. 매주 이 시간이 되면, 정말 많은 수의 나이드신 분들이 모여서 '댄스'를 즐긴다. 지역을 넘어 먼 곳에 거주하는 분까지 '댄스타임'을 즐기기 위해 의복까지 차려입고 그 날만을 기다리면서 삶을 즐기고 있는 것이다. 쇼핑센터가 지역 주민들을 위해 마련하는 이 티댄스를 노인들은 한주 동안 가장 큰 기쁨을 안겨주는 지역사회의 이벤트[102] 로 생각하고 있는 것이다. 이같은 트래포드센터의 이벤트에서는 몇 가지 타산지석으로 삼을 수 있는 것이 있다. 첫째는 쇼핑몰이나 많은 상점들이 제공하는 지역사회에 대한 봉사의 일환으로 고객들을 참여시키는 이벤트를 기획하고 있는데, 이는 제공자 입장에서는 광고나 홍보가 되고, 지역주민들에게는 돈 안 들이고 노는 기분을 맛볼 수 있다는 것[103] 이다. 다만, 이런 행사가 보여주기 행사나 단속적으로 이루어진다면, 그 효과는 반감된다고 할 수 있다. 둘째는 산업단지 내라도 얼마든지 기획에 따라서 산업단지와 관계없는 시설의 복합에 의해서 일반인들도 와서 참여할 수 있다는 점이다.

이상에서 다루어진 사례를 우리나라에 적용하면, 「우리나라의 산업단지 내의 주요 건물에서 부부들이나 연로하신 분들이 단체로 모여 동시에 "댄스타임"을 즐기며, 박물관이나 아트갤러리가 들어서서 부부들과 자녀들이 오가는 곳이 된다면, 거기에 산업단지 내에서 벌어지는 '문화행사' 들까지 이루어진다면, 어떻게 될까?」 아마도 생산활동 만으로 대표되던 '산업단지'가 다양한 연령대가 함께하는 새로운 개념의 새로운 공간으로 탄생할 수 있을 것이다. 바로 이 점이 해당 지역의 경쟁력을 갖게하는 계기가 될 수 있다. 이와 연계해 정리하면, 산업단지는 '일터' 로서의 역할만 해옴으로써 일터로서의 가치는 자리를 잡았다고 볼 수 있다. 이제는 근로여건의 변화와 제조업의 환경변화로 인해 근로자들에게 필요한 '배움터' 로써, '쉼터'로써의 가치는 거의 없는 상태라고 정리할 수 있다. 최근의 젊은이들에게 있어 '배움터와 쉼터'는 또래 젊은이들과 소통하고, 만날 수 있는 기회로 여긴다는 점에서 산업단지는 '배움터'와 '쉼터' 로의 변환이 시급하다고 볼 수 있다.

---

102) 관객을 참여시키는 이벤트로 관객의 꿈을 이룩할 수 있게 해준다는 차원의 접근
103) 제3의 공간, 크리스티안 미쿤다 지음, 최기찰·박성신 공역, 미래의 창, p.155.

3. 새로운 Green 비즈니스와 Regreening

우리는 지금 "그린Green"이라는 큰 주제 속에 살고 있다. 많은 글로벌기업들이 '녹색시장'을 파고들어 새로운 비즈니스 기회를 창출하고 있다. 기후변화를 조금이나마 약화시키고 늦추기 위해 전 세계적으로 함께하고 있는 이 주제 속에서 부동산 개발과 관련한 주요 흐름은 새로운 디자인 전략, 에너지 효율이 높은 소재, 혁신적인 빌딩 기술이 주된 핵심과제일 것이다. 실제 건설분야에서는 그린빌딩과 녹색건설사업으로 새 기회를 모색하고 있다. '그린빌딩'은 건설단계에서부터 환경오염을 방지하고, 에너지 절약과 탄소배출 저감이 가능한 신개념의 빌딩을 의미한다. 녹색건설 분야는 에너지절감, 대체에너지 활용, 환경복원과 공간 개선, 시설 효율 향상 등을 대상으로 하고 있다. 일본의 대표적인 그린홈 건설사인 세키스이하임은 친환경 건설공법과 태양광발전을 결합한 탄소제로주택을 구현하였으며, 국내의 대기업들 역시 '탄소제로주택', '탄소저감주택' 등을 구현하고 있다.

결국 그동안 우리가 살펴보았던 문화시설, 문화이벤트, 문화의 가미를 통한 부동산 가치올리기는 그 방향이 "다시 자연"으로 가고 있는 것이다. 그리고 실제 이런 움직임은 많은 사례에서 시작되고 있으며, 관련자들이 할 일은 이를 놓치지 않고, 반영해야 한다는 것이다.

1) 그린 비즈니스와 그린빌딩

(1) 그린비즈니스의 개념과 발전가능성

'그린비즈니스'란 온실가스와 환경오염을 줄임으로써 자연을 훼손시키지 않으면서 국가의 경제성장을 동시에 이루는 산업이다. 즉, 석유나 석탄 대신 태양열, 풍력, 조력 등 청정에너지와 녹색기술을 통해 환경을 지키고 새로운 일자리를 만들어 경제성장을 추구하는 것이다. 결국 이는 화석연료의 고갈을 앞둔 시점에서 미래를 준비하기 위한 산업인 것이다. 미국에서 그린비즈니스를 주도적으로 하고 있는 기관은 U.S. Green Building Council USGBC로서 10년 전에 500개 회원사로 시작하여 지금은 20,000개 회원사로 늘었다.[104)]

상대적으로 에너지를 많이 쓰는 대표적인 나라인 미국의 경우 미국전체의 에너지 소비와 쓰레기 배출에서 빌딩이 차지하는 비중이 전력소비의 72%를 차지하고, 에너지사용의 39%, 탄소배출의 38%를 차지하고 있다. 따라서 빌딩 분야에서 그린비즈니스의 도입필요성이 상대적으로 높을 수밖에 없었다. 이 점은 노력여하에 따라 에너지 절약에 대한 가장 큰 효과를 남길 수 있는 분야로 볼 수 있다. 그리고 그 가능성과 발전성에 대해 미국의 LEED위원회에서는 매년 30~40억 달러 씩 성장하여 2013년까지 그린빌딩 시장이 3배 확장하여 1조 4천억 달러가 될 것으로 예상하고 있다. 이 같은 상황아래 미국 USGBC산하의 LEED Leadership in Energy and Environmental Design 위원회에서는 '그린비즈니스'에 대해 일찍부터 가이드라인을 만들어 시행한 이후 지난 몇 년 동안 보다 세부적으로 가다듬어, 지금은 세계적인 표준으로 만들었다. 이 가이드라인을 모든 도시에서 상업 및 주거시설 개발 시 새로운 환경 목표와 기준에 입각하여 추진하게 하고 있다.

(2) 그린비즈니스 관련 성장분야

이러한 그린혁명과 관련하여 주목할 만한 구체적 아이디어와 기술 부문으로는 환경과 더불어 지속성장할 수 있는 분야, 에너지 효율분야, 환경친숙형 소재와 기술분야 등이다. 이들 분야의 성장으로 인해 건축 디자인은 르네상스를 맞고 있다.

한편, 그린 디자인은 환경과 함께하는 지속성장 전략을 수립하고, 자원의 재사용 및 재활용, 신에너지 효율 개선 기술과 디자인 혁신에 큰 촉매역할을 하고 있다. 또한, 그린 디자인은 건축업체, 건축사, 디자이너에게 동기부여 기회를 제공하여 효과적인 생산과 아이디어를 채택하도록 독려하고 있다.

104) 관련내용은 미국 어번랜드 등 관련 자료에서 재정리한 '델코'의 자료를 참조(www.delco.co.kr)

비용과 수익 측면을 고려하더라도 시간이 지남에 따라 '그린아이디어'에 대한 시장성은 충분하고, 혁신의 속도도 빨리 진행될 것으로 예상할 수 있다. 최근 들어서는 기존의 방법에 새로운 아이디어를 접목시켜 소재와 기술이 계속 향상되고 있다. 그리고 그린디자인과 소재의 리사이클에도 마찬가지의 기술향상이 진행되고 있다. 이같은 관련 기술 분야로는 풍력이용, 태양에너지를 모으는 포토볼타익photovoltaic, 태양광발전방식의 태양전지셀기술의 향상, 대기 온도와 복사열을 이용하여 물을 덥히고 실내온도를 조절, 여분의 에너지를 자동회전문과 엘리베이터의 대응하중 시스템에 활용, 환경 친화적인 리사이클 소재분야 들을 들 수 있다.

(3) 경관의 중요성

물을 공급하는 관개수로의 기술 향상으로 경관의 효율성도 나아지고 있다. 대기상의 습도를 감지하고 기상청의 일기예보와 자동 연계하여 물을 30~60% 정도나 절약하여 전체비용을 크게 낮추고 있다. 날의 밝기를 감지하는 센서와 타이머의 기술향상으로 조명을 프로그램화 시킬 수 있게 되어, 날의 밝기와 주변의 밝기를 최대한 활용하는 디자인이 널리 보급되고 있다. 햇빛가리개와 지붕에 있는 통풍창을 프로그램화 하는 기술 향상으로 자연광을 최대화하고, 난방과 에어컨의 사용을 줄일 수 있게 되었다. 일단의 신소재 개발(건강에 무해한 페인트, 마감재, 접착제 그리고 재활용된 섬유와 친환경 염료로 만든 카페트)로도 더 깨끗하고 건강한 빌딩을 유지할 수 있게 되었다.

(4) 조명의 변화와 영향력

리노베이션과 업그레이드로 대체 실행이 가능한 그린빌딩과 관련한 조명 옵션이 늘고 있다. 그 결과가 반영된 사례로 '미국 뉴욕 맨하탄'에 있는 관세청건물은 빌딩의 불빛을 다시 디자인하여 건물구조의 웅장함을 더 강조하였다. 여기에서는 빛을 발하는 다이오드를 첨가한 전구를 사용하면서 43%의 에너지를 절감하고, 연간 전기요금을 6,654달러를 절약할 수 있게 되었다. 이 전구의 평균수명은 재래식 백열전등보다

25배나 길다고 한다. 월마트를 비롯한 소매업체에서는 또 다른 형태의 수명이 오래 지속되고 전기료가 절약되는 콤팩트한 형광등Compact Fluorescent Light bulbs : CFLs을 팔고 있는데 이처럼 재래적인 전구를 CFLs로 대체하면서 전구 하나의 수명동안 약 30달러를 절약할 수 있게 되었다. 월마트는 태양에너지 판넬을 캘리포니아에 있는 10~20개 점포의 옥상에 향후 18개월 이내에 설치할 계획을 갖고 있다. 월마트는 이미 18개 점포에서 태양에너지를 사용하고 있다.

자연광에 대한 연구결과도 고무적인 결과가 있다. 연구 자료에 따르면, 자연광을 활용하게 되면 에너지비용도 절감되고, 직원들의 업무능력도 나아지며, 학생들의 학습효과도 개선되는 것으로 나타났다. 자연광이 풍부한 상태에서 공부하는 학생 성적이 그렇지 않은 학생들 보다 20%의 학습효과가 뛰어난 것으로 알려졌으며, 월마트의 경우 자연광을 더 많이 받아들이는 위치에서 일하는 직원의 업무효율이 더 뛰어나다는 결과도 제시하고 있을 정도이다.

(5) 기타 그린건설 관련 기술의 발전

① 페인트 : 저휘발성 유기화학물low-Volatile-Organic-Compound : VOC 페인트와 다른 저 VOC소재의 사용은 아토피와 알러지 발생을 줄여주고 오피스 내에서의 건강과 생산성을 향상 시켜준다.

② 건축자재 절감 디자인 개발 : 노스캐롤리나 주립대학의 한 리서치팀은 새로운 디자인을 개발하여 주차장 건설시 일반적으로 사용하는 콘크리트 빔에 들어가는 철근을 30%나 절감시켰다. 이 디자인은 물론 안전성과 품질기준을 준수하면서 철근 절약과 노동비 절감 및 노동시간을 단축할 수 있게 되었다.

③ 모듈화 작업 : 주택의 경우, 모듈화됨으로써 환경과 더불어 지속가능한 개발의 전망을 밝게 해주고 있다. 이 같은 방법은 소재와 마감재에 대한 정확한 사용과 원자

재의 낭비를 줄이고 대부분의 공사속도를 최고 50%나 빨리 진행시킬 수 있다. 이는 대부분의 자재가 공사현장에 도착하기 전에 조립되어 현장의 토지와 인접부지는 원래 상태로 보존이 가능하여 나무, 잔디, 습지 등 자연 상태가 그대로 살아있게 된다.

④ 에너지 기술 개선 : 복사열을 사용하는 에너지 기술은 그 기능이 크게 개선되면서 인기를 끌고 있다. 더 새로워진 시스템은 물순환 기능 대신에 조금만 열을 가해도 스스로 덥혀지는 겔을 사용하며, 오래되고 우리에게 매우 친숙한 녹색 기술 중 일부가 다시 인기를 얻고 있다.

⑤ 태양광과 태양열 : 포토볼타익 기술의 효율과 효과가 크게 개선되면서 태양에너지에 대한 법적 제도적 보완이 같이 개선되고 있다. 이에 따라 에너지 효율관련 엔지니어링과 디자인의 잠재능력에 대한 관심이 높아지고, 이로 인해 건축설계사와 디벨로퍼들이 녹색지향의 사업에 더 치중을 하게 되었다. 실 사례로 클리블랜드에 본사를 둔 쇼핑센터 개발회사인 Developers Diversified Realty는 200개 이상의 자사 보유 쇼핑센터의 옥상 지붕을 'SunEdition'(메릴랜드에 본사를 둔 태양에너지 공급업체)사와 임대계약을 맺어 태양열 시스템을 설치해 쇼핑센터 공용부분에 필요한 에너지로 사용할 계획이며, 일반 테넌트에게는 옵션으로 싸게 에너지 공급을 할 계획이다.

이와 같은 형태의 계약도입으로 건축설계사와 디벨로퍼들은 미래플랜을 짤 때, 그린디자인의 가능성을 항상 그들의 프로젝트에 반영할 수 있게 되었다. 예를 들어 당장에는 태양에너지 시스템을 반영하긴 어렵더라도, 새로운 건물을 지을 때 건물옥상에 태양 판넬을 설치 할 수 있는 공간을 배려하고 있게 된다.

⑥ 그린디자인 활용 : 그린디자인이 더욱 새롭고 효율적인 혁신을 하고 있는 배경에는 기술발전이 큰 기여를 하고 있다. 건축설계사는 그린디자인 기술을 사용하여 오래된 학교를 수선할 때 공기순환장치를 개선하거나, 버려지는 에너지를 붙잡아 보존

하여 사용하는 사례가 늘고 있다. 에너지 낭비를 줄이고, 자연의 빛과 열과 차가움을 최대로 활용하는 것에 초점을 맞추어, 전에는 무시해버린 에너지가 수요측면(특히 적절한 온도 유지차원)에서 매우 중요하게 인식되고 있는 것이다. 건물의 팬이나, 자동 창문 및 통풍장치 등이 바깥의 온도와 날씨에 따라 개폐되는 시스템으로 인해 기존방식인 공기 가열식 냉난방에 대한 의존을 줄일 수 있게 되었다. 원천적인 방법으로는 아예 건물자체의 남향 배치와 빛의 흡수효율이 뛰어난 검은색으로 표면을 처리한다거나, 돌이나 다른 천연소재를 사용하는 방법도 열을 더 오래 보존하는 방법이다.

미국 Eugene에 있는 오레곤 대학 비즈니스 스쿨의 Lillis 비즈니스 콤플렉스 빌딩 〈그림 112〉는 그린 기술을 도입하여 지은 건물로 에너지 효율이 높고, 여러 가지 그린 디자인 요소를 가미함으로써 세간의 주목을 받고 있다. 41백만 달러가 투자된 이 건물은 규모가 약 6,000평으로 화재방지, 방수, 재활용 및 친환경소재의 사용, 공기유입 자동 창문 및 고 효율 조명시스템을 갖추고 있다. 또한, 남향으로 건물이 배치되어 있고, 4층 높이의 유리 아트리움은 포토볼타익 태양판 시스템으로 되어 있으며, 사무

〈그림 112〉 Lillis 비즈니스 콤플렉스 빌딩 모습

실 및 강의실은 자연광을 최대한 활용하고 있다. 이러한 활동의 결과로 이 건물은 뛰어난 에너지효율로 인해 남아도는 에너지를 인근 에너지회사에 판매까지 하고 있다고 한다.

이상에서 다룬 그린관련 기술과 디자인의 적용 시, 즉, 디자인과 개발계획 검토단계에 필요한 사업성 검토를 할 때는 겉으로 화려한 것보다는 시장지향의 필요성을 더 중시하고 있다. 즉, 초기투자 검토 시 감가상각 인정 비율이나 정부 지원 인센티브 등을 감안하여 투자회수 시점의 좀 더 정확한 예측이 가능할 것이다. 한편, 그린비즈니스의 실천자인 설계사와 디자이너는 녹색 소재와 기술을 옹호하는 수호자들로 수익적 측면과 미적인 균형을 맞추는 새로운 녹색 해결책을 소개하고 있다. 녹색 디자인에 입각하여 우리는 우리가 살고 있고 일하고 있는 곳을 예리한 눈으로 다시 점검해야하고, 개발에 대해 총체적이고 장기적인 접근을 해야만 할 것이다. 결국 그린 프로젝트의 궁극적인 목표는 첫째, 인류의 건강과 복지 시스템, 둘째, 지구 환경의 보존, 셋째, 환경을 고려한 디자인과 수익성의 일치로, 이를 염두에 둔 개발프로젝트 수행이 중요하게 된다.

이상에서와 같이 살펴본 '그린비즈니스'는 그 중요성과 시급성 때문에도 이에 대한 대비가 필요하다. 이에 대한 대응을 통해서 에너지의 절감과 건물 전체의 경쟁력을 가질 수 있게 된다. 이 같은 효과 외에도 친환경 활동을 하는 고객회사에게 보험료 인하 같은 금전적 혜택으로 동기부여를 해주고 있는 보험회사들도 있어서 사회적인 공감대를 형성해가는 과정이라는 점에서도 녹색운동이 더 강화되고 있다.

2) Regreening

부동산개발! 새로운 시설로의 개발만이 부동산의 가치를 올리는 유일한 길은 아니다. 2008년 세계 경제 위기이후 국내외에서 계속되는 경기 후퇴는 이제는 부동산개발 트랜드를 정지시켜 버렸다. 그러면서도 한편으로는 이번 경기침체를 기회로 교외

지역을 재구성Retrofit하고, 재생Reinhabit시키고, 다시 녹색Regreen을 살리는 사업을 진작시켜, 죽어있는 쇼핑몰들과, 숨이 끊어져가는 오피스 파크들과 다른 침체된 교외지역 부동산을 살려내고 있다.

다시 녹색을 살리는 작업, 즉, 리그리닝Regreening은 일반인에게는 생소한 용어이다. 생소한 일이지만, 죽어있는 리테일 건물 부지를 자연 상태로 되돌린 경우에서 그 내용을 파악할 수 있다. 미국 미네소타주의 'Phalen Village'에 있던 한 쇼핑몰은 패쇄된 이후, 지금은 습지공원으로 복원되어 시민들이 이용하고 있다. 또한, 오하이오주 콜럼버스에 있는 'Columbus City Center' 몰 부지의 경우 공원으로 바뀌었다. 즉, 녹색사업을 진행하는 것이 아닌 아예 자연으로 돌린 사례들이 나타나고 있는 것이다. 즉, 지자체나 공기업들이 지역의 가치를 떨어뜨리는 텅 빈, 중단된 건물들을 매입해서 허물고 원상태로 회복시켜, 결국은 오히려 지역의 가치를 올리는 것을 의미한다.

이를 우리나라에 적용하면 어떨까. 감히 상상하기도 힘든, 실제 행동으로 옮기기에 너무나 먼 길처럼 느껴진다. 일단은, 자연 상태의 땅에 건물을 지어 분양을 하거나 전체 매각을 통해 이미 최대한의 이익을 창출한 상태일 것이다. 그리고 대부분의 건물은 '구분소유권' 에 의해 개별 등기된, 주인이 제각각인 상태일 것이다. (이는 하나의 건물에 구분등기로 점포수가 4,500개인 경우도 있을 정도임을 비추어볼 때, 합의를 본다는 것은 정말 멀고도 힘든 길임을 알 수 있다.) 따라서 건물이 영업이 안 되고, 공실이 많아서 마침내 문을 닫은 상태일지라도 각기 소유권을 가진 '소유권자' 들의 합의가 이루어지기 쉽지 않을 것이다. (이 점은 심지어 준공이 난 이후에 아예 입점도 못하고 방치된 건물도 마찬가지이다.) 그러나 희망을 가질 수 있는 사례들이 생겨나고 있어서 그나마 다행이라 생각한다. 일부의 경우 소유권자들의 어려운 합의 절차를 통해 문닫아있는 상태의 쇼핑몰을 저렴한 임대가일지라도 전체를 임대하여, 우선 고객들이 쇼핑몰을 이용하게 한 다음, 쇼핑몰이 살아나면, 제대로 된 가격의 형성이 가능하도록 노력하는 경우가 발생하고 있다. 이는 모든 소유권자들이 공멸위기의식 속에서 당장 손해를 보더라도 그대로 두는 것 보다는 쇼핑몰을 가동시켜야 한다는 점을 합의했다는 점에서 의미있는 진일보라 생각한다. 물론 이때도 운영능력의 보유와 개발이 중요할 것이다.

그동안 우리 주변에서는 계속적인 개발만 추진해왔다. 그러나 과잉공급, 고객 라이프사이클의 변화, 환경의 변화 등으로 이제는 물리적 개발만으로는 경쟁력을 확보할 수 없는 상황에 놓여 있게 되었다. 이런 시점에서 이처럼 리그리닝Regreening차원으로 다시 자연으로 돌리는 것도 부동산의 가치를 살리고, 지역을 역동적으로 움직이게 할 수 있다고 볼 수 있을 것이다. 따라서 모든 회사가 물리적 건설에만 치우칠게 아니라 이제는 경우에 따라 리그리닝Regreening작업도 나설 수 있어야 할 것이다. 지금까지는 뭔가를 새로 짓는다는 것을 의미했던 "부동산 개발"이 오히려 뭔가를 허물어서 다시 자연으로 돌리는 것도 부동산개발로 인식되어져야 한다는 것이다.

물리적·사회적 인프라로 개선되어 성공한 리사이클링 사례는 무수히 많다는 점에서, 비록 우리나라의 입장에서 볼 때 아깝긴 하지만 잘못된 수요예측에 의해 탄생한 건물의 운명이 다른 용도로도 활용될 수 없고, 만약 이 때 투자된 건축비가 창고형 수준으로 큰 투자가 없었다면 우리도 한번은 리그리닝을 생각해 볼 수 있지 않을까?

그리고 이왕이면, 많은 개발건물들이 멈춰 있는 상황에서 오히려 현 시점은 "Regreening 전문회사"도 나왔으면 하는 바람도 가져본다.

거의 모든 주거공급업체들이 개발 시점에서부터 "탄소제로주택", "탄소저감주택" 등 "녹색"이나 "그린"을 전면에 내세우고 계획을 하고 있고, 또 이를 적극적으로 홍보하고 있다. 이러한 점에서 알 수 있듯이 이제는 "그린"의 개념이 동반되지 않으면, 시장에서 소화가 될 수 없는 상황에 이르렀다고 볼 수 있다. 따라서 본 책의 주제인 문화를 접목하여 부동산을 살린다는 차원에서 보면, 그동안 반영해오던 그 문화적 요소가 이제는 "그린비즈니스"가 되어야 한다고 본다. 그리고 그 시기는 더욱 빠른 속도로 우리에게 다가오고 있는 것이다.

4. 문화는 앞으로 부동산에 있어서 필수적 요소이다.

각 나라의 도시에서 문화가 중시된 데는 여러 가지 이유[105] 가 있다. 그 중 가장 첫 번째 이유는 직접적이고 확실한 '관광적 효과' 때문일 것이다. 가장 대표적 사례로 매일밤 공연이 벌어지는 뉴욕의 브로드웨이는 연 100만 명의 관광객을 유치한다 McKeinsey, 2002고 한다. 또한, 스페인 빌바오는 구겐하임 미술관 하나로 한달 평균 11만 3,000명의 관광객을 유치한다고 한다. 이 결과는 미술관이 없었을 당시보다 34.6%나 늘어난 수치다. 즉, 미술관 하나를 개관함으로써 바스크 분리주의자들의 테러도시로 악명 높았던 빌바오는 스페인 최고의 관광도시가 된 것으로 볼 수 있다.

두 번째 이유로는 '지역 개발 효과'이다. 앞서 사례로 다룬, 템즈 강 하류에 있는 낡은 화력발전소를 미술관으로 개조한 영국 런던은 이 미술관으로 인해 테이트 모던 효과Tate Effect 가 나타날 정도로 주변 지역 지가를 상승시켰다. 인근 지역에 셰익스피어 극장이 들어서고, 주변에 작은 미술관과 식당, 고급아파트가 들어서면서 '테이트 세인트 이브스'를 중심으로 반경 32km 이내에서는 8%의 성장률을, 반경 112km 이내에서는 3%의 성장률을 기록했다는 것이 영국 '런던'의 보도The Guardian, 2005.5.2이다. 이러한 예는 이미 뉴욕의 소호에서 경험한 바 있다. 낙후된 창고 밀집 건물이 있던 소호는 1990년대 초반 미술가들이 하나 둘 모여들면서 점차 새로운 예술지역이 되었다. 비록 나중에 치솟는 땅값 때문에 그들은 첼시 지역으로 옮겨갔고, 이제는 첼시 지역도 예술가들이 머무를 수 없어서 윌리엄스버그 등으로 옮겨가고 있지만 말이다.

세 번째 이유로는 '창의적 인구와 자본의 유치 등'과의 관계이다. 최근 창의성은 도시를 지배하는 또 하나의 이데올로기로 등장하고 있는데, 예술 - 다시 말해 문화적인 도시 만들기-이야말로 이런 창의성을 배가시키는 역할을 한다는 것이다. 마찬가지로 앞에서 사례로 다룬 중국 다산쯔大山子798사례가 그 대표적인 예다. 핵폭탄을 만들던 낙후된 공장지역이 「로버트 버넬」이라는 미술가에 의해 아틀리에가 들어서고, 갤

105) 라도삼, 한국문화관광연구원, 너울지, 2007년 11월호 vol 197, 기획연재 "문화환경과 지역가치"

러리가 되었다. 그리고 그 뒤를 따라 수많은 작가가 모여들며, 베이징을 상하이나 동북아 여러 도시에 밀리지 않는 가장 창의적인 창작기반을 가진 도시로 만들었다. 동서로 1,000m, 남북으로 700m에 형성된 이곳에는 현재 180여 곳의 디자인 스튜디오와 100여 곳의 화랑, 50여 곳의 레스토랑과 카페가 몰려 있다. 더구나 그 갤러리 중 50%는 외국계여서 특별한 의미가 있다. 프랑스, 미국, 이탈리아, 일본 등 20여 국가들이 이곳에 진출해 있어서 이는 이미 국제적으로 인정받는 곳이라는 의미다. 일본의 요코하마도 창의적 인구를 가장 적극적으로 유치하는 도시 중 하나다. 아카렌가소고(붉은 벽돌 창고)를 개조해 많은 주목을 끌은 요코하마는 2004년 1월 "Creative City Yokohama"를 외치고, 도심에 있던 낡은 두 은행 건물을 문화공간으로 바꾸는 'BankArt 1929'[106] 프로그램을 추진했다. 낡은 두 건물을 문화적으로 바꾼 요코하마는 이를 활용해 'BankArt School'을 유치하며, 아시아를 비롯한 많은 나라의 예술가 및 아마추어들을 끌어들이고 있다. 이를 통해서 창의적 인구가 모여들고, 이들의 가능성을 보고, 자본이 모여드는 결과를 보여주고 있는 것이다.

마지막으로 도시가 문화를 중시하는 네 번째 이유는 세계적인 기업과 인력, 자본을 유치하고 싶은 이유 때문이다. 이들의 유치를 위해서 필요한 것중 하나는 시장market이고, 나머지 하나는 이미지image이다. 즉, 해당 도시에 세계적인 기업과 인력, 자본이 있어야만 하는 이유가 있어야 한다는 것이다. 도시의 상징물cultural icon이나 예술적인 공간미학 등은 바로 그런 이유를 제공할 수 있다. 에스플러네이드를 만들고 친환경적이고 매력적인 도시공간을 가진 '싱가포르'가 그 사례다. '싱가포르'는 2000년부터 세계적인 문화 중심지를 꿈꾸며 '르네상스 시티' 프로젝트를 추진했다. 이 프로젝트는 창조도시를 만들어 시민의 문화 수준을 확 끌어올리겠다는 계획이다. 2003년 '싱가포르' 해안 예술극장으로 문을 연 에스플러네이드Esplanade〈그림 113〉가 이 계획의 시발점이었다. 건물모양은 동남아에서 과일의 황제라 불리우는 과일인 두리안을 본떴다. 그리고 이 공연장을 짓는 데 6억 싱가포르 달러약 5,200억 원라는 거액을 들였

106) 은행 건물이 세워진 연도를 얘기하는 동시에 뉴욕의 현대미술관(MoMA)이 세워진 연도를 의미하기도 한다.

〈그림 113〉 싱가포르의 에스플러네이드 전경(ⓒwww.esplanade.com)

다. 그러나 이 공연장 개장 후 '싱가포르'에는 2만 6,000여 개의 일자리가 창출되었고, 800만 명 이상의 관광객이 찾는 등 큰 부가가치를 가져다 줬다.

2개 돔으로 구성된 에스플러네이드는 2000석 규모의 극장과 1600석의 콘서트홀이 있으며, 크고 작은 문화공간이 30여 곳이 있다. 극장을 싸고 있는 돔은 유리로 설계됐고, 싱가포르가 열대 기후에도 아트센터의 냉방을 유지하기 위해 7,000여 장의 알루미늄 차양이 부착되어 있다. 2개의 돔을 다 닦으려면 1년이 걸린 정도로 이 독특한 돔은 관리가 어렵기로도 유명하다. 에스플러네이드는 건축 당시 특정 부유층이 아닌, '싱가포르' 전 시민을 위한 공간을 목표로 했다. 이를 통해 지역사회가 자부심을 느낄 수 있는 생명력이 넘치게 하여 시설이 지역사회에 안착하는 데 많은 도움을 주었다. 전체 공연의 3분의 2가 무료 공연인 것도 이런 이유에서다. 그리고 유료 관객의 70%가량이 젊은이들이라는 사실에 싱가포르 정부는 고무돼 있다고 한다. 실제 에스플러네이드에서 공연되었던 우리나라의 '난타' 와 '브레이크 아웃' 도 공연돼 전회 매진을 기록했다.

마찬가지로 세계 최고의 삶의 질을 자랑하는 캐나다의 '밴쿠버' 등도 역시 그런 사례를 제공한다. 이는 삶의 질을 위한 문화서비스의 제공, 그것을 통한 세계 도시로의 접근이 바로 최근의 문화도시, 문화환경이 강조되고 있는 이유로 볼 수 있는 것이다.

이처럼, "문화"는 부동산 입장에서 지역가치를 올리고, 지역민의 삶의 가치와 질을 올릴 수 있는 매개체로 작동하고 있다. 우리가 앞에서 살펴본 이유를 제외하고도 이미 부동산에는 강력한 문화바람이 불고 있다. 이제는 '문화'가 접목되지 않는다면, 경쟁력을 갖기 어려운 환경에 접어든 것이다. 따라서 향후 부동산 개발시나 부동산의 용도를 전환시에는 어떤 방식으로든 "문화와 부동산"의 접목이 필요하게 된다.

5. 문화로 부동산가치를 올리고 살리기 위해 해야 할 일

그동안 문화와 부동산을 살린다라는 주제로 가지고 관련 사례를 중심으로 살펴보았다. 그 결과, 문화를 이용한 부동산가치 올리기가 실제 가능하며, 많은 기업들이 이를 이용하고 있음을 확인하였다. 그러나 여기에서 말하고자 하는 바는 "문화가 만병통치약은 아니다'라는 점이다. 다만, 문화의 역할과 기능이 현대사회, 특히 IT와 접목된 급변하는 사회에서는 더욱 중요해진다는 것이다. 오히려 그동안 잊고 살았던, 문화가 더욱 필요해진다는 것이다. 그리고 문화의 영역을 다양화해서 문화시설, 문화이벤트, 문화마케팅, 문화정신까지도 확장하여야 한다는 것을 알게 되었다.

이상과 같이 살펴본 부동산에 문화입히기를 정리해서 다음과 같은 "문화로 부동산을 살리기 위해 해야할 일"을 정리해보고자 한다.

1) 문화를 반영해도 기본은 지켜야 한다.

유행이나 트렌드, 문화는 항상 변하고 있다는 것이다. 문화로 가치올리는 것을 하나의 유행처럼 반영해서는 의미가 없다는 것이다. 즉, 문화를 반영해서 부동산을 개발하더라도 기본은 있어야 한다. 기본이 있는 상태에서 세태에 따른 변화가 따라야지, 전부를 바꾼다는 것은 경쟁력을 가질 수 없게 된다. 아무리 IT가 발달하고, SMART폰, 유비쿼터스 환경이 구현되더라도, 사람이 거주하고, 이용하는 부동산상품을 첨단만으로 꾸밀 수는 없다.

주거용 부동산을 보면, 요즘의 도시민들에게 있어 가장 부족함을 느끼는 것이 "자연"이다. 즉, 자연과의 거리가 있는 삶을 영위하기 때문에 자연과의 거리를 가깝게 만들어야 한다. 그런 의미에서 '집'에 자연을 끌어들이는 작업을 하고 있는 것이다. 아예 자연을 빼고는 앞으로 "주거용부동산"을 언급할 수 없는 시대가 된다.

그동안 알려진 '고급주거형태'는 그동안 그들만의 리그가 필요해서 하나의 '커뮤니티' 형성이 중요하게 작용하였다. 따라서 요즘의 많은 아파트단지들이 이를 반영하여 그들만의 '커뮤니티' 형성에 주력하고 있고, 이를 홍보하고 있다. 그러다보니 "시큐리티"가 너무 강조되어 극단적으로 외부사람이 접근하기 어려운 공간으로 공급되는 경우도 쉽게 목격할 수 있다. 아무리 단지 내 거주하는 사람들끼리 "소통"이 잘 되고, 내부 시설이 잘 되어있으면, 무엇하나? 이용하는 사람이 불편해 한다면, 정말 그 시설이 잘 지어진 시설이라 할 수 있을까? 심한 경우는 공공시설임에도 단지 내에 있다는 이유로 외부인의 이용을 막고 있는 사례도 목격하게 된다. 결국 그 단지에 거주하는 사람들도 친척이나, 친지, 그리고 친구 등 외부 다른 사람이나 조직과의 공존속에서 살아갈 수밖에 없는 존재라는 점을 알아야 한다. 만약에 접근하기 어렵고, 딱딱한 분위기로 소문난다면, 오히려 그 단지의 거주자는 "왕따신세"가 될 수도 있다는 점을 직시하여야 할 것이다.

2) 경쟁력의 본질은 차별화이다.

많은 회사들이 '차별화' 경쟁을 하고 있다. 그러나 이 같은 '차별화' 경쟁은 결국 속을 들여다보면, 차별화가 아니라 동질화경쟁을 하는 것 같다. 즉, 추구는 다른 회사,

상품들과의 다른 것을 추구하지만, 나중에 들여다보면, 결국 많은 주체들이 하나의 흐름속으로 가고 있다는 것이다. '조경이 아파트가격을 결정한다'는 이슈가 떠오르면, 모든 회사들이 벌떼처럼 달려들어 새롭게, 규모가 다르게 '조경'에 나선다. 그리고 개별적인 차별화작업은 하나의 유행이 되고 마는 것이다. 그 결과 그 유행에 동참하지 않으면, 소비자도 선택을 하지 않는 게 지금까지의 모습이었다.

경쟁력의 본질은 남이 갖지 않은 것을 갖는 것이다. 그런 면에서 "Only one"이 필요한 것이다. 여러 개 중에 독특한 하나로서는 경쟁력을 가질 수 없는 것이다. 즉, 필요한 것은 독특한 것이 필요한 것이 아니라 오직 하나가 필요한 것이다. 그래야 그 부동산을 이용하고, 사고, 팔고, 그 곳을 방문하게 되는 것이다. 그리고 거기에 또 방문하고 이용하게 되는 것이다. 이같은 "Only one" 전략은 이미 부동산계에서는 이미 유명한 사례가 있다. 바로 해외의 성공적인 부동산 개발사례 하면 많은 분들이 떠올리는 "일본의 롯폰기 힐스" 사례인데 롯폰기 힐스의 성공의 요인으로 여러 가지를 들 수 있지만, 그 중 대표적인 항목이 "Only one"이었다. 바로 판매하는 상품이 명품이지만, 여러 곳에 있는 것이 아니라 오직 "롯폰기 힐스"에서만이 살 수 있는 상품을 유치했다는 것이다. 바로 그 점 때문에 사람들로 하여금 그 곳을 방문할 수밖에 없는 이유를 만들어 준 것이다.

3) 선택과 집중을 하여야 한다.

경영적인 측면에서 "선택과 집중" 에 대한 논의가 많이 있었다. 그러나 이는 부동산부문에서도 똑같이 적용할 수 있는 분야이다. 많은 사례들, 특히 규모나 내용적으로 소형이거나 부족한 상품일지라도 결국은 경쟁력을 가질 수 있는 곳에, 그것도 장래에 경쟁력이 될만한 분야에 "선택과 집중"을 하여 경쟁력을 확보한 경우를 볼 수 있었다.

따라서 단기적으로는 차별화를 추구하되, 중장기적으로는 "선택과 집중"을 해야 할 것이다. 이를 통해서 상대적으로 쉽게 경쟁력을 확보할 수 있게 된다. 이는 강력한 경쟁자에 대해 대비를 하고, 비교적 적은 In-put으로 큰 Out-put을 올릴 수 있는 하나의 방법론으로도 활용할 수 있을 것이다.

4) 변화하는 고객에는 새로운 개념의 상품이 필요하다.

고객은 변화를 하고 있다. 그것도 진화하면서 변화하고 있다. 그런데 이처럼 변화하고 있는 고객앞에서 아직도 기존개념의 상품을 공급하고 있는 것이 현실이다. 따라서 맞지 않는다. 오히려 고객과 공급자의 간격은 더 벌어지게 된다.

끊임없는 경제활성화가 필요했던 산업화시대에서는 우선은 "집"이 필요하다는 차원에서 외형적인 꾸밈만으로도 충분히 경쟁력을 가질 수 있었다. 그러나 거주지로서의 "집"은 이미 갖춰졌다. 또 주거용부동산은 과거에는 일생에 단 한 번 사는 물건이었으나 이제는 여러 번 사고팔고, 오히려 이를 통해 가치를 창출하는 대상이 된 것이다. 그리고 업무용부동산은 단순히 업무용도로만 쓰이는 상품이 아닌 것이다. 이제는 이를 사고 팔아서 수익을 창출하고 운영을 통해서도 수익를 창출하게 되는 투자용 상품이 된 것이다. 이 점은 공장도 마찬가지이다. 따라서 이에 맞춰진 공급이 필요하게 되고, 부동산의 공급자는 이에 맞는 개념의 상품이 필요한 시점인 것이다.

인구구성학적 차원에서 우리나라의 인구는 이미 감소기에 접어들었다. 그리고 저출산으로 인해 갈수록 문제가 심각해지고 있는 것이다. 1970년도의 한 해 신생아는 100만명이었다. 그러나 2009년은 어떤가? 한 해 신생아가 50만 명 아래로 떨어졌다. 이미 절반 이하로 떨어진 것이다. 그 결과 2010년 현재 고교 3학년인 18세 인구는 68만 명에 이르지만, 10년 뒤인 2020년에는 18세 인구가 50만 명 선으로, 2030년에는 40만 명 선으로 줄어들 것으로 예측한다. 그리고 늘어나는 1 · 2인 가구 등으로 인해 산업이나 교육, 정치 · 경제적 측면 등 여러 분야에서 변화가 올 수밖에 없다. 그래서 이에 대비하여 그동안의 상품과 비슷한 상품이 아닌 새로운 상품의 출현이 요구되어지는 것이다.

5) 맥락이 있어야 하고, 이어져야 한다.

본 글을 쓰면서 가장 걱정했던 부분이 독자들 중 어느 한명이라도 문화를 이용하면 부동산 가치가 오른다는 명제에 집착해서, 여러 사례에서 벤치마킹을 통해 짜깁기로 부동산상품에 반영하는 것이다. 그러나 분명하게 해둘 것은 다른 곳에서 잘 되었다고 해서 새로운 지역에서도 잘 되는 것은 아니라는 것이다. 부동산은 고정성, 부증성 등의 특성으로 인해 다양한 하위시장이 존재하고, 지역 고유성격을 가질 수밖에 없는 상품이다. 따라서 공급되는 부동산상품은 지역의 특성아래, 지역의 역사아래, 지역민들에게 어울려야 하는 상품이다. 따라서 지역의 맥락을 따라야 하는 것이다. 즉, 갑자기 다른 곳의 개념이 반영되고, 이의 이용을 강제한다면, 그 결과는 뻔할 수밖에 없다.

따라서 지역성을 반영한 맥락이 필요하게 되고, 그 맥락을 따라야 하며, 또 이어져야 하는 상품이다. 이를 위해서 해당 부동산의 컨셉을 유지하기 위한 노력이 필요하고, 이를 위한 준비가 이미 부동산개발 시에 반영이 되고 준비되어야 하는 것이다. 이처럼 유지하기 위한 노력이 없다면, 그 부동산은 금방 경쟁부동산에 의해 경쟁력을 상실하게 될 것이다.

6) 분양 이후가 중요하다

그동안 부동산 공급회사는 분양에 집중하였다. 구분등기로 판매를 하면, 소유자는 구분소유권을 갖게되는 국내 부동산시장에서는 '분양'이 중요할 수밖에 없었다. 따라서 많은 공급자들이 우선적으로 분양이 잘 될 수 있도록 상품을 구성했고, 또 분양이 잘 되는 것이 중요했다. 따라서 분양 이후는 생각할 필요도 없었다. 그러나 앞에서 살펴본 많은 사례에서 분양 이후 운영에 대해서 미리부터 준비된, 많은 노력을 하고 있었음을 알 수 있었다. 즉, 그래야만이 경쟁력을 가졌던 것이다. 따라서 소유권이 넘어가고 나서를 준비해야 할 것이다. 그리고 부동산개발회사들이 올릴 수 있는 수익의 형태가 분양에만 있는 것이 아니라는 점이다. 분양 이후에도 관리하거나, 운영을 통해서 수익을 창출하고, 리모델링을 통해 가치를 창출하는 등 수익창출의 기회가 있다는 것이다. 따라서 앞으로는 분양에만 집중하는 것이 아니라 이제는 판매 후 서비스에서 수익을 올릴 수 있어야 한다. 아울러 앞으로는 신도시, 신상품만의 시대가 될 수가 없다. 사회가 안정되고, 신규수요가 어느 정도 채워진 상태에서는 기존 도심의 재생이나 용도변경 등이 더 필요하게 되는 것이다. 앞으로도 신도시가 계속 필요할 것 같은가? 아니다. 이제는 지속적인 신도시나 새로운 건물만이 필요한 시대에서 벗어나고 있는 것이다. 따라서 이에 대한 대비, 용도변경으로도 차별성을 가질 수 있어야 한다.

7) 끝없는 유지 작업이 필요하다.

앞에서 다룬 많은 사례들에서 다른 사례들과의 차별화에 노력하였음을 알 수 있었다. 그리고 이를 위해 많은 노력을 하고 있으며, 정말 다양한 아이디어들이 반영되었음도 알게 되었다. 그러나 아울러 우리가 알게 된 것은 이를 유지하기 위한 노력 역시도 중요하였다는 것이다. 많은 부동산들이 거액의 돈을 들여 만들어지고, 꾸며지고, 작품으로까지 인정받을 정도로 잘 만들어져서 공급이 되지만, 더욱 중요한 것은 이를 유지하기 위한 노력이 없다면, 그 부동산은 금방 경쟁부동산에 의해 경쟁력을 상실하게 될 것이다.

참고 자료

1. 주요 관련 홈페이지

- 대한민국 -

Urban_oldshoes(아부다비 문화지구 : blog.naver.com/oldshoes)
곤지암리조트 : www.konjiamresort.co.kr
다암예술원 : www.daam.ac/
대림아파트 이편한세상 : www.daelim-apt.co.kr
델코그룹 : www.delco.co.kr
리솜리조트 : www.resom.co.kr
반얀트리 클럽앤스파 : www.banyantreeclub.net
삼성 래미안 : www.raemian.co.kr
스위스 에코투어리즘 & 디자인 http://myswitzerland.tistory.com
이수연의 사진과 함께하기 http://kr.blog.yahoo.com/ysy8187/1049
장흥아트파크 : www.artpark.co.kr
제주 낙천리 의자마을 http://ninegood.go2vil.org
제주 초콜릿박물관 : www.chocolatemuseum.org
코리아오토밸리오퍼레이션(주) KAVO : www.koreangp.kr
크라운해태제과 아트서비스공간 : http://www.art-block.co.kr
크링 : www.kring.co.kr
포천아트밸리 : www.artvalley.or.kr
한국산업단지공단 : www.kicox.or.kr
헤이리 : www.heyri.net
희망제작소 : www.makehope.org

- 유럽 -

오스트리아 가소메터비엔나 : www.wiener-gasometer.at, www.gasometer.org

영국 뱅크시 : www.banksy.co.uk

영국 불링쇼핑센터 : http://en.wikipedia.org/wiki/Bullring_Shopping_Centre

영국 에덴프로젝트 : www.edenproject.con

영국 버밍엄시 : www.birmingham.gov.uk

영국 이스트비치카페 : www.eastbeachcafe.co.uk

영국 테이트모던갤러리 : www.tate.org.uk/modern

영국 트래포드센터 : www.traffordcentre.co.uk

독일 비트라캠퍼스 : www.vitra.com

독일 아우토슈타트 : www.autostadt.de

독일 인젤홈브로이히 미술관 : www.inselhombroich.de

독일 졸버레인 : www.zollverein.de

독일 뒤스부르크 노르드 파크 : www.landschaftspark.de/en/home/index.php

독일 폴프스부르크 여행 : http://www.wolfsburg-tourist.de

독일 BMW-Welt : www.bmw-welt.com/web_rb/bmw-welt/de/index.html

독일 zkm : www.ZKM.de

스페인 빌바오 구겐하임미술관 : www.guggenheim.org/bilbao

스페인 마르케스 데 리스칼 호텔 : www.starwoodhotels.com

막스바필드 설계사무소 : www.marksbarfield.com

스위스 토니몰커라이 : www.tonimolkerei.com

– 미국 –

미국 뉴욕 새터데이즈 : www.saturdaysnyc,com
탑샵 Top shop : www.topshop.com
미국 뉴욕 첼시마켓 : www.chelseamarket.com
미국 뉴욕 첼시피어스 : www.chelseapiers.com
미국 뉴욕 하이라인공원 : www.highline.org
미국 디벨로퍼스 디퍼시필드 리얼티 : http://www.ddr.com/
미국 오레곤대 Lillis 비즈니스 콤플렉스 :
www2.lcb.uoregon.edu/app_Aspx/lcblillis.aspx

– 아시아 –

싱가포르 에스플러네이드 : www.esplanade.com
아랍에미레이트연합 사디야트섬 : www.saadiyat.ae/en
아랍에미레이트연합 알다르디벨롭먼트 : www.aldar.com
아랍에미레이트연합 야스아일랜드 : www.yasisland.ae
아랍에미레이트 연합 페라리월드 : www.ferrariworldabudhabi.com
일본 요코하마 아카렌가 : www.yokohama-akarenga.jp/index.html
일본 요코하마 뱅크아트 1929 : www.bankart1929.com
일본 아와지 유메부타이 : www.yumebutai.org
일본 베네세그룹 아트프로젝트 : www.benesse-artsite.jp
중국 북경 다산쯔 798스페이스 : www.798space.com
중국 북경 다산쯔 798구역 : www.798district.com

– 기타 –
위키미디어 재단 공용사이트 http: //commons.wikimedia.org
위키미디어 재단 : www.wikimedia.org
그 외 다수의 홈페이지 자료를 참고하였음을 알려드립니다.

2. 사진저작권에 대한 안내

본문에 실린 그림자료 중 출처가(http://commons.wikimedia.org)으로 표기된 것은 위키미디어 재단 공용사이트(http://commons.wikimedia.org/wiki/Main_Page) 홈페이지에서 CCL(Creative Commons License) 저작권으로서 "저작자표시와 출처를 표시하고 동일조건변경허락인 자료"만을 사용하였음을 알려드립니다.

또한 사례를 위주로 한 책이라는 이유로 특히 사진저작권에 이상이 없도록 노력하였으나 사진획득의 한계가 있어 본의와 다르게 출처가 잘못되거나 밝히지 못한 사진이나 자료가 있을 수 있으니 이 점 특정한 영리적 목적보다는 독자들의 이해를 돕기 위한 사용이오니 저작자의 너그러운 이해를 바랍니다. 그리고 저작자께서 원하시면 언제든지 삭제 또는 수정조치토록 하겠습니다.

문화가 부동산을 살린다

2011년 6월 25일 초판 1쇄 발행
2013년 4월 15일 초판 2쇄 발행

저 자 • 하 권 찬
발행자 • 김 동 규
발행처 • 교육과학사

경기도 파주시 교하읍 문발리
파주출판문화정보산업단지 514-5
전화 • 031)955-6956~8 / 팩스 031)955-6037
Home-page • http://www.kyoyookbook.co.kr
E-mail • kyoyook@chol.com
등록 • 1970년 5월 18일 제2-73호

낙장 · 파본은 교환해 드립니다.
Printed in Korea

정가 18,000원
ISBN 978-89-254-0493-6